사회복지실천론 개정판

SOCIAL WORK PRACTICE

사회복지실천론

개정판

조미숙 · 유용식
윤춘모 · 현영렬
공저

동문사

사회복지실천을 위한 지식은 전통적으로 다른 학문, 특히 심리학이나 사회학에서 도출되어 왔다. 그러나 전문직으로 성장함에 따라 사회복지사들은 사회복지실천 그 자체에서 도출되는 지식보다 실천에 기반을 더 두기 시작했다. 여기서 하나의 쟁점은 사회복지실천가들이 관습적 경험에서 오는 상식적 지혜를 실험적으로 검증된 지식보다 더욱 많이 활용한다는 것이었다. 그러나 현재의 추세는 확인되지 않은 아이디어보다 과학적 지식을 강조하고 있다. 과학이라는 실증적 특성을 갖는 지식 기반을 개발하기 위한 시도가 진행되고 있는 것이다. 하지만 지금까지도 몇몇 사회복지사들의 경우 사람들을 돕는 데 있어서 상식이면 충분하다고 주장하거나, 그러한 과학적 시도를 회피하고 거부하는 태도도 있는데, 이는 과학적 방법인 조사연구가 사회복지 중심인 인본주의 요소와 조화되지 않는다는 생각과 관계가 있다고 본다. 그뿐만 아니라 사회복지사가 다루는 문제의 성격은 너무 복합적인 것이라서 과학적 조사 기법으로는 측정될 수 없다는 신념도 작용한 것으로 생각된다.

이러한 시점에서 이 책은 사회복지실천이 계속해서 역동적으로 수용될 수 있다는 개념과 준거 틀을 찾고자 시도하였으며, 좀 더 과학적으로 되기 위해 실천에 대한 가설을 검증하려 노력하고 있다는 점에 기반을 두고 출발하였다.

이 책은 총 14장으로 구성되어 있다. 1장 사회복지실천의 개념, 2장 사회복지실천가치와 윤리, 3장 사회복지실천의 역사, 4장 사회복지실천현장에 대한 이해, 5장 사회복지실천의 관점 – 환경 속의 인간 관점, 6장 사회복지실천의 관점 – 통합적 접근, 7장 관계의 이해, 8장 면접의 이해, 9장 사회복지실천과정 Ⅰ – 접수 및 자료수집, 10장 사회복지실천과정 Ⅱ – 사정, 11장 사회복지실천과정 Ⅲ – 계획수립, 12장 사회복지실천과정 Ⅳ – 개입,

13장 사회복지실천과정 V－종결 및 평가, 14장 사례관리로 구성되어 있다. 이와 같은 구성을 통하여 사회복지실천 개념의 이해, 사회복지실천의 가치와 윤리에 대한 이해, 사회복지실천의 역사적 발달과정에 대한 이해, 사회복지실천현장과 사회복지사의 역할에 대한 이해, 사회복지실천의 이론적 기반과 통합적 접근, 사회복지실천과정에 대한 이해 및 사례관리에 대한 이해를 짜임새 있게 설명하였다. 따라서 독자들은 이 책에서 언급된 사회복지실천지식이 인간과 그들의 사회체계에 관해 알려진 것들을 '사회복지실천론'이라는 측면에서 보기 쉽게 총망라하였으며, 재조직하였다는 점을 체감하게 될 것이다.

특히 이 책에서는 상황 속의 인간현상을 묘사하고 개인과 그들의 사회체계의 기능을 설명하였다. 상황 속의 인간에 대한 이해를 얻는 데 도움을 주고, 사회복지사가 인간의 사회적 기능을 향상시키기 위한 실천방안을 안내하였다. 인간발달, 인간의 다양성, 사회체계에 대한 지식을 포함하여 욕구, 측정, 관계형성, 실천과정, 개입에 대한 지식도 포함하였다.

아직 많은 문제가 사회복지 지식 기반에 잔존하고 있지만, 사회복지는 상황 속의 인간이라는 광범위한 견지를 갖고 있기 때문에 실천에 적용할 수 있는 방대한 양의 지식이 있다는 유리한 입지를 갖추고자 노력하였다. 뿐만 아니라 사회복지실천가들이 자신의 삶의 경험으로부터 얻은 지식 그리고 다른 사람들의 삶의 경험에 대한 관찰 모두가 실천에 활용 가능한 재료라는 융통성도 부여하였다. 왜냐하면 사회복지실천가에 의해 활용되는 지식의 소스는 다양한 학문을 응용한 학문인 만큼 넓고도 다양하기 때문이다.

이상과 같은 내용으로 이 책은 다양한 교육과정에 활용될 수 있을 것이며, 관련된 실천현장에서도 유용하게 쓰일 수 있을 것으로 기대된다. 앞으로 다양한 연구를 통하여 부족한 부분을 계속 보완해 가면서 이 분야에 조금이나마 실질적인 기여를 할 수 있는 책으로 발전시켜 나가도록 노력하겠다는 약속을 드린다.

마지막으로 이 책이 나오기까지 적극적인 지원을 아끼지 않으신 동문사 이중수 사장님과 직원 여러분께 진심으로 감사드린다.

2021년 10월

저자 일동

CHAPTER 09 사회복지실천과정 I - 접수 및 자료수집

CHAPTER 10 사회복지실천과정 II - 사정

CHAPTER 11 사회복지실천과정 III - 계획수립

C/H/A/P/T/E/R **01**

사회복지실천의 개념

학/습/목/표

- 사회복지는 개인과 집단 그리고 지역사회를 도와서 그들의 사회적 기능을 나타내는 데 필요한 능력을 회복하고 강화시켜 주는 전문적인 활동임을 이해한다.
- 개인과 집단 그리고 지역사회가 그들이 바라는 목표에 합당한 사회적 조건들을 창조해 낼 수 있도록 돕는 활동임을 이해한다.
- 사회복지의 가치관과 원칙 그리고 기술을 적용하는 원리를 가지고 있는 사회복지실천이 구체적으로 어떠한 개념을 가지고 있는지 이해한다.

1 사회복지실천의 정의와 목적

사회복지실천은 가치관, 목적, 인가, 방법론 그리고 지식으로 구성된다고 말하고 있다. 먼저 사회복지실천의 개념 및 정의들을 역사적으로 정리해봄으로써 사회복지실천의 정의와 목적을 도출해보고자 한다.

- 사회복지란 개인의 개선과 동시에 사회의 개선을 달성하기 위해서 각자 개성이 다른 사람들과 더불어 또한 그 사람들을 위해서 협력하여 일하는 기술이다(Richmond, 1915).
- 사회복지는 인간이 사회관계에서 더 잘 적응할 수 있도록 만들어주는 기술이다(Richmond, 1917).
- 사회복지는 개인으로 하여금 그가 사회적인 무질서 상태에 놓여 있을 때 그가 처해 있는 환경의 모든 부분과 최상의 관계를 가져올 수 있도록 만들어주는 기술이다(Jarret, 1919).
- 사회복지는 개인 대 개인 및 인간과 그의 사회환경 간에 잘 적응하는 능력을 갖도록 성격을 발달시키는 여러 가지 과정이다(Richmond, 1922).
- 어려움에 당면해 있는 사람들을 돕는 하나의 방법이다(de Schweinitz, 924).
- 하나의 치료관계를 통해서 이루어지는 개인치료이다(Robinson, 1930).
- 사람들로 하여금 그들의 개인적이고 사회적인 필요를 충족할 수 있도록 도와주는 하나의 특별한 방법이다(Lowry, 1937).
- 클라이언트로 하여금 그가 현실 생활에서 당면하고 있는 어떤 특별한 문제를 적극적으로, 책임 있게 감당할 수 있도록 그가 지니고 있는 능력이 무엇이든 간에 그것을 최대한도로 발휘할 수 있도록 도와주는 일이다(Marcus, 1938).
- 사회복지기관에서 일하고 있는 사람들이 클라이언트 개인의 필요를 고려하고, 기관 내에 설립된 정책에 따라서 개인에게 재정적 도움이나 또

는 개인상담이나 기타 서비스를 주는 데 필요한 여러 가지 과정이다(de Schweinitz, 1939).

- 자아(ego)의 발달을 도모하기 위한 하나의 치료적인 학문이다(Wilsnack, 1946).
- 인간의 충족되지 않는 요구와 필요의 범위 내에서 어떤 특정적인 서비스가 이루어짐으로써 그의 필요가 충족되게 해주는 하나의 방법이다(Towle, 1947).
- 클라이언트와 그의 환경 사이에 조화를 이루도록 지역사회 내의 자원과 클라이언트 개인의 능력을 최대한도로 동원하는 지식과 기술이다(Bowers, 1949).
- 사회복지는 개인이 단독적으로 또는 집단 내에서 그의 사회적 기능을 강화시켜 주기 위한 하나의 모색이다. 사회적 기능의 강화는 인간과 그의 환경과의 상호작용으로 이루어지는 상호관계에 중점을 두는 활동이다. 이러한 활동은 세 가지의 기능으로 구별된다. 즉, 병든 개인의 능력을 복귀시키는 기능, 개인과 사회자원을 보충시켜 주는 일 그리고 역기능 현상을 예방하는 기능이다(Boehm, 1958).
- 사회복지실천활동 책임은 개인과 사회가 상호 간에 긴밀하게 거래하는 과정을 중재하는 것이다(William Schwartz, 1961).
- 사회복지는 경제적·사회적인 복지에 영향을 끼치는 문제 중심의 돕는 활동이고, 이익을 추구하지 않는 하나의 후생활동이다. 또한 인간의 안녕을 위해서 자원을 최대한도로 늘리고 활용할 수 있도록 하는 것에 관심을 둔 하나의 연결활동이다(UN 회원단, 1959).
- 기술적인 사회복지실천의 중심적인 목표는 인간과 환경 간에 있어서 사람들로 하여금 그들이 처해 있는 환경의 요구에 대해 적절하게 대처하도록 모든 필요한 수단과 방법을 동원하여 이에 개입하는 것을 의미한다(Gordon, 1969).

앞에서 살펴본 여러 학자들이 언급한 정의 가운데 가장 많이 인용되어 온 정의는 아마도 Boehm이 내린 정의일 것이다. 또 하나 우리의 관심을 불러일으키는 정의는 미국 사회복지사협회(NASW)의 정의로서(1958) 사회복지실천 개념을 정리하면 다음 세 가지에 목적을 두고 있음을 알 수 있다.

첫째, 개인과 집단으로 하여금 그와 환경 간에 불균형 상태가 일어났을 때 문제를 올바로 찾아내어 이의 심각도를 감축시키거나 해결할 수 있도록 도와주는 일이다.

둘째, 개인이나 집단이 그와 환경 간에 불균형이 일어날 수 있는 잠재적 문제가 도사리고 있는 부분을 찾아내어 불균형 상태가 일어나는 것을 사전에 예방한다.

셋째, 개인과 집단, 지역사회 내의 최대한의 잠재력을 찾아내고 확인하며 이를 강화시켜 준다.

사회복지는 개인과 집단, 지역사회를 도와서 그들의 사회적 기능을 나타내는 데 필요한 능력을 회복하고 강화시켜 주는 전문적인 활동이다. 동시에 개인과 집단, 지역사회가 그들이 바라는 목표에 합당한 사회적 조건들을 창조해 낼 수 있도록 돕는다. 사회복지실천은 사회복지의 가치와 원칙 그리고 기술을 다음의 목적을 위해서 적용한다. 즉, 사람들로 하여금 실질적인 서비스를 받도록 도와주며, 개인과 가족, 집단에게 그들이 필요로 하는 상담과 심리치료를 해주며, 지역사회는 어떤 집단이 사회복지와 건강의 증진에 기여하고 합당한 법의 입법과정에 참여하도록 돕는다. 보다 더 최근에 West Virginia 대학의 학사과정에 설치된 교과과정 발전 연구계획을 보면 사회복지실천을 다음과 같이 정의하고 있다.

사회복지는 인간과 사회제도 간의 상호작용에 관한 문제에 관심을 두고 이에 기인한다. 그 상호작용은 인간이 그들의 인생과업을 수행하는 능력에 영향을 주며, 그들의 포부와 가치관을 깨닫게 해주고 곤경의 정도에 영향을 준다. 이러한 개념들은 여러 가지 면에서 사회복지라는 직업의 성장과 변화를 암시해주고 있다. 사회복지실천은 이를 위해 사회복지의 가치, 원리기법을 전문적으로 응용하게 된다.

2 사회복지실천의 기능과 배경학문

1970년대 들어서 임상 실천, 직접 실천 또는 거시적 실천이라는 용어들이 등장하고 있는데, 이에 대한 개념과 그 기능에 대하여 설명한다. 사회복지실천가들은 클라이언트의 문제들을 해결하기 위해 미시적(micro), 중시적(mezzo), 거시적(macro) 전략들을 채택한다.

미시적 접근은 개인이나 가족, 집단에 초점을 두는 데 비해 거시적 접근은 더 커다란 사회체계에 관심을 둔다. 거시적 실천에서는 대면 접촉(face-to-face)을 통한 서비스 전달은 최소화되고 사회계획이나 지역사회 조직의 과정이 주로 관계된다. 그러나 효과적인 실천은 이러한 세 차원에 관련된 지식을 모두 요구한다. 이 세 가지 수준에 대한 균형적 준비를 하게 하는 일반 실천방법(Generalist approach)은 학부 수준에서 주로 제공된다. 그러나 보통 사회복지 대학원에서는 향상된 일반 실천방법과 아울러 전공제도를 두어 미시적 또는 거시적 실천을 전공하게 한다.

직접 실천(direct practice) 또는 임상 실천이 바로 개인, 가족, 집단에서 서비스를 제공하는 미시적 실천방법이다. 직접 실천이 다른 사회복지 방법들과 구별되는 특징은 복잡한 문제에 대한 해결책을 찾도록 클라이언트를 돕는 데 있어서 개인, 가족, 소집단과 직접 대면하며(face-to-face) 관여한다는 점이다. 사회복지 직접 실천은 더 높은 수준의 사회적 기능을 이끌어내는 데 초점을 맞추는 '변화과정(change process)' 속에서 클라이언트를 원조한다. 직접 실천은 과정이며 방법이다. 과정으로서의 직접 실천은 클라이언트를 치료적 목표의 성취를 증진시키는 활동과 행위에 참여시키는 일련의 연속적인 단계를 거친다는 것을 의미한다. 방법으로서의 직접 실천은 개입활동을 안내하는 기법과 지식의 창조적 사용을 의미한다. 또한 클라이언트로 하여금 지역사회의 자원과 대인관계 기술을 개발할 수 있도록 인간행동에 대한 과학적 지식과 관계형성의 기법을 활용하는 하나의 기술이다. 따라서 직접 실천은 클라이언트의 사회적 기능 증진, 회복 또는 유지를 추구한다.

직접 실천의 기초는 Marry Richmond, Gordon Hamilton, Helen Perlman, Florence Hollis 등과 같은 초기 사회복지 선구자들의 철학과 지혜에 의해 확립되었으며, 그 후 많은 변화가 일어났다. 인간발달에 대한 더욱 진보된 지식과 더 효과적인 개입기술 등이 등장함에 따라 직접 실천은 윤택해져 왔으며, 더욱 과학적으로 지지되는 개입 모델들이 제시되었다. 민주적인 의사결정과 클라이언트 체계의 존엄과 가치에 대한 신념은 계속해서 직접 실천의 철학으로서 유지·발전되고 있으며, 클라이언트의 자기결정과 비밀보장은 원조과정에 있어 기본적인 실천 가치이다.

1) 사회복지실천의 기능

미국 사회복지사협회는 사회복지실천은 일련의 가치(value)와 목적, 인정(sanction), 지식 그리고 방법론(method) 등으로 확인될 수 있다고 했다. 따라서 전문 사회복지실천을 구성하는 기능들을 구체화하면 다음과 같다.

(1) 사회복지실천의 가치와 목적

사회복지전문직의 기본적 가치는 인간의 존엄성과 사회정의 실현에 있다고 할 수 있다. 인간의 존엄성과 가치는 모든 사람들이 생래적인 가치와 존엄을 가지고 있다는 것이다. 사회정의는 공동선과 인간의 잠재적인 발달에 필요한 자원에 대한 권리로서, 사회가 가진 동일한 기본 권리, 보호, 기회, 의무 그리고 사회적 이익을 모든 구성원들이 누릴 수 있는 이상적인 상태를 말한다. 인간의 존엄성과 가치 그리고 사회정의를 지지한다는 것이 어떤 것인지를 좀 더 자세히 서술하면 다음과 같다.

- 개인은 사회의 기본적인 관심의 대상이 되어야 한다. 즉, 개인의 존엄성

에 대한 철학으로서 사회복지실천은 어느 집단 내지 사회의 이익만을 위해서 개인을 소홀히 다루어서는 안 된다는 신념이라고 볼 수 있다.

- 개인의 자주성 내지 독립성을 존중해야 한다. 타인을 돕겠다는 선의에 의한 사회복지사가 오히려 상대방의 자주성 내지 독립성을 존중하고 보호하기보다는 약화시키거나 손상시키는 결과를 초래할 수도 있다. 따라서 사회복지실천은 일방적이 아닌 상호 의사소통을 통한 동의, 협조 그리고 동등한 참여에 의해 신중하게 이루어져야 한다. 이와 관련하여 클라이언트의 자기결정을 증대하는 것이 중요하게 대두된다.
- 인간의 공통 욕구를 충분히 인식하되, 이러한 욕구는 각 개인에 따라 독특하고 다르다는 것을 알아야 한다. 즉, 인간은 물론 생리적 내지 사회적인 기본 욕구를 공통으로 가지고 있으나 각 개인에 따라서 이러한 욕구의 양적·질적인 차이가 다양하다는 것을 분별해서 대처해야 할 것이다.
- 인간은 상호 관심을 가지고 다른 사람을 보살펴야 할 사회적 책임을 가지고 있다. 인간은 기본적으로 사회적 존재로서 주위 사람들 문제에 사회적 연대책임 의식을 갖고 있다는 전제를 인식해야 한다.
- 각 개인은 자신의 문제에 대처할 수 있는 충분한 잠재력을 가지고 있으며 이는 최대한 개발되고 동원되어야 한다. 즉, 아무리 외양으로는 무기력하게 보이는 사람을 대하더라도 인간이 지닌 기본적인 잠재력에 대한 신념을 갖고 이러한 잠재력을 이끌어내도록 최대한 노력하고, 클라이언트를 문제해결과정에 동원하여 참여시켜야 한다는 원칙 하에서 사회복지실천이 이루어져야 한다. 사회복지사는 클라이언트에게 어떤 일을 해준다기보다는 오히려 클라이언트와 함께 활동해야 한다는 것이다. 사회복지사로서 우리의 기능은 사람들을 문제해결과정에 참여하도록 함으로써 그들이 스스로 문제를 해결하게 하는 것이다. 또한 이러한 의미에서 사회복지는 다른 전문직과 다를 수 있다.

(2) 전문직으로서의 사회복지실천

모든 전문직은 사회에서 책임져야 할 할당된 기능을 가지고 있으며 국가, 지역사회, 기관, 클라이언트 그리고 전문직 자체로부터 공식적 또는 비공식적 인정 내지 인가를 받아서 실천되어야 한다. 그러면 전문직으로서 사회복지의 특성을 살펴보자.

Ernest greenwood(1957)는 모든 전문직은 ① 체계적인 이론, ② 권위, ③ 지역사회의 인가, ④ 윤리강령, ⑤ 전문적 문화(culture)의 다섯 가지 사항을 갖추어야 한다고 했다. 한편 Bernard Barber(1965)는 전문직의 본질적 속성을 다음과 같이 규정하고 있다.

① 높은 경지에 올라 있는 일반화되고 체계적인 지식
② 자기이해 중심적이기보다 지역사회의 이익 중시
③ 전문적 협회와 윤리강령을 통한 행동통제
④ 일의 성취에 대한 보상 체계

다음과 같은 측면에서 사회복지는 전문직의 속성을 갖추고 있다고 볼 수 있다.

첫째, 전문직과 비전문직을 구별하는 중요한 요인은 요구되는 기술을 일관성 있는 이론의 체계로 조직화할 수 있는 지식의 보고에 그 바탕을 두고 있다. 현대 전문직들은 그들이 필요로 하는 지식의 양이 막대하게 요구될 뿐만 아니라 대부분의 지식이 불확실성을 띠고 있는 것이 많기 때문에, 모든 전문직들은 그러한 불안전한 지식을 바탕으로 인간생활의 긴급한 상황에 개입하게 되는 경우 끊임없는 불안과 도전을 받게 된다. 이러한 현실은 전문가들로 하여금 새로운 지식을 탐구하려는 노력으로 이끌게 된다. 사회복지도 과학적인 연구방법을 통해서 새로운 이론을 구성하려고 연구하고 있고, 현재는 일반적으로 동의되고 있는 지식기반을 개발하고 있다. 그러나 사회복지 지식의 핵심이 무엇인가에 대한 일반적인 동의가 있지만 아직 구체적으로 동의된 지식기반에 도달하지 못했다는 지적도 있다. 사실 현재까지는 사회복지가 실천의 방향에 많이 기울어지고 있고 사회복지 실무자들이 지식적인 방면의 추구보다는 인간의 실질적이고 정서적인 문제에 더 관심을 기울여 왔기 때문에 이론적인 측면에서 그 발달이 지연되었는지도 모른다.

둘째, 한 사회의 발전을 위해서 중요한 일은 전문직이 지니는 권한을 인간의 안녕과 지역사회의 이익을 위해서만 발휘해야 하며, 전문직 자신들의 필요를 만족시키기 위한 것이거나, 제공하는 서비스의 대가로 자신들이 발전하게 되는 데 사용하지 말아야 한다. 사회복지는 인간의 욕구와 사회적 관심사에 대한 반응으로서 개발되었기에 전문직의 핵심 속성을 갖추고 있다. 또한 전문가들은 클라이언트의 권리를 보호해 줄 의무를 지닌다. 사회복지전문직은 사회복지사의 행위에 대한 윤리적 통제를 할 수 있는 윤리강령을 가지고 있다.

셋째, 전문직은 다음 몇 가지 요소들을 겸비하고 있는 사람들만이 전문지식을 실천할 수 있도록 실천자의 권리에 대해 제재조치를 마련하고 있는데 그 요소들은 다음과 같다. ① 일정한 연한을 지닌 교육을 완수해야 한다. ② 시험제도가 있어 그 시험과정을 거쳐야 일정한 능력 수준을 인정받는다. ③ 자격증, 등록증, 면허증과 같은 증명서에 의해서 실천행위를 규제한다. 사회복지교육협의회는 구체적인 교육을 통해 자격을 얻도록 하고 있다. 우리나라는 2003년부터 국가고시를 통해 국가에서 수여하는 자격증이 있고, 미국의 여러 주 정부에서도 허가 사항(Licensing and regulation)을 통해 사회복지가 사회적 기능 영역에서 전문성을 가지고 있음을 인정하고 있다.

넷째, 모든 전문직들은 자체 조직한 전문기구가 있다. 이러한 조직은 전문 조직에 가입된 개인 구성원들이 그들의 일을 잘 수행할 수 있도록 돕고 전문가로서의 권리를 보호해주며 전문직업의 수준을 높이는 데 힘쓴다. 사회복지전문직에는 사회복지사협회라는 조직이 있어 다양한 활동과 서비스를 제공함으로써 전문적 문화개발에 힘쓰고 있다(Johnson, 1966).

(3) 사회복지실천에 필요한 배경지식

지금까지 인간을 연구하는 과학이 인간에 대한 일반화된 지식의 체계를 이룩해 놓았다 할지라도, 인간행동의 현상에는 항상 예외성이 강하기 때문에 인간의 행동은 자의적이며 예측할 수 없는 것이라는 점을 전제해야 할 것이다.

그러면 지식은 무엇인가? 지식은 광대하고 다양한 의미를 가진 용어이다. Max Siporin(1975)은 지식은 우리가 사실로 간주하는 또는 진실일 가능성이 매우 높은 현실(reality)에 관한 인지적, 정신적 내용(아이디어, 신념)이라고 규정지었다. 사회복지실천도 강력한 지식기반 위에서 수행되는 것이 강조되어 있다. 사회복지실천을 위한 지식은 전통적으로 다른 학문, 특히 심리학이나 사회학에서 도출되어 왔다. 그러나 전문직으로 성장함에 따라 사회복지사들은 사회복지실천 그 자체에서 도출되는 지식에 더 실천 기반을 두기 시작했다. 한 가지 문제는 실천가들이 실천상의 관습적 경험에서 오는 상식적 지혜를 실험적으로 검증된 지식보다 더욱 많이 활용한다는 것이다. 전문 사회복지의 목적을 성취하기 위해서는 사실이 필요하기 때문에 현재의 추세는 비확인된 아이디어보다 과학적 지식에 점차 강조를 두고 있다. 과학이라는 실증적 특성을 갖는 지식기반을 개발하기 위한 시도가 진행되고 있는 것이다. 그러나 많은 사회복지사들은 사람들을 돕는 데 있어서 상식이면 충분하다고 주장하거나 그러한 과학적 시도를 회피하고 거부하는 태도도 있는데, 이는 과학적 방법인 조사연구가 사회복지의 중심인 인본주의 요소와 잘 조화되지 않는다는 생각과 관계가 있다. 또한 사회복지사가 다루는 문제의 성격은 너무 복합적인 것이라서 과학적 조사 기법으로는 측정될 수 없다는 신념도 작용한다.

그러나 사회복지는 계속해서 역동적으로 수용될 수 있는 개념과 준거 틀을 찾고 있으며, 좀 더 과학적이 되기 위해 실천에 대한 가설을 검증하려 노력하고 있다. 사회복지전문직은 점차적으로 표준적 조사방법을 통해 실천을 평가하고 타당성을 확인하는 데 관심을 기울여 왔고, 조사가 우리에게 유용한 지식을 생성할 수 있다는 것을 발견하였다. 최근 증가하는 조사결과는 사회복지실천에 건설적으로 응용되는 것으로 보인다. 이런 추세는 지속될 것이기 때문에 사회복지사들은 실천하는 데 있어서 조사결과를 활용하고 조사에 참여하는 것이 기대된다. 실천을 하면서 조사를 병행하는 것을 가능하게 하는 조사방법의 출현은 사회복지 지식의 증대를 가져올 것이다.

사회복지 지식은 인간과 그들의 사회체계에 관해 알려진 것이라 할 수 있다. 상황 속의 인간현상을 묘사하고 개인과 그들의 사회체계 기능을 설명한다. 상황 속의 인간에 대한 이해를 얻는 데 도움을 주고 사회복지사가 인간의 사회적 기능을 향상시키기 위한 방안을 안내해준다. 인간발달, 인간의 다양성, 사회체계에 대한 지식을 포함하며 욕구, 측정, 관계형성, 사회복지 과정, 개입에 대한 지식도 포함한다. 아직 많은 문제가 사회복지 지식기반에 잔존하고 있지만, 사회복지는 상황 속의 인간이라는 광범위한 견지를 갖고 있기 때문에 실천에 적용할 수 있는 방대한 양의 지식이 있다는 유리한 입지를 갖추고 있다. 사회복지사들이 자신의 삶의 경험으로부터 얻은 지식 그리고 다른 사람들의 삶의 경험에 대한 관찰 모두는 실천에 활용 가능한 것들이다. 사회복지사에 의해 활용되는 지식의 소스는 다양한 학문을 응용한 학문인 만큼 넓고도 다양하다. 문제는 사회복지실천을 위해 필요한 지식을 선정하고, 조직하고 제한하는 방식이 필요한 것이다(Compton & Galaway, 1989).

그러면 어떠한 지식이 필요한지 개략적으로 정리해보면 다음과 같다.

① 인간발달과 행동에 대한 지식으로서 특히 전인적인 인간관을 이해하며 인간은 각자가 속한 사회적, 경제적, 문화적 환경과의 부단한 상호작용에 의해 행동을 결정한다는 사실을 강조해야 한다. 즉, 어떻게 인간의 신체와 정신이 발달하며 어떻게 주위 사회체계와의 사회적 기능이 발달하는가에 대한 지식을 습득해야 한다.

② 인간의 의사소통에 대한 다양한 방법들을 이해해야 한다. 인간은 의사소통에 있어서 언어적 내지 비언어적 방법들을 동원하는데, 특히 이러한 외적인 표현의 기저에 깔린 내적 감정의 상태를 이해하는 것이 가장 중요하다.

③ 집단의 과정을 이해해야 한다. 즉, 인간이 집단을 구성할 때 일어나는 개인의 역할과 집단의 상호작용에 의해 발생하는 집단의 역할을 이해해야 한다.

④ 개인, 집단 그리고 지역사회의 형태에 문화적 요인이 어떤 의미와 영향을 주는가가 이해되어야 한다. 즉, 개인, 집단 그리고 지역사회는 그들이 가지고 있는 종교적 신념 또는 영적인 가치관에 의해 많은 영향을 받으며 그들이 준수하는 법률이나 사회제도 내에서 행동이 결정되는 경우가 많기 때문에 이러한 문화적 요인들이 기본적으로 이해되어야 하는 것이다.

⑤ 인간관계에 대한 이해가 있어야 한다. 사람들은 부단히 상호작용을 하면서 살고 있기 때문에 개인 상호 간의 관계, 개인과 집단 간의 관계 그리고 집단과 집단이 어떤 형태로 상호적으로 연결되는지를 확실히 이해해야 한다.

⑥ 지역사회의 본질에 대한 이해가 있어야 한다. 즉, 특정 지역사회의 내적인 구조와 과정, 발달과 변화의 형태, 지역사회 자원과 사회서비스의 현황 등을 이해하여야 한다.

⑦ 자기 자신에 대한 지식이 있어야 한다. 사회복지실천은 결국 자신을 도구로 활용해서 남을 돕는 활동이기 때문에 자신이 지닌 성격상의 강점과 약점을 객관적으로 파악하려는 노력이 필요하다. 또한 다른 인간에 대한 이해도 우선 자신의 성격을 정확히 파악하려는 노력에 의해서 훨씬 효과적으로 달성될 수 있다.

⑧ 측정, 관계형성, 개입방법 등 개입관점에 관한 지식이 필요하다. 구체적인 개입 모델에 대한 지식은 물론 문제해결과정에 관한 지식을 포함한다.

⑨ 사회복지사는 조직행위와 기관의 행정적 과정에 대해 잘 알아둘 필요가 있으며, 동시에 정부의 정치적 과정에 관해서 어느 정도 알아야 하고, 정치적 과정의 변화를 가져오기 위해서 어떻게 개입해야 하는가에 대해서도 알아야 한다.

⑩ 일반적인 조사방법과 프로그램의 평가방법에 대해 알 필요가 있다.

이상과 같은 인간에 대한 지식은 어떤 유형의 사회복지실천에 참여하든지 기본적으로 요구되는 것들이다. 그러나 이들 지식들은 단순히 인지적으로 아는 데 그치지 않고 경험을 통해 감정적으로 느껴져야 하며, 자신의 행동을 통해 표현되어야 완전해질 수 있다.

(4) 사회복지실천에 필요한 방법론

사회복지실천에 있어서 방법론이란 앞에서 밝힌 가치관과 지식을 바탕으로 활동을 전개해 나가는 절차를 체계화시킨 것으로써, 개인의 문제를 다루는 개별 사회복지, 집단의 문제를 다루는 집단 사회복지 그리고 지역사회 전체의 문제와 통합을 다루는 지역사회 개발 내지 지역사회 조직을 들 수 있다. 그러나 이 방법들은 실질적인 사회복지실천 상황에 있어서 통합적으로 적용되어야 하는 것으로써 사회복지사는 한 개인의 문제를 볼 때에도 그가 속한 집단과 지역사회의 맥락에서 파악하고 치료 내지 변화를 시도할 때에도 개인은 물론 집단과 지역사회의 변화를 동시에 꾀하는 것이 이상적이다. 이러한 측면을 구현하는 것이 바로 일반적 실천(Generalist approach)이다. 이와 같은 방법론은 기법(technique)과 기술(skill)의 양면을 지니며, 기법을 도구라고 한다면 기술은 이들 도구를 효과적으로 활용하는 숙련성이라고 할 수 있다.

생각해 볼 문제

1. 사회복지실천의 정의에 대하여 생각해 보시오.

2. 사회복지실천의 목적에 대하여 생각해 보시오.

3. 사회복지실천이 목적에 타당한 성격의 활동이 되기 위하여 필요한 인간에 관한 지식에 대하여 생각해 보시오.

4. 사회복지실천이 목적에 타당한 성격의 활동이 되기 위하여 인간과 관계하는 데 필요한 방법과 기술에 대하여 생각해 보시오.

5. 전문 사회복지실천을 구성하는 기능들에 대하여 생각해 보시오.

C/H/A/P/T/E/R 02

사회복지실천가치와 윤리

학/습/목/표

- 사회복지학을 비롯한 사회과학은 옳고 그름의 판단보다는 과학적이고 객관적인 인과론을 추구하는 학문임을 이해한다.
- 사회복지현장에서 개인적인 가치관에 따라 사회복지적 개입을 하는 것은 매우 엄격한 기준에 따라 이루어질 필요가 있음을 이해한다.
- 사회복지사가 그들의 윤리적 행동을 바람직하게 이끌기 위해서 윤리적 의사결정의 철학적이고 실천적인 요소가 무엇인지 이해한다.

1 사회복지실천가치

1) 사회복지실천에서 가치의 의미와 중요성

사회복지는 여타 전문직보다 가치문제와 깊은 관련을 갖고 있다. 그것은 사회복지사의 개입이 클라이언트 삶의 중요한 부분을 선택하게 하는 데 밀접한 관계를 맺고 있기 때문이다. 현대 사회가 다분화되고 발전함에 따라 사회복지실천의 영역은 에이즈, 안락사, 인간복제, 동성애 등 다양한 문제로의 개입 필요성에 직면하고 있다. 이러한 문제는 첨예한 윤리적 딜레마 문제를 내포하고 있어 사회복지사들의 원조기술 발휘 이상의 것을 요구하고 있다. 실제로 사회복지사는 특정 개입을 위해 어느 한쪽의 선택을 내려야 하는 사회복지실천의 갈등상황에서 사회복지의 윤리적 실천의 기준들을 활용해야 한다. 왜냐하면 사회복지실천은 그 개입에 있어서 사회복지 고유의 전문직업적 가치관을 형성하고 있으며, 특정 가치는 전문 사회복지 실천에 있어 기본적인 핵심가치로 여겨지고 있기 때문이다. 가치로부터 무엇이 옳고 그른가를 결정하는 윤리적 판단의 기준과 원칙들이 나오기 때문에 사회복지사는 가치와 윤리를 실천의 연속선상에서 중요하게 다룰 필요가 있다.

Levy(1973)는 사회복지의 전문직은 사회에서 역할수행에 필요한 가치의 기초를 확립해야 함을 강조한다. 일반적으로 가치는 몇 가지 중요한 속성을 가지고 있으며 이에 따라 몇 가지 중요한 기능을 수행하고 있다. 즉, 가치는 바람직한 것에 대한 일반화되고 감정적으로 부하된 개념으로서, 역사적으로 형성되었고 경험으로부터 추출된 것으로, 특정 대상층이나 그 대상층 내부의 집단이 공유하고 있다. 또한 가치는 행동양식을 조직하거나 구조화하는 수단을 제공한다(Wiliams, 1968).

'가치(values)'라는 용어는 "강함, 승리 혹은 그럴 만함"을 의미하는 라틴어 'valere'로부터 나왔다. 수년 동안 학자들은 가치에 대해 다음과 같은 정의를 내려왔다. 즉, “평가될 수 있는 모든 것”, “모든 욕구의 대상”, “외향적이건 내재적이건 혹은 개인적 특성이건 집단의 특성이건 간에 어떤 바람직함이란 개념으로서 가능한 한 여러 수단과 목적들 중에서 선택을 할 때 영향을 미치는 것”, “인간 노력의 지침이 되는 바람직한 최종 상태 혹은 사회적 행동을 인도하는 정당화된 목적의 가장 일반적인 진술”, “여러 대안적 행동 중에서 선택을 할 때 영향을 주는 규범적 기준” 등이 그것이다(Rescher, 1969; Reamer, 1999).

이렇듯 가치에 대한 정의는 학문적 차원에서 폭넓게 정의되고 있으며, 특정 집단, 개인 또는 문화가 본질적으로 바람직하다고 받아들이는 신념이자 실천적 개념이라는 광의로 생각할 수 있다. 조휘일(2005)은 가치란 인간이 자신의 생활에서 추구하는 특정 목표로서 중요한 것, 중요하지 않다고 고려되는 것, 가치 있는 것과 가치 없는 것 등에 관련된다고 하였다. 김융일(2001)은 가치란 사람에 관하여 그리고 사람을 다루는 적절한 방법에 대하여 전문직이 갖고 있는 신념으로 생각할 수 있다고 하였다(조휘일 외, 2005). 따라서 사회복지실천의 가치는 사회복지사가 클라이언트를 돕는 과정에서 경험하는 여러 가지 작은 목표 설정과 관련된다고 할 수 있다.

Reamer(1999)는 사회복지실천에서 가치의 중요성을 다음과 같이 네 가지 측면에서 설명하고 있다. 첫째, 가치는 사회복지실천의 본질적 목적과 사명에 영향을 미친다(Reamer, 1999). 사회복지 가치는 삶의 어려움을 겪고 있는 사람들을 돕는다는 가치에 관심을 갖고 있었던 사회복지전문직의 창시자들과 현대의 사회복지사들에게 뿌리 깊은 신념을 제공하고 있다(Reid, 1992). 사회복지실천은 단순히 기술이라기보다는 정교한 개입방법을 이용하여 취약한 사람들을 돕기 위해 고안된 가치에 기초하고 가치에 의해 영감을 받는 노력이다(Timms, 1983).

둘째, 사회복지사가 중시하는 가치는 그가 클라이언트나 동료들, 다른 사회 구성원들과 맺는 관계에 영향을 미친다(Hamilton, 1940; Reamer, 1999). 사회복지사는 함께 일하고 싶은 대상을 선택한다. 예를 들어, 어떤 사회복지사는 학대받은 아동이나 매 맞는 부인과 같은 희생자라고 판단되는 클라이언트를 위해 헌신하는 데 반해, 다른 사회복지사는 심각한 성범죄로 투옥된 죄수같이 대부분의 사람들이 가해자로 분류하는 클라이언트를 위해 일하고자 한다. 이러한 선택은 부분적으로 사회복지사가 가지고 있는 가치의 영향이라고 볼 수 있다.

셋째, 사회복지사의 가치는 그들이 사용할 개입방법과 개입수준의 결정에도 영향을 미친다(McDermott, 1975; Varley, 1968; Reamer, 1999). 예를 들어, 어떤 사회복지사는 행동의 변화를 위해서 직면하는 것이 가장 효과적이라고 믿어서, 청소년 범죄자에게 개입할 때 직면하는 기술을 선호한다. 그러나 같은 대상을 다루는 경우에도 사회복지사에 따라 직면의 방법이 인간성을 잃게 한다고 보아서, 이 방법보다는 자신의 가치에 따라 클라이언트의 자기결정과 치료적 관계의 수립을 강조하는 상담개입을 선호할 수 있다.

빈민지역의 저소득층 주민의 임파워먼트를 강화하기 위해 어떤 사회복지사는 주민을 조직화하고 해당 주민들의 문제를 해결하기 위해 제도적 개선을 촉구하는 중·거시적 개입을 시행한다. 반면, 같은 대상과 문제를 다루는 경우에도 어떤 사회복지사는 결핍과 문제상황에 대한 개인의 인식을 바꾸어 개인을 사회에 적응하게 하는 개별 및 집단상담을 하는 미시적 개입을 시행한다.

넷째, 가치는 전문직의 의무들이 서로 갈등을 일으킬 때, 윤리적 딜레마를 해결하기 위한 노력의 열쇠가 된다. 윤리적 딜레마는 서로 대립하는 가치들을 포함한다. 윤리적 딜레마에 직면할 때, 사회복지사들은 궁극적으로 사회복지실천가치의 본질에 대한 믿음에 근거하여 상충된 가치들 중 어느 것을 우선할 것인지를 결정하게 된다.

앞에서 살펴본 바와 같이 사회복지실천은 가치를 기반으로 개입하는 중요한 토대가 된다. Bartlett(1970)는 사회복지실천에는 가치, 목적, 승인, 지식, 방법으로 구성된 체계가 있음을 전제하는 전문 사회복지실천 모델을 제시하였다. 그러나 유감스럽게도 사회복지실천을 연구하는 많은 문헌과 논문에 나타난 가치개념에 대한 논쟁은 대부분 피상적 수준에 머물러 있다. 또한 사회복지전문직에서 가치가 갖는 결정적인 중요성에도 불구하고 가치가 사회복지실천에 어떠한 영향을 미치고 있는지를 분석적으로 연구한 논문을 찾기가 쉽지 않다. Vigilante(1974)는 다음과 같이 사회복지 가치에 대한 연구의 필요성을 강조하였다.

> "비록 우리가 사회복지실천을 가치와 지식, 기술의 융합체로 정의하고, 그중에서도 가치의 우월성을 인정하고 있기는 하지만, 연구의 대부분은 지식과 기술 분야에 집중되어왔다. 상대적으로 실천에서의 가치 활용문제는 연구대상에서 무시되었다. 학자나 이론가들, 교과과정 입안자들은 가치에 대해 피상적인 관심만을 기울여 왔다. 우리는 가치를 우리의 인도주의의 상징으로서, 직관적으로 일종의 믿음의 차원에서 집착하고 있는 듯하다. 즉, 실천의 지주로서의 역할에 걸맞은 진지한 태도로 가치를 다루지 않았다."(1974 : 108, 114, Reamer, 1999 재인용).

최근 사회복지 가치와 관련된 연구들은 가치의 중요성이나 딜레마 상황에 대한 분석을 넘어서서 사회복지전문직 가치의 차원을 개인적 차원과 사회적 차원 등으로 나누어 전문직 가치를 분석적으로 연구하는 시도를 하고 있다(Imre, 1982; Specht & Courtney, 1994; Crabtree, 2000; 전선영 2004). 또한 사회복지의 사회변화와 사회정의 실현의 사명이 다시 강조됨에 따라 사회복지가 사회적 요구와 기대에 맞는 역할을 하고 있는가에 대한 반문을 하는 연구가 나오고 있다. Crabtree(2000)는 사회복지사들이 사회적 차원의 사회복지 핵심가치를 지향하기보다는 개인적 차원의 가치들을 지향함으로써 사회복지 전문화 과정에 치중하고 있음을 지적하였고, 이것은 미국사회가 보이고 있는 사회복지 전문지식과 기술에 대한 과도한 신뢰와 미시적이고 임상적인 실천을 더 중시하는 경향 때문이라고 분석했다.

사회복지는 기본적으로 억압되고 박탈된 소외계층의 복지를 향상시키기 위한 사회정의 등의 사회적 가치를 실현시키는 인간원조 전문직이다. 사회복지 가치가 사회적 차원이나 개인적 차원 중 어느 한쪽으로만 강조되는 것은 바람직하다고 볼 수 없다. 그러나 오늘날 사회복지는 사회복지직 자체가 유지해 온 역사적인 사회적 사명, 예를 들면 사회정의 실현과 같은 사회적 차원의 가치 구현은 상대적으로 간과해 오고, 개인 및 가족에 대한 직접 서비스 제공 그리고 전문성을 표방한 사회복지사 개인의 능력을 기반으로 한 심리사회 치료 위주의 소극적 대응을 주로 하고 있다. 사회복지가 인근의 유사한 인간원조 전문직과 차별성을 가지고 클라이언트의 전반적인 복지수준을 향상하는 데 일차적인 목적을 부여하는 유일한 전문직이라는 생각을 확고히 하는 데 있어서, 오늘날의 심리사회 치료적 추세는 사회복지직의 존립 자체를 위태롭게 하는 위기가 아닐 수 없다. 따라서 사회복지사들의 전문직 가치에 대한 명확한 인식과 함께 사회적 차원과 개인적 차원의 균형 잡힌 사회복지 가치에 대한 적용이 필요하다. 이를 바로잡기 위해서는 핵심적인 사회복지 가치를 매개로 한 사회복지 교육차원의 개선이 필요하다. Imre(1982), Specht와 Courtney(1994), Crabtree(2000) 등은 사회복지 교육과 사회복지 가치는 밀접한 관계가 있다고 말하고 있다.

오늘날 한국의 사회복지사들이 보이고 있는 편재된 가치성향과 실천에서의 제한된 역할수행의 이유는, 사회복지 전공교육에서 사회복지 가치 등에 관한 원칙적인 내용만을 교육받을 뿐 이를 실천에 적용하고 선택할 수 있을 만큼의 가치나 윤리의식을 심어주는 데 소홀했기 때문이다. 사회복지 기관 역시 윤리적 실천을 위한 기관 차원의 규제가 매우 미약했다고 볼 수 있다. 또한 한국의 사회복지는 미시적(micro) 차원의 전문 실천을 강조한 일부 서구적 추세의 영향을 강하게 받아, 거시적(macro) 차원의 실천인 지역복지실천을 상대적으로 덜 강조해왔고, 미시적 차원의 개입과 절차를 강조하는 임상 위주의 교육을 주로 해왔기 때문이기도 하다.

사회복지는 가치를 기반으로 하는 학문인 만큼 제 가치를 인식하고 다양한 상황에 따라 가치를 선택적으로 적용할 필요가 있다. 사회복지사는 임상이나 정책 중 어느 한쪽에 치우친 실천방법을 고수할 것이 아니라, 사회복지의 철학과 가치를 기반으로 심리학적 시각과 사회학적 시각을 균형 있게 유지해야 할 것이다. 이를 위해서는 특히 전공교육 시 이론 및 지식, 기술, 기법 등의 소개에만 몰두할 것이 아니라, 사회복지 가치가 어떻게 윤리의 차원으로 전환되며 이들의 적용이 실천에 어떠한 의미가 있는지 등에 관해 각급 교과목 교육에 앞서서 강조해야 할 것이다. 또한 사회복지실천을 위한 가치 교육은 사회복지전문직의 가치에 대한 내용 전달은 물론 가치의 갈등상황과 이에 대한 대처방안을 포함하여 사회복지실천의 윤리적 측면을 담보할 수 있어야 하며, 사회복지사의 가치지향에 따라 전문가의 개입과 행동에 차이가 있을 수 있다는 것을 학생들에게 알려야 할 것이다(전선영, 2004).

2) 사회복지실천의 핵심가치와 유형

일반적으로 가치는 인간이 적절한 행동을 선택하는 데 지침 또는 기준으로 작용하기 때문에 경험적으로 증명되는 것은 아니지만, 사회복지실천에서 가치의 개념은 질적인 판단인 동시에 사회복지 전문가들이 지향해야 할 목적이나 목표를 제시해준다. 사회사업과 사회복지전문직은 가치가 주도하는 전문직이다. 가치는 사회복지전문직 실천에서 지식, 기술과 더불어 가장 중요한 3대 요소 중 하나이다. 가치를 기반으로 해서 사회복지전문직이 동기화되고 기능화되기 때문에(Loewenberg et al., 2000) 사회복지실천에서 사회복지 지식과 기술을 적용하기 위해서는 실천의 핵심이 되는 가치를 우선적으로 살펴보아야 한다. 사회복지실천에서 가치가 배제된 맹목적인 실천행위는 아무런 의의가 없기 때문이다(전선영, 2004). 따라서 역대 사회복지 가치 및 윤리를 연구하는 학자들은 사회복지실천에서 중시하는 가치를 무엇으로 강조하였는지 살펴볼 필요가 있다.

먼저 Pumphrey(1959)는 사회복지사가 맺는 관계의 방식에 따라 사회복지실천의 가치를 세 가지 범주로 분류하였다. 첫 번째 범주는 '전문직의 가치를 전체 사회 구성원들에게 관련시키는 데 초점'을 둔 것으로서, 전문직의 사명이 예를 들어 사회정의나 사회변화, 일반적인 인간 욕구의 충족 등과 전체 사회의 가치들이 얼마나 양립 가능한가에 관심을 기울였다. 두 번째 범주는 '전문직 구성원들 간의 내부적 관계'에 초점을 둔 것으로서, 전문직 종사자들이 가치를 해석하고 실행하는 방식이라든지 윤리적 행위를 장려하는 방식에 주의를 기울였다. 세 번째 범주는 '특정 집단이나 서비스를 받는 개인과의 관계'에 초점을 둔 것으로써, 사회복지실천 핵심가치에 준해서 클라이언트의 욕구에 반응하고 이해하는 것, 개인의 가치와 존엄성의 존중, 개인의 변화가능성과 자기결정권의 인정, 클라이언트 임파워먼트의 증진 등과 같은 사회복지사와 클라이언트의 관계에서 중요한 가치들을 말한다.

한편 Gordon(1965)은 사회복지실천을 인도하는 핵심가치를 다음의 여섯 가지로 나누어 설명하고 있다(Reamer, 1999). 첫째, 개인은 사회의 일차적 관심대상이다. 둘째, 사회 속의 개인들은 상호의존적이다. 셋째, 개인들은 서로에게 사회적 책임을 갖는다. 넷째, 모든 사람에게는 공통적인 인간적 욕구가 있는 반면, 각각의 사람은 본질적으로 독특하고 남들과 다른 존재이다. 다섯째, 민주사회의 본질적인 속성은 각 개인이 가능성을 최대한 실현하고 적극적인 사회참여를 통하여 자신의 사회적 책임을 수행하는 것이다. 여섯째, 사회는 이러한 개인의 자아실현에 방해가 되는 것들을 극복하고 예방할 수 있는 방법을 제공할 책임이 있다.

Levy(1973, 1976)는 사회복지전문직이 중시하는 가치들을 사회복지사의 인간에 대한 생각, 사회복지실천의 결과에 대한 생각, 인간을 다루는 방법에 대한 생각에 따라 구분하였다. 여기서 인간에 대한 바람직한 생각으로는 개인의 타고난 가치와 존엄에 대한 믿음, 건설적 변화 의지와 능력에 대한 믿음, 상호적 책임, 소속의 욕구, 독특성, 일반적인 인간적 욕구 등이 포함된다. 또한 사회복지실천의 바람직한 결과로는 사회가 개인의 성장과 발전을 위한 기회를 제공하고, 개인이 욕구를 충족시키고 굶주림이나 부적절한 교육과 주거, 질병이나 차별 등을 피할 수 있게 해주는 자원과 서비스 그리고 사회형성에 참여할 평등한 기회를 제공할 의무가 있다는 믿음이 포함된다. 마지막으로 인간을 다루는 방법에 대한 바람직한 생각에는 인간은 존경과 존엄성을 인정하며 다루어져야 한다는 믿음, 자기결정권을 가졌으며 사회변화에 동참하도록 격려되어야 한다는 믿음, 독특한 한 개인으로서 인정되어야 한다는 믿음이 포함된다.

미국사회복지사협회(NASW)에서 발표한 사회복지실천 분류를 위한 기준(1982)에서는 사회복지실천의 핵심적 가치로 다음과 같은 열 가지를 발표했다. 첫째, 사회에서 개인이 갖는 이차적 중요성에 헌신한다. 둘째, 클라이언트와의 관계에서 비밀보장 원칙을 존중한다. 셋째, 사회적으로 인식된 욕구를 충족시키기 위한 사회변화에 헌신한다. 넷째, 개인적인 감정과 욕구를 직업적 관계로부터 분리시키고자 하는 의지가 있어야 한다. 다섯째, 지식과 기술을 타인에게 전달하고자 하는 의지가 있어야 한다. 여섯째, 개인이나 집단 간의 차이에 대한 존중과 이해가 있어야 한다. 일곱째, 클라이언트가 스스로를 돌볼 수 있는 능력을 개발하기 위해 헌신한다. 여덟째, 실패에도 불구하고 클라이언트를 위해서 끝까지 노력하려는 의지가 있어야 한다. 아홉째, 모든 사회 구성원들의 경제적, 신체적, 정신적 복리와 사회정의에 헌신한다. 열 번째, 개인적, 직업적 행위에 있어 높은 기준을 지키려고 헌신한다.

시대와 사회적 변화에 따라 달라진 사회복지실천의 가치에 대한 가장 분명한 현대적 분류는 1996년에 개정되어 1997년부터 시행되고 있는 미국사회복지사협회 윤리강령에 나타나 있다. 미국사회복지사협회 윤리강령개정위원회는 사회복지실천의 가치에 대한 과거와 현재의 여러 논의들을 체계적으로 검토한 후에 주요 주제와 유형들을 규명하려는 노력의 일환으로, 여섯 가지 핵심가치를 추려내고 각각에 대해 가치에 기반한 윤리적 원칙과 간략 주석을 달고, 사회복지실천 역사상 처음으로 이 전문직의 핵심가치 목록을 윤리강령에 포함시키기로 결정하였다(Reamer, 1999). Crabtree는 이들 여섯 가지 핵심가치는 사회복지사 개인에 대한 초점에서부터 사회에 대한 초점까지 이어져 있는 연속선상의 개념으로 이어져 있다는 가정을 하였다.

사회복지 여섯 가지 핵심가치와 이를 지지하는 윤리적 원칙과 개입 유형을 살펴보면 다음과 같다(NASW, 1996; Reamer, 1999; Crabtree, 2000). 첫째, '서비스(service)'의 가치이다. 미국사회복지사협회에서는 서비스의 가치에 대한 윤리적 원칙으로 "사회복지사의 일차적인 목적은 도움이 필요한 사람을 돕고, 사회문제 해결에 역점을 두는 것"이라고 기술하고 있으며, 개입 스타일로는 "전문적 기술의 일부분을 서비스(무료봉사)할 의무 혹은 전체 사회에 환원할 의무"라고 설명하고 있다. 즉, 사회복지사는 자신보다는 다른 사람들의 이익을 위해 서비스를 제공하며, 사람들을 돕고 사회문제를 해결하는 데 지식과 가치와 기술을 사용하고, 물질적 보상 없이 전문적 기술을 자발적으로 할애하는 것 등이 서비스의 가치라고 보고 있다.

둘째, '사회정의(social justice)'의 가치이다. 미국사회사업가협회에서는 사회정의의 가치에 대한 윤리적 원칙은 "사회복지사들은 사회의 불의에 도전하는 것"이라고 기술하고 있으며, 사회정의를 위한 개입 스타일은 주로 "빈곤, 실업, 차별, 기타 사회의 부정의 등에 변화 노력의 초점을 두는 것"이라고 설명하고 있다. 즉, 사회복지사는 취약하고 억압받는 사람들과 집단을 위하여 그들과 함께 사회적 변화를 추구한다. 따라서 사회복지사의 사회변화 노력은 빈곤, 실업, 차별, 기타 사회 부정의의 문제에 우선적으로 초점을 두며, 이러한 활동들은 억압 및 문화적인 인종차별에 민감한 것이다. 따라서 사회복지사는 필요한 정보와 서비스 그리고 자원에 접근하기 위해 노력하고 모든 사람들을 위해 의미 있는 의사결정에 참여하려고 노력해야 한다.

셋째, '개인의 존엄과 가치(dignity and worth of a person)'이다. 미국사회복지사협회에서는 개인의 존엄과 가치에 대한 윤리적 원칙으로 "사회복지사들은 개인의 존엄과 가치를 존중한다."고 밝히고 있으며, 이를 위한 개입 스타일로는 "사람을 돌보는 데 있어 존경하는 태도, 개인차와 문화적 다양성을 잊지 않는 태도로 사람을 대하는 것"이라고 설명하고 있다. 즉, 사회복지사는 개인적 차이와 문화적 · 인종적 차이를 고려하는 보호와 존중의 원칙을 기반으로 각 개인을 대해야 하며, 클라이언트의 자아 결정을 증진시킨다. 사회복지사는 클라이언트의 욕구를 변화시키고 해결하는 기회와 능력을 향상시키기 위해 노력해야 하며, 사회적인 책임감을 갖고 사회복지의 가치와 윤리적 원칙 그리고 전문직의 윤리적 기준에 있어 클라이언트의 이익과 사회의 이익 사이에 존재하는 갈등을 해결해야 한다.

넷째, '인간관계의 중요성(importance of human relationships)'의 가치이다. 인간관계의 중요성에 대한 윤리적 원칙은 "사회복지사들은 중추적인 인간관계의 중요성을 인정하는 것"이다. 이에 대한 개입 스타일로는 "인간관계가 변화를 위한 중요한 수단이라는 것을 아는 것"이다. 즉, 사회복지사는 사람과 사람 사이의 관계가 변화를 일으키는 중요한 매개체라는 것을 이해하며 원조과정에서 동반자로서 관여한다. 사회복지사는 개인과 가족, 사회집단, 조직, 지역사회의 복지를 증진, 개혁, 유지, 향상시키기 위한 목적 있는 노력을 기울여서 대인관계를 강화해야 한다.

다섯째, '성실(integrity)'의 가치이다. 성실에 대한 윤리적 원칙은 "사회복지사들은 진심 어린 태도로 행동한다."이다. 이에 대한 개입 스타일은 "윤리강령에 일치된 태도로 실천하는 것"이다. 즉, 사회복지사는 끊임없이 전문직의 사명, 가치, 윤리원칙, 윤리기준을 인식하고 그것들에 일치하는 태도로 실천해야 하며, 정직하고 책임감 있게 행동하고 그들이 속한 기관에서 윤리적 실천을 증진해야 한다.

여섯째, '능력(competence)'의 가치이다. 이에 대한 윤리적 원칙은 "사회복지사들은 유능하게 실천하고, 전문적 기술을 발전시키고 향상시키는 것"이다. 이에 대한 개입 스타일은 "전문적 지식과 기술을 실천에 적용하는 것"이다. 즉, 사회복지사는 끊임없이 전문지식과 기술을 증진시키고 그것을 적용하려고 노력하며, 전문직의 기본 지식에 기여하려고 노력해야 한다.

앞에서 설명한 사회복지의 여섯 가지 가치들은 사회복지사 개인이 가지고 있는 능력과 성실이라는 개인적 차원의 가치로부터 시작하여, 사회 전반에 대한 개인의 책임까지 확장되는 서비스와 사회정의로 이어지는 사회적 차원의 가치로 구성되고 있다. 특히 사회적 차원의 핵심가치는 자기 자신을 옹호할 능력이 부족한 취약 집단과 관계하여 다른 사람에게 제공하는 서비스의 중요성 및 사회정의에 대한 도전의 필요성을 말하고 있다.

Crabtree(2000)는 이들 여섯 가지 핵심가치들 중 '능력'과 '성실'은 사회복지사 개인이 가지고 있는 가치로 해석했고, 이에 수반되는 윤리적 원칙들은 개인적인 행동 및 실천과 관련 있다고 보고 이를 '개인적 차원의 가치(personal values)'라고 한다. 개인적 차원의 가치의 다음 수준은 사회복지사와 다른 사람들 간의 관계에까지 확장된 가치로서 '개인의 존엄과 가치', '인간관계의 중요성'의 가치로서 '대인관계 차원의 가치(interpersonal values)'라고 말하고 있다. 이는 주로 사회복지사와 클라이언트 간의 상호작용에 초점을 두는 가치이다. 윤리강령 안에서 인간관계의 중요성에 대한 기술은 원조과정 내의 파트너십을 강조하고 있고, 개인의 존엄과 가치는 특히 다른 사람의 가치를 인정하는 것과 관계있다. 이 가치의 차원은 자기-결정, 다양성에 대한 존중, 개인의 변화 능력 등을 포함한다. 사회복지 핵심가치의 마지막 차원은 '사회적 차원의 가치(societal values)'로서 여기에는 '서비스'와 '사회정의'가 해당된다고 하였다.

사실 윤리강령에서 제시한 사회복지 핵심가치는 상호 경계가 불분명한 연속선상에서 다양한 가치의 정의를 포함하고 있는 것으로 보인다. 예를 들어, 성실의 범주에 대해 윤리강령에서는 사회사업의 사명(mission)에 대한 인식을 언급했으나, 이를 직접 실천하는 데 있어 '성실'이라는 가치는 개인적 차원의 가치라는 단일 차원으로만 이해할 요소가 아니라 전문직을 이끌고 운용하게 만드는 역동적인 철학적 개념으로 이해해야 할 것이다. 사회복지의 체계적 개입과 계획된 변화는 이들 가치의 연속선을 따라 이루어질 수 있다. Van Gigch(1991)는 '사회적 체계 자체의 전체 재설계를 위해 현 체계에 최소한의 변화와 개선을 이루는 것이 사회복지 개입'이라고 하였다(전선영, 2004).

3) 사회복지실천 사명의 본질

사회복지는 인간의 질적인 생활보장을 위해 사회적으로 인정되는 뚜렷한 목적과 가치를 지니고 있다. Friedlander는 사회복지의 기본 가치는 주로 인간의 존엄성, 인간의 자율성, 기회의 균등성, 사회적 책임성을 중심으로 전개된다고 하였으며(양옥경 외, 2006), Reamer(1994)는 인간의 존엄성과 사회정의 그리고 평등 혹은 사회연대성의 실현 등이 사회복지의 기본 가치를 구성한다고 하였다. 또 미국사회복지사협회는 사회복지전문직의 기본 가치가 인간의 존엄성과 사회정의 실현에 있다고 하였다(NASW, 1996).

그러나 사회복지전문직의 전 역사를 고찰해볼 때, 사회복지 사명의 본질과 그 가치 기반에 대하여서는 상당한 논쟁이 있어 왔다. 초기 COS(Charity Organization Societies)는 자원봉사주의(volunteerism)와 사람을 개선하는데 강조를 두는 경향이었고(Becker, 1961; Watson, 1971), 인보관(settlement houses)은 사람들의 처우에 대한 결점을 강조하기 위해 사회적 변화, 옹호에 대한 필요를 더욱 강조했다(Axinn & Levin, 1982; Trattner, 1974). 이렇듯 사회복지실천의 발달에 관한 연구들은 '사례(case)'와 '구조적 원인(cause)', 다시 말해 '개인적 고통의 개선'과 그 개인적 고통을 배양하는 '사회의 구조적 결점을 개선'하려는 사회적 변화 사이에 지속적인 이념적 차이가 존재해 왔음을 말하고 있다. Reamer는 사회복지실천의 가치는 전문직의 역사와 더불어 변화해 왔으며, 초창기에는 빈민의 윤리의식에 관심을 두었다가, 그 후 사회개혁과 사회정의의 문제로 초점이 옮겨져 갔으며, 그 사이 몇 차례의 임상적·심리치료적 측면을 강조한 시기가 있었다고 정리하고 있다(Reamer, 1999).

비록 임상지향적이고 개인적 차원의 개입을 통한 문제해결이 사회복지실천의 주된 개입방법으로 추구되던 시기가 있었고 지금도 그러한 경향이 있지만, 현대의 사회복지실천은 개인 중심적 가치를 통한 문제해결로부터 환경 및 사회 중심적 가치를 통한 문제해결에 초점을 두는 것이 바람직하다는 견해가 우세하다. 이에 따라 실천 방향도 종래의 미시적 차원의 클라이언트 중심의 임상적 실천에서 사회정의의 가치를 앞세워 사회환경 변화에 개입하는 사회복지사의 옹호활동이 강조되고 있다(Specht, 1990; Haynes, 1998; Abramovitz, 1998; Gibelman, 1999; 조휘일, 2003). 사회복지실천 가운데 옹호의 중요성은 '개인변화를 중심으로 한 사회복지사의 개입' 대 '사회구조와 환경변화를 중심으로 한 사회복지사의 개입' 중 어느 쪽의 사회복지 이념을 더 강조하느냐에 따라 역사적으로 고저를 달리하기도 했지만, 여전히 사회복지실천에서 핵심적 역할로 강조되고 있다.

미국의 윤리강령을 통해 살펴본 사회복지사의 옹호실천에 대한 의무는 미국에서만 강조되는 것이 아니라 한국의 윤리강령에서도 강조하고 있다. 2001년 12월에 개정된 한국사회복지사 윤리강령은 "사회복지사들은 사회적 · 경제적 약자들의 편에서 사회정의, 평등과 자유, 민주주의의 가치를 실현하기 위해서 전문적 지식과 기술을 바탕으로 클라이언트에게 서비스를 제공해야 한다."고 명시하고 있고, "사회복지사들은 전문적 가치의 견지와 전문기술의 습득, 개발에 노력할 것은 물론 개인, 집단, 조직, 지역과 같은 복지대상과 직접 일하거나 사회제도적 개선과 관련된 제반활동에 적극 개입한다."고 하여 사회복지 옹호에 대한 사회복지사의 의무를 간접적으로 제시하고 있다.

이렇듯 사회복지사 스스로에게 위임한 옹호의 의무는 윤리강령으로부터 직접 나오고 있음을 알 수 있다. 여기서 옹호를 해야만 하는 사회복지사의 의무가 비롯된다고 볼 수 있다. 따라서 옹호는 우리의 선택이 아닌 의무라고 할 수 있다.

2 사회복지 윤리

1) 사회복지실천에서 윤리의 중요성과 윤리적 딜레마

영어의 윤리(ethics)는 그리스어 'ethos'에서 나온 관습, 사용, 습관 등의 의미를 가지며, 어떠한 행동이 도덕적으로 바르며, 옳은 판단과 행동은 어떠해야 하는지를 다루는 개념이다. 새 우리말 큰사전에서는 윤리란 사람이 사회적 관계에 있어서 마땅히 행하거나 지켜야 할 도리라고 정의하고 있다. 그러므로 일반인의 윤리는 인간관계에서 그 사회의 도덕률과 가치에 기초해서 행하고 지켜야 할 의무를 명확히 밝히는 것이다. 전문가의 윤리는 어떤 특수한 역할의 입장, 즉 전문가 역할을 수행하는 데 수반하는 특수한 의무를 성문화한 것이다(양옥경 외, 1993). 윤리는 개인의 행동을 인도하는 일련의 가치들을 기반으로 생성된 구체적인 원칙들이다. 따라서 가치가 옳고 그름을 반영한다면, 윤리는 이들 가치에 입각하여 어떻게 행동할 수 있을 것인가를 결정해주는 역할을 한다. 사회복지사는 사회복지의 가치와 일치할 수 있는 윤리적 결정을 내릴 수 있는 확고한 가치의 기반을 가져야 한다(Kirst-Ashman, 1999). 따라서 윤리는 사회복지사가 자신의 사회복지실천에서 지켜야 할 도덕적 규칙이라 하겠다.

사회복지실천에 있어 윤리의 중요성이 대두되기 시작한 것은 사회복지직이 전문직으로 나아가기 위한 단계에서 시작되었다고 볼 수 있다. 1920년대에는 전문직으로 인정받았던 의사집단과 업무영역을 두고 갈등을 빚기 시작하였는데, 그 원인이 전문지식의 미개발과 윤리강령의 부재에 있음을 인식하게 되면서 이러한 제도의 필요성을 제기하게 되었다. 사회복지가 전문직이 되고자 박차를 가하게 된 도화선이 된 사건은 의료 전문직의 평론가이자 의사였던 Abraham Flexner(1915)가 전국 자선 및 교정회의(National Conference of Charities and Correction)에서 "사회복지가 전문직인가?"라는 제목의 논문 발표였다고 볼 수 있다. 그는 이 논문에서 사회복지직은 전문직이 아니라고 발표하였다. 그는 어떠한 직업이 전문직이 되기 위해서는 몇 가지 속성 을 갖추어야 하는데, 사회복지직은 그러한 속성을 두루 갖추고 있지 못하다고 평하였다. 따라서 그는 사회복지사들이 비록 친절하고 자원이 풍부하다고 할지라도 전문직이 아닌 단순한 매개인에 지나지 않는다고 결론지었다.

결국 Flexner의 전문직 속성에 비춘 사회복지직의 전문직 비판에 대응하여 사회복지직은 전문직의 위치를 얻고자 윤리강령을 만들려고 시도하였

1) 속성론에서는 전문직이 가지고 있는 속성 5가지를 다음과 같이 말하고 있다. 첫째, 전문직은 수행하는 기술(skill)의 바탕이 되는 체계적인 이론(systemic body of theory)을 갖추어야 한다. 둘째, 전문직의 권위(professional authority)가 있어야 한다. 셋째, 전문직은 사회로부터 일정한 권한과 특권을 인정받는다. 넷째, 전문직은 전문직 자체의 윤리강령을 가지고 있다. 다섯째, 전문직은 전문직 고유의 문화(professional culture)를 가지고 있다.

으며, 교육기관을 설립하고, 교과서를 개발하였으며, 개입대상의 영역을 좁혀 정신의학 중심의 개별지도에 몰두하기 시작하였다. 그러한 결과 그동안의 사회복지직 중심활동으로 자리 잡았던 사회개혁운동이나 공공복지는 등한시하게 되는 시기도 있었다.

물론 1920년대부터 미국사회복지사협회에서는 전문직으로서의 윤리 원칙을 개발해야 한다는 인식이 존재했지만, 그보다는 사회복지실천 지식이나 기술을 보다 전문화해야 한다는 주장이 힘을 얻고 있었다(고수현, 2005). 1960년, 최초로 윤리강령이 미국사회복지사협회에서 채택되었지만 사회적으로 그 중요성을 인정받지는 못하였다. 그런데 1970년대 후반에 들어와서부터는 사회윤리학의 범주에서 사회복지 윤리학이 본격적으로 각광을 받게 되었다. 즉, 1970년대 후반에 접어들면서부터 사회복지와 관련된 과학과 기술의 발전이 급격해지고 사회복지현장에서도 그전에는 겪지 못했던 윤리적 결정의 딜레마가 대두된 것이다.

이제 사회복지현장에는 의료기술의 발달로 인한 인간생명의 연장문제, 건강한 노화나 안락사 문제, 인공수정으로 인한 대리모 문제, 장기이식 문제, 낙태와 성윤리 문제 등이 사회복지사의 직업영역으로 편입되었다. 뿐만 아니라 20세기 후반 유전공학의 발달은 인간복제 문제를 포함하여 사회복지가 그 직업적 영역에서 다양한 윤리적 딜레마 문제를 해결할 수 있는 구체적이고 뚜렷한 원칙과 철학을 요구하게 만들었다.

'딜레마(dilemma)'라는 갈등의 용어적 어원은 그리스어에서 왔으며, 'di(double : 둘)'와 'lemma(proposition : 제안)'라는 뜻으로 구성되어 있다. 딜레마는 '만족할 만한 해결책을 찾을 수 없는 문제상황 또는 곤경'을 뜻한다. 즉, 딜레마는 사회복지사가 두 개의 똑같이 비중 있는 상황에서 양자택일을 해야 할 때의 갈등이다. 따라서 윤리적 딜레마는 똑같이 비중 있는 대안 중에서 만족할 만한 해결책을 찾을 수 없는 문제상황으로 사회복지가 직면하는 문제의 윤리적 측면을 말한다(Lowenberg & Dolgoff, 1988).

이러한 딜레마 현상의 특징을 살펴보면 다음과 같다. 첫째, 일반적으로 딜레마 상황에는 상이한 두 가치가 개입된 두 대안이 존재한다. 여기서 대안은 실행으로 옮길 수 있는 구체적인 행동을 의미하고, 가치는 그러한 대안을 정당화시키는 논리를 의미한다. 즉, 대안은 가치가 표상화된 형태인 것이다. 더 나아가 두 대안에서 어떤 선택을 내릴지 갈등하는 상황뿐 아니라 명목상 대안이 하나인 경우에도 그것을 선택할 것인가 아니면 포기할 것인가 하는 갈등 상황이 있을 수 있다. 둘째, 두 대안은 서로 단절적이다. 단절적이란 대안들 간에 연속성이 없다는 의미인데, 연속성이 없다는 것은 대안들을 맞교환할 수 있는 가치의 차원이 다르거나 혹은 찾을 수 없다는 것이다. 그러므로 딜레마 상황은 대안들을 비교하거나 우선순위에 따라 나열하기가 애매모호한 상황을 말한다. 셋째, 두 대안은 서로 상충적이다. 상충적이라는 것은 두 대안을 동시에 선택하거나 동시에 포기할 수 없는 상황과 한 개의 대안을 선택함으로써 다른 대안을 포기할 수밖에 없는 상황을 의미한다. 또한 서로 모순이 존재한다는 단순한 사실로 인해 딜레마 상황이 되는 것이 아니라 구체적으로 실행에 옮길 수 있는 행동 대안 간의 실제적 충돌이 발생하여 선택문제에 봉착했을 때를 딜레마 상황이라고 할 수 있다. 넷째, 주어진 시간 내에 상충하는 대안들 가운데 하나를 선택해야 한다. 주어진 시간 내의 한 개를 선택할 때 따르는 심리적 부담감이 아무리 크다고 해도 모두를 선택하지 않을 때의 손실보다는 낫다는 의미이다. 그리고 시간 제약이 있다는 것은 딜레마 상황에서 선택할 때 상황의 통제가 힘들다는 것이다. 다섯째, 딜레마 상황에서 두 대안 중 어떠한 선택도 가치 평가의 기준이 모호하기 때문에 결코 만족할 만한 것이 못 된다는 것이 딜레마의 특징이라 볼 수 있다(윤견수 외, 2000 재인용).

사회복지실천은 그 자체가 본질적으로 윤리적인 측면을 내포하기 때문에 클라이언트와 함께 하는 사회복지전문직의 원조과정 속에서 사회복지사는 필연적으로 윤리적 딜레마에 부딪힐 수밖에 없으며, 따라서 딜레마의 성격상 사회복지사가 겪는 윤리적인 어려움의 문제는 실천가로서 피할 수 없는 실천의 측면이라고 할 수 있다.

Lowenberg 등은 사회복지 영역에서 가치 및 윤리문제가 발생하는 영역과 개념을 정의하였는데, '클라이언트/사회복지사/기관/지역사회/전문직/사회'가 '문제 정의/목표 설정/우선순위 결정/방법 전략의 결정/바람직한 결과 등의 제안'에서 갈등이 있을 때 사회복지실천에서 윤리적 문제가 발생한다고 하였다(양옥경 외, 1993). 왜냐하면 각 체계는 '인간특성/가치/주요과제/체계수준' 등에 대한 가정이 각각 다르게 연계되었고 가치에 따라 달리 선택되기 때문이다. 일반적으로 사회복지사가 준수해야 하는 윤리는 윤리강령을 통해 명시되어 있으나, 윤리적 딜레마 상황에서 사회복지사는 자신의 가치와 클라이언트의 가치, 사회적 가치와 전문직 윤리를 모두 고려하여 적절하게 딜레마 상황을 해결해야 할 것이다. 가치로부터 전문직 실천의 윤리적 원칙들이 나오기 때문에, 여기서 무엇이 옳고 그른가 하는 윤리의 문제와 어떠한 지향을 선호하는가에 관한 가치의 문제는 동시에 중요하게 고려되어야 할 것이다.

윤리적 갈등 시 의사결정 지침

Ⅰ. 인간행동의 필수적인 전제조건(예, 생명 그 자체, 건강, 음식물, 주거지, 정신적 균형상태 등)에 대한 위해와 관련된 규범들은 거짓정보제공이나 비밀의 폭로 그리고 여가활동이나 교육, 부 등과 같은 부차적인 것들의 위협과 관련된 조항보다 우선한다.

Ⅱ. 한 개인이 누릴 기본적 안녕(인간의 활동을 위한 필수적인 재화를 포함해서)에 대한 권리는 다른 사람이 소유한 자기결정권보다 우선한다.

Ⅲ. 한 개인이 가지는 자기결정권은 자신의 기본적 안녕에 대한 권리보다 우선한다.

Ⅳ. 자신이 자발적으로 자유의사에 따라 동의한 법이나 규칙, 규정을 준수하는 것은 이러한 법, 규칙, 규정과 상충되는 방식으로 자유롭게 행동할 수 있는 개인의 권리보다 우선한다.

Ⅴ. 개인의 행복권이 자신이 자발적으로 참여한 단체의 법, 규칙, 규정, 협정 등과 충돌할 때는 개인이 갖는 안녕에 대한 권리가 우선한다.

Ⅵ. 기아 등과 같은 기본적인 해악을 예방해야 한다는 의무와 주택, 교육, 공적부조 등과 같은 공공재를 제공해야 한다는 의무는 개인이 자신의 재산권에 대해서 전적으로 가지는 처분권에 우선한다.

의사결정과정

I. 상충하는 사회복지 가치와 의무를 포함하여 갈등을 일으키는 윤리적 이슈가 무엇인지 규명한다.
II. 윤리적 결정으로 영향을 받을 수 있는 개인, 집단, 조직을 규명한다.
III. 가능해 보이는 모든 실천활동과 관련된 당사자 그리고 그에 따른 잠재적 이득과 위험 등을 규명한다.
IV. 각 행동방안에 대한 찬성과 반대 이유와 근거를 아래 사항을 고려하여 충분히 검토한다.
V. 동료 혹은 적당한 전문가와 상의한다(기관의 직원, 슈퍼바이저, 관리자, 변호사, 윤리학자 등).
VI. 결정을 내리고 의사결정과정을 기록한다.
VII. 결정내용을 모니터, 평가, 기록한다.

2) 사회복지사 윤리강령

전문직은 일반 대중과 전문직 회원들에게 가치와 윤리적 기준을 정의하기 위하여 윤리강령을 사용하고 있다. 사회복지도 사회복지전문직이 지향하는 윤리적 가치를 실천하기 위해 좀 더 구체적인 원칙과 지침이 필요한데, 사회복지사 윤리강령이 바로 이러한 원칙과 지침을 제공하고 있다. 따라서 사회복지전문직에 몸담고 있는 사회복지사들이 어떻게 자신들의 가치를 행동으로 옮기는가에 관한 실천적 기준이 되고 있다. 즉, 윤리적 행위의 실천 원칙인 윤리강령은 전문 직업에 어울리게 언행하도록 안내할 뿐만 아니라 클라이언트, 동료, 전문직 자체에서 발생하는 문제에 대해 윤리적 결정을 내리도록 도와주는 개념 틀을 제공해준다. 다시 말해 사회복지사 윤리강령은 윤리적 딜레마 상황에 직면하여 원칙과 지침을 제공해주며, 사회복지사가 전문직의 가치를 실천하기 위해 준수해야 하는 기준인 동시에 사회복지사의 실천활동을 규제하는 역할을 한다(성규탁 외, 1991).

미국의 경우는 1920년대부터 윤리에 대한 필요성이 제기되었고, 이후 1970년대에 들어서면서 사회복지실천에 윤리문제를 강조하게 되었다. 공식적인 미국 사회복지사 윤리강령은 1951년 미국사회복지사협회(AASW)에 의해 이루어졌으며, 1955년 7개의 사회복지 전문기구의 통합으로 구성된 미국사회복지사협회(NASW)는 1960년에 그 첫 번째 윤리강령을 채택하였다. 당시의 윤리강령은 선언문과 같은 형식이었으며, 전문성의 가치를 적절히 반영하지 못했다는 비판을 받았다. 현재와 같이 영역별로 구성된 윤리강령의 형태가 만들어진 것은 1979년으로 총 여섯 개 영역으로 구성되었다. 그 후 1990년과 1994년에 윤리강령이 수정되었고, 1996년에 6대 핵심가치-서비스, 사회정의, 인간의 존엄성 및 가치, 인간관계의 중요성, 성실, 능력-를 중심으로 대폭 수정하여 현재에 이르고 있다(양옥경 외, 2006). 미국사회복지사협회의 1996년 윤리강령은 지금까지의 강령 중에서 가장 포괄적이며 윤리강령 역사상 최초로 사회복지의 가치뿐 아니라 윤리적 기준에 대하여 언급하고 있다. 이전의 윤리강령과 다르게 현 윤리강령은 서로 다른 수준에 있는 그리고 서로 다른 현장에서 일하고 있는 사회복지사들에게 적절하며, 문화의 다양성과 성적 희롱 등과 같이 시의적절한 주제를 논의하고 있다고 평가되고 있다(Congress, 2005).

한국의 사회복지사 윤리강령의 기초는 1973년 사회복지사협회 총회에서 윤리강령의 초안을 제정하기로 결의하였으나 제정되지는 못하였다. 1979년 윤리강령 제정을 위한 회의가 다시 소집되었고, 1980년 한국사회복지사 윤리강령은 최초로 공식 제정되었다. 이후 한국사회복지사 윤리강령은 1988년에 개정되었으나 그 내용이 시대의 흐름과 사회복지사의 욕구에 부합되지 않는다고 지적되어 1990년 윤리강령 개정을 위한 준비위원과 소위원회를 구성하였다. 1991년 윤리강령개정위원회가 재결성되었고, 1992년 전국사회복지사대회 개회사에서 개정된 사회복지사 윤리강령을 공포하였다. 1992년 제정, 공포된 한국사회복지사 윤리강령은 클라이언트를 복지대상자로 수정하여 사회복지의 이념과 철학, 사회복지사의 사명을 선언문에 제시하고 10개 조항으로 이루어졌다. 그러나 이것 역시 사회복지실천현장에서 발생하는 윤리적 딜레마에 대한 지침이 되기에는 역부족이라는 지적은 계속되었고, 2001년 12월 미국과 같이 6개의 영역으로 구성된 전문직의 윤리지침으로서 강화된 윤리강령이 만들어지게 되었다. 2001년 12월에 개정된 한국의 사회복지사 윤리강령 전문은 '인본주의와 평등주의' 철학을 근거로 하고, 사회복지사의 윤리기준은 기본적 윤리기준(전문성), 클라이언트와의 관계, 동료와의 관계, 사회와의 관계, 기관과의 관계, 윤리위원회의 구성과 운영으로 구분되어 있다.

많은 사회복지사들은 다루기 힘든 윤리적 상황에 직면할 때 자신의 가치 선택과 행동의 기반으로서 확실한 기준과 동의를 갈망한다. 사회복지전문직 가치선택을 위한 구체적이고 체계적인 윤리적 의사결정과정의 제시는 윤리적 딜레마 상황을 더욱 민감하게 인지할 수 있게 하여 다양한 대안을 제시할 수 있게 하고, 더 나아가 윤리적 의사결정을 최선의 방향으로 이끌 수 있도록 한다. 이러한 기여에 부합될 수 있도록 사회복지 윤리강령이 끊임없이 세부화되고 구체적으로 다듬어져야 할 것이다. 결과적으로 가치, 지식, 기술을 토대로 하는 사회복지전문직은 어떠한 특정 지식이나 개입방법만으로는 온전히 충족될 수 없으며, 뚜렷한 윤리적 가치나 신념이 선행되어야 한다. 전문직의 속성에서 사회복지 가치를 전제로 삼는 윤리강령을 전문직의 중요 기준 중 하나로 꼽은 이유가 바로 여기에 있다.

생각해 볼 문제

1. 사회복지의 기본가치에 대하여 생각해 보시오.

2. 실천가로서 피할 수 없는 사회복지사가 겪는 윤리적인 어려움에 대하여 생각해 보시오.

3. 윤리적 갈등 시 사회복지사가 준수해야 할 의사결정 지침에 대하여 생각해 보시오.

4. 윤리적 갈등 시 사회복지사가 준수해야 할 윤리적 의사결정의 과정에 대하여 생각해 보시오.

5. 사회복지전문직이 지향하는 윤리적 가치를 실천하기 위한 사회복지사 윤리강령에 대하여 생각해 보시오.

C/H/A/P/T/E/R **03**

사회복지실천의 역사

학/습/목/표

- 서구 사회복지실천의 역사적 변천과정에 대해 이해한다.
- 한국 사회복지실천의 역사적 변천과정에 대해 이해한다.

사회복지실천의 발달이 인류의 역사와 맥을 같이 하고 있고, 국가에 따라 역사적 배경이 다른 점을 감안한다면 실제로 전체 인류역사에 따라 그리고 전체 국가의 사회복지실천의 변천과정에 따라 사회복지실천의 발달을 이해한다는 것은 다소 무리가 따를 수밖에 없다. 따라서 사회복지실천의 역사적 변천과정은 일정한 기준, 예를 들어 시간적 기준, 공간적 기준 등을 갖고 살펴보아야 할 것이다.

이 장에서는 고대에서 현대에 이르는 시간적 기준과 서구(영국, 미국 중심)의 발달과정이 중심이 되는 공간적 기준을 가지고 우리나라 사회복지실천의 역사적 변천과정을 살펴보고자 한다. 먼저 서구 사회복지실천의 역사적 변천과정을 살펴보면 다음과 같다.

1 서구 사회복지실천의 역사적 변천과정

어느 사회나 국가든지 간에 급격한 사회변화는 개인과 사회, 국가 전체에 영향을 미칠 수밖에 없다. 서구사회는 18세기 이후 산업혁명으로 인하여 많은 사회적 변화를 겪게 되었고, 이에 따라 개인의 생활에도 영향을 받게 되었다. 서구사회는 가족구조의 변화에 따른 부양문제, 다양한 사회문제의 출현에 따른 제도적 대처 부재, 사회적 사고로 인한 빈곤문제 발생 등의 문제에 적극적으로 대처해야만 했다. 그러나 국가 개입을 최소화하여 경제적 발전을 이룩하려는 시장경제 원칙, 자유방임적인 사고 등은 증가하는 사회문제에 대하여 탄력적으로 대처하기에는 한계를 가질 수밖에 없었다.

서구사회에서 이러한 한계들을 극복하기 위한 노력은 구빈법 이래 전개되어 온 국가 차원의 빈민구제사업의 확대와 이를 보완하는 민간 차원의 자선사업의 조직화 노력으로 나타났다. 서구 사회복지실천의 역사적 변천과정은 표 3-1과 같다.

표 3-1 **서구 사회복지실천의 역사적 변천과정**

연도	1900년 전후	1900~1920년	1920~1950년	1950~1960년	1960~1980년	1980~현재
변천과정	태동기	확립기	분화기	통합기	발전기	확장기
내용	자선조직협회 인보관 운동	전문직화의 움직임	3대 방법론 확립	통합방법론 발전	현장접근방법 방법론 정착	새로운 모델 다양한 관점

출처 : 박세정 외(2008). 사회복지실천론. p.56 재구성.

1) 사회복지실천의 태동기

산업혁명 이후(19세기 말) 영국사회는 질병, 빈곤, 범죄, 비행 증가 등 사회문제가 대량으로 발생하게 됨에 따라 이에 대응하기 위해 개인이나 민간차원의 자선사업과 박애사업이 시작되었고, 인도주의적 사회개량사상과 연계된 민간사회복지가 발달하기 시작했다. 그 결과 19세기 말에 대도시를 중심으로 자선조직협회와 인보관 운동이 활발하게 전개됨으로써 전문적 사회복지실천이 태동하게 된다.

(1) 자선조직협회(Charity Organization Society : C. O. S)

자선조직화 운동은 국가 차원의 구호행정에서 나타난 구호정책의 효율성과 경쟁적인 자선활동들을 조정하고 기술적으로 발전시키고자 19세기 후반 무렵부터 전개되기 시작하였다. 이 시기의 자선활동은 대체로 산업혁명 이후 등장한 중산층 이상의 부유한 계층을 중심으로 우애방문(friendly visiting)을 통하여 개별적으로 전개되었기 때문에 클라이언트에 대한 욕구에 따라 대처하기에는 한계가 있었고, 중복적으로 보호를 받거나 아니면 보호를 전혀 받지 못하는 클라이언트들이 나타날 수밖에 없었다. 이러한 문제들에 대처하기 위하여 자선활동들을 조직화하려는 노력들이 시도되었는데, 이것이 바로 자선조직협회(Charity Organization Society)이다.

영국 자선조직협회의 활동은 1869년에 설립되어 1870년에 명칭이 변경된 London 자선조직협회로 시작되었다. London 자선조직협회는 구제신청자의 엄격한 조사 및 가정방문을 통하여 적합한 요구호자를 선정하였고, 요구호자의 선정에서부터 서비스 시행과정에 대하여 지속적으로 관리하였다. 점차적으로 사업의 양이 증가하고 제도적 방법이 보완됨에 따라 자선조직협회는 무급으로 일하던 직원들을 유급직원으로 대체하였으며, 신청자에 대한 실태조사를 위한 방법들을 표준화하였다. 그리고 방문구제에서 신청구제로 구호의 원칙을 변경하였으며, 개별적인 보호자 관리 및 서비스 결정을 위한 사례관리방법 개발, 사례회의를 개최하였다.

자선조직협회의 활동은 개별적인 보호자에 대한 다양한 기술적 방법을 개발하였다는 점에서 개별사회사업의 시초로 평가되고, 지역사회에 산재한 다양한 형태의 자선활동들을 조직화하였다는 점에서 지역사회조직(또는 지역사회복지)의 시초로 평가할 수 있다.

(2) 인보관 운동(settlement movement)

인보관 운동은 도시지역의 빈곤문제에 대처하기 위한 사회활동의 일환으로 전개된 것이다. 인구의 도시집중화 현상으로 빈민 밀집 주거지역이 생겨나 새로운 도시문제의 하나로 대두되었다. 도시빈민의 문제를 해결하기 위하여 의식 있는 사회지도층 인사, 종교지도자, 대학생들이 중심이 되어 빈민들의 주거지역을 실제로 조사하여 그 실태를 파악하고, 실제적으로 구빈활동을 하기 위하여 빈민들의 지역에 이주하여 빈곤자와 함께 생활하며 문맹퇴치 등 교육사업, 지역주민과 아동을 위한 보건교육, 취업과 관련된 기술교육, 성인교육사업 등을 전개하였다.

인보관 운동은 1884년 영국 London에 세워진 Toynbee Hall로 시작되어, 1887년 New York 근린조합(Neighborhood), 1889년 Chicago Hull House 등으로 이어졌다.

인보관 운동은 사업의 방법적인 면에서 집단별로 필요한 교육을 위하여 집단을 활용한 다양한 프로그램을 전개하였다는 점에서 집단사회사업의 발전에 영향을 미친 것으로 평가된다. 지역사회문제를 직접 확인하고 생활하면서 서비스를 전개하였고, 이를 위한 시설을 운영하였다는 점에서 현재의 지역사회복지관의 모체라 할 수 있으며, 지역사회복지의 발전에 상당히 기여한 것으로 평가된다.

이처럼 자선조직화 운동과 인보관 운동은 전문적인 사회복지에 기초를 제공하였다. 개별화된 서비스 프로그램 개발, 사례관리 및 기법 개발, 사례회의, 서비스 제공을 위한 집단의 활용, 지역주민의 조직화 활동, 유급직원의 고용 등 전문적이고 과학적인 사회사업의 기초는 Richmond에 의해 개별사회사업으로 체계화되었다.

표 3-2 자선조직협회와 인보관 운동 비교

	자선조직협회	인보관 운동
이념 및 이론	사회진화론	사회교육, 사회개혁
주요 활동가	중산층 부인 중심의 자원봉사자	젊은 대학생이나 의식 있는 지식인 (교육자, 종교지도자 등)
도덕성에 대한 관점	기독교적 도덕성 강조, 빈자의 나태함 비난	도덕성의 다양한 관점 인정
실천 장소	가정방문	빈곤지역에 거주
영향	개별사회사업, 지역사회복지	집단사회사업, 지역사회복지

2) 사회복지실천의 확립기

사회복지실천이 봉사의 형태에서 전문직으로 발전하게 되는 계기는 보수체계의 정립과 교육 및 훈련제도의 확립이라는 두 가지 맥락에서 이루어진다(나동석 외, 2009). 보수체계의 정립은 우애방문자들의 봉사활동에 대가를 지불하면서 이루어진다. 자선조직협회의 우애방문자들이 무보수로 봉사활동을 함에 따라 지속성과 책임성이 떨어지자 적은 액수지만 보수를 제공하게 되었다. 자선적 봉사를 하던 역할에서 최초로 봉사에 대한 보수를 받으며 일하는 역할로 바뀌면서 책임성이 높아짐과 동시에 그 기능과 활동영역 역시 넓어졌다. 예를 들어, 단순히 봉사차원을 넘어서는 전문적인 활동으로 인정받게 되었다. 또한 지도·감독하는 역할을 담당할 관리자를 고용하면서 또 다른 형태의 전문가가 탄생하였다.

아울러 교육 및 훈련제도 역시 사회복지실천의 전문직 과정을 견고히 하는 계기를 만들었다. 전문적인 사회복지교육은 1898년 New York 자선조직협회에서 강습회를 시초로 실시되었으며, 정규대학과정으로는 1903년 Chicago 대학교, 1904년 Columbia 대학교에 사회복지 관련 학과가 개설되었다.

이러한 교육과정의 개설과 더불어 사회복지의 전문적 직업화 노력이 1915년 Flexner에 의해 시도되었다. Flexner는 전국 자선교정사업 회의에서 강연을 통하여 사회복지의 전문직으로서의 기준을 제시하였다. 이후 사회복지의 전문성에 대한 논의가 급속히 전개되었고, 제1차 세계대전 이후 사회복지교육과 사회복지 종사자 수의 증가에 대한 기대와 맞물려 사회복지사의 전문직화 노력이 다양하게 시도되었다. 이에 따라 미국사회사업가협회(1905), 미국의료사회사업가협회(1918), 미국교회사회사업가협회(1934) 등 전문사회복지 영역별 협회들이 설립되었다(류상렬, 2006).

이 시기는 전문적 사회복지실천 이론이 확립되기 시작하였고 사회복지 관련 조직이나 단체에 유급직원이 배치되기 시작하였으며, 전문적인 복지사업의 시작과 사회복지 관련 단체가 전국적으로 조직화되기 시작하는 등 사회복지실천이 전문적 특수 영역으로의 확대 차원에서 전문직으로서 성장해 가는 시기였다고 할 수 있다.

3) 사회복지실천의 분화기

1920년까지 사회복지실천이 점차 전문직으로 성장하면서 전문 영역의 확장 및 이론적 기초를 이루기 위한 성장을 이루었다면, 이 시기에는 사회복지실천의 이론적·방법론적 발달이 각 영역별로 분화되어 발전하는 시기였다(양정남·최선령, 2008).

(1) 개별사회사업의 발달

개별사회사업의 시초는 1869년 영국에서 활동한 자선조직협회(Charity Organization Society : C.O.S)의 운동과 사업에 기반을 두고 있다. 자선조직협회는 우애방문원(friendly visitor)을 두어 요보호자를 조사하고, 기록하여 협회에 등록했으며, 이러한 활동이 미국으로 건너가 개별사회사업 방법에 큰 이바지를 했다.

개별사회사업의 선두주자인 Richmond 여사는 『사회진단(Social Diagnosis)』에서 클라이언트의 문제 원인을 밝히기 위해서는 클라이언트의 환경적 사항에 관한 자료가 충분해야 한다고 했으며, 이 시대에 개별사회사업의 주요한 관심은 클라이언트의 문제 원인을 파악하는 것과 클라이언트를 둘러싸고 있는 사회적 요인에서 찾으려고 했다.

Richmond 여사에 의해 대표되었던 사회환경론적 견지에서 1920년을 전후로 개별사회사업에 대한 정신분석학적 영향이 직·간접적인 영향을 주었으며, 그중에서도 Freud의 정신분석학에 의존하는 진단주의 학파와 진단주의 경향에 반대하는 Otto Rank의 기능주의 학파가 생겨났다.

① 진단주의

진단주의의 기본 전제는 성격에 있어서 자아(ego)의 힘이 사회복지 원조에 따라 강화될 수 있다는 것이다. 이에 사회복지실천은 진단주의를 근거로 클라이언트의 성격 구조를 과거에서 현재까지의 생활을 분석하고, 나아가 현재의 자아기능을 해명하여 자아의 강화를 도모함으로써 사회환경에 대한 성격의 적응력을 강화하고자 하였다. 즉, 사회복지에 정신분석이론을 결합하여 개념적 기초를 발전시키고 인간을 기계적·결정론적 관점에서 바라보고, 인간은 무의식의 힘에 의하여 좌우되며 유년기의 내면화된 부모의 영향력에서 벗어나지 못한다고 보았다. 또한 진단주의 학파는 현재 심리사회적 접근 방식으로 불리며 심리사회 모델의 이론 발전에 공헌하였다.

② 기능주의

기능주의는 1930년대 후반에 진단주의에 반기를 들고 등장하였다. 대표적인 학자 Otto Rank는 Freud의 인간관에 이의를 제기하여 인간은 그들 과거의 생산물이 아니라 그들 스스로 계속적으로 창조하고 재창조할 수 있다는 인간에 대한 낙관적 견해를 채택하였다. 그들의 초점은 사회복지사와 클라이언트와의 관계에 있었다. 인간의 성격에 있어서 자아의 창조적 통합력을 인정하고 어디까지나 클라이언트를 중심으로 사회복지사가 소속한 기관의 기능을 자유롭게 활용하게 함으로써 클라이언트 스스로 자아를 전개하도록 원조하는 것을 과제로 삼았다.

따라서 제한된 시간 안에 기관의 기능 범위에 속한 쟁점에 초점을 맞추는 전략을 강조하였고, 성장할 수 있는 클라이언트 내부의 힘에 대한 믿음을 전제로 하여 치료라는 말을 거부하고 대신 원조과정(helping process)이라는 표현을 사용하였다(박세정 외, 2008).

앞에서 설명한 두 학파는 클라이언트의 퍼스낼리티를 이해하거나 파악하는 관점은 대립적 입장을 취했으나 두 학파가 개발한 이론들은 오늘날의 사회복지실천에 기반이 되고 있다. 1950년대에 들어서면서 진단주의와 기능주의의 편파적인 경향에서 두 부분을 통합하려는 움직임이 일어났으며, 사회환경 조건을 무시한 개별사회사업에 비판이 있었다. 그리고 Hollis는 개별사회사업을 심리사회적 치료방법이라 하여 개인, 즉 심리적 측면과 환경, 즉 사회적 측면에 다 같이 관심을 갖는 사회적 상황 속의 인간을 중시하였다.

(2) 집단사회사업의 발달

집단사회사업의 모체는 집단이며 그 집단 내에서 상호관계를 가진 개인 구성원들이다. 인보관 운동과 YMCA, YWCA, Boy Scout, Girl Scout 등의 사회교육 운동이나 레크리에이션활동에서 그 기원을 찾을 수 있다. 그 후

이와 같은 활동의 발전과 더불어 사회조사, 소집단 사회학, 집단역학, 사회심리학 등의 행동과학 분야의 발전된 지식을 도입함으로써 1930년대부터 사회복지의 전문적인 한 방법체계로서 체계화되었다.

1923년 Western Reserve 대학 사회복지대학원에서 처음으로 Coyle이 집단사회사업 강의를 시작했고, 이후 많은 대학에서 집단사회사업 교과과정을 갖추어 가르치기 시작하였다. 1940년대는 사회복지전문가로 인정받기를 원하는 집단사회사업가들의 열망뿐 아니라 정신분석기법을 지향하는 개별사회사업가들과의 긴밀한 협력으로 인해 집단을 치료 목적으로 활용하는 경우가 늘어나기 시작하였다. 1946년에는 전미 사회복지회의에서 Coyle의 보고서에 의해 집단사회사업이 개별사회사업이나 지역사회조직사업과 똑같은 사회복지실천기술의 한 방법으로 공식적인 인정을 받게 되었다.

(3) 지역사회조직사업의 발달

1920년부터 주 단위로 공적 복지기관이 설치되면서 지역사회조직사업은 새로운 단계에 돌입하게 되었다. 1935년에는 사회보장법이 제정되었고, 연방정부가 사회보장에 대한 책임을 명확히 함으로써 미국에서도 공적 사회사업기관이 발달하게 되었다. 1929년 대공황을 겪으면서 대통령인 Roosevelt는 뉴딜정책을 펼치게 되었고, 사업의 일환으로 공공 영역에서 사회복지사들을 대거 고용하기 시작해 사회복지사들이 전문적으로 활동을 하게 되었다 (백은령 외, 2009).

사회복지사는 뉴딜정책의 추진에 적극적으로 개입했고 공적기관에서의 사회복지 계획 등에 일상적으로 가담하게 되었다. 1946년에 Buffalo에서 열린 전미사회사업회의에서 지역사회조직 연구회가 발족되었다. 이처럼 국가가 사회사업기관을 설립하고 공공기관에서 활동하는 사회복지사의 수가 늘어나면서 지역사회실천이 발달하고 전문화되어 지역사회조직이 사회사업방법론의 한 분야로 정착하게 되었다.

4) 사회복지실천의 통합기

점점 복잡하고 다양해지는 사회변동과 사회문제를 과거 방법론적 접근 방법으로는 대응하기가 힘들어지자, 사회복지실천 방법론을 통합하려는 움직임이 일어났다. 먼저 전통적인 방법을 상황에 맞게 조절하여 사용하면서 통합하였다. 이후 각 실천방법 간에 공통 기반과 준거 틀을 명확하게 하면서 사회복지실천의 공통 기반을 완성하게 된다. 이 공통 기반을 토대로 통합적인 사회복지실천 이론을 형성하면서 통합하게 되었다. 이 과정은 단계적으로 진행되었으며, 대표적인 통합 모델로는 4체계 모델, 단일화 모델, 문제해결 모델, 생활 모델, 권한부여 모델 등이 있다(박세정 외, 2008).

이와 함께 전문직 단체의 통합도 이루어져 1955년에는 미국사회사업가협회(NAWS)가 의료사회사업가협회, 학교사회사업가협회, 사회사업가협회, 정신의료사업가협회, 집단사회사업가협회 등 다섯 전문직 단체와 지역사회조직사업과 사회사업조사에 관한 두 연구단체를 합하여 단일 전문직 단체로 출범하게 되었다(양정남 외, 2008). 아울러 사회복지 관련 교과과정에 대해 연구하고 그 결과 공통의 교과과정을 마련하여 전문직으로 통합하는 등의 사회복지교육도 통합되었다.

5) 사회복지실천의 발전기

1960년대 대공황 등의 여파로 개인에 초점을 둔 사회복지실천이 근본적인 문제해결을 이루기에는 부적절하다는 인식의 영향으로, 사회복지실천의 개입방향이 사회변화 및 사회적 개입으로 회귀하기 시작하였다. 1970년대 생태체계 이론의 등장으로 인간을 함께 이해하는 관점에서 다양한 실천 모델이 등장하였다.

이처럼 사회복지 통합이론이 진행되는 한편 전통적인 실천기술도 각기 현실적인 요구에 부응하여 새로운 이론을 형성하면서 서로 의존적으로 발전하는 과정을 겪게 되었다(이영분 외, 2001). 구체적인 분야별 사회복지실천의 발전을 살펴보면 다음과 같다.

(1) 개별사회사업의 발전

전통적인 개별사회사업에서 클라이언트는 특정 클라이언트에 한정되었다. 그러나 한정된 클라이언트뿐만 아니라 모든 클라이언트로 대상과 기능이 확대되었다. 또한 전통적 사회복지의 흐름을 발전시킨 Hollis의 '심리사회적 모델', Otto Rank의 '기능주의적 모델', Perlman의 '문제해결 모델', Thomas 등의 '행동주의 모델'이 주요 모델로 등장하였다. 또한 1970년대를 전후하여 Rapoport의 '위기개입 모델', Reid와 Epstein의 '과제중심 모델' 그리고 Germain 등의 '생활 모델'에 대한 이론화가 진행되었다.

(2) 임상사회사업의 발전

1970년대에 접어들면서 미국은 Johnson의 사회복지정책에 대한 보수주의자들의 공격으로 인해 공공부문의 직업과 훈련수당이 삭감되는 등 어려움을 겪게 되었다. 이때 발전하게 된 것이 임상사회사업이다.

임상사회사업은 대인 간의 상호작용, 정신계의 역동, 생활지지 및 관리문제에 입각한 개입을 지향한다. 또한 임상사회사업서비스는 심리치료 및 상담, 클라이언트 중심의 옹호, 자문, 평가 등을 포함하며, 사정, 진단, 치료의 과정으로 구성된다(Minahan, 1981). 아울러 '환경 속의 인간'이라는 관점은 임상사회사업실천의 핵심이며 인간발달 이론을 지식의 기반으로 한다.

(3) 집단사회사업의 발전

1960년대 집단사회사업은 전문적 응용 차원에서 성격별로 연구되어 개별사회사업적 모델, 임상적 모델, 일반적 집단사회사업 모델 등 세 개의 초기 모델로 정비되었다. 이는 다시 발전을 거듭하여 1960년대 후반부터 1970년대에 이르러 사회목표 모델(social goals model), 치료 모델(Remedical model), 상호작용 모델(Reciprocal model), 인본주의 모델, 사회학습 모델, 목표형성 모델(Goal Formation model) 등 여섯 가지 모델로 성장하게 되었다. 또한 1960년대에 접어들어 미국의 빈곤과 인구문제가 표면화되기 시작했고, 이는 빈곤과 인종차별에 대한 철폐를 요구하는 흑인들의 권리옹호 등의 시민권 운동(Civil Rights Movement)으로 전개되었다.

(4) 지역사회조직사업의 발전

Ross는 '지역사회조직사업'에서 사회계획에 대한 지역사회의 참가가 중요하다고 주장하였으며, Rothman(1968)은 지역사회활동을 지역개발(Locality Development) 모델, 사회계획(Social Planning) 모델, 사회행동(Social Action) 모델의 세 가지로 분류하였다. 여기에 이후 개발된 근린지역의 지역사회조직, 기능지역 지역사회조직, 프로그램 개발과 지역사회 연계, 사회운동, 연대활동의 5가지 모델이 부가되어 현대 지역사회복지와 문제해결에 준거 틀이 되고 있다.

6) 사회복지실천의 확장기

이 시기에는 개인의 책임성을 강조하는 보수적 관점이 뚜렷이 나타나는 경향이 있으며, 공공부문에서 다양한 사회복지 프로그램들에 대한 예산이 삭감되었다. 해결 중심의 단기 개입이 많이 이루어졌으며, 지역사회 내 다른 자원들과 연계하는 데 주안점을 둔 접근이 성행하였다(박세정 외, 2008). 또한 절대 진리나 절대적 설명체계를 밝히려는 연구의 한계가 드러남에 따라 다중관점의 필요성이 새롭게 대두된 시기이다. 생태학적 모델(Ecological model), 생활 모델, 지역사회 및 가족중심의 접근법들도 특히 가난하고 불우한 사람들에게 적절한 서비스를 제공하고 프로그램을 폭넓게 수행하기 위해 노력하게 되었으며, 이러한 점에서 각광을 받게 되었다. 구체적인 분야별 사회복지실천의 확장을 살펴보면 다음과 같다.

(1) 개별사회사업실천의 확장

다양한 이론적 관점을 수용하게 되었고 클라이언트의 관점에 보다 관심을 갖게 되었다(Anderson & Goolishian, 1992). 상황에 맞는 개입뿐 아니라 클라이언트의 처지와 체질에 맞는 개입이 강조되었으며 역할 및 개입전략의 다중성이 중요하게 여겨졌다(Germain & Gitterman, 1980). 또한 문제에 대한 사회, 정치적 측면뿐만 아니라 개인적 차원에서 동시에 해결되어야 한다는 필요성이 강조되었다. 개인이나 가족들과 치료적인 대화를 나누는 이야기 및 해설자적 접근법 등 매우 독특한 치료적 개입기법이 개발되었고, 단기 문제해결 중심의 개입기법이 개발되었다(Borden, 1992)

(2) 집단사회사업실천의 확장

1980년대 초 이후 집단실천에 필요한 기본구조를 제공하는 수많은 사업이 등장하였다. 1988년 창간된 영국의 정기간행물 '집단사회사업'은 복합가족집단, 폭력, 보건단체, 아동, 청소년 등을 주제로 하고 있어 관련자들의 시각을 넓히고 집단사회사업을 발전시키는 데 크게 기여하고 있다.

(3) 지역사회사업실천의 확장

사회적 보호와 지역사회사업의 개념은 상처받기 쉽고 혜택을 받지 못한 집단에 특별히 주안점을 둠으로써 더욱 강화되었다. 권한부여(Empowerment)는 1970년대 이후 사회복지에서 일반체계 이론과 생태학 이론을 활용하게 되면서 나타난 일반사회복지실천에서 오랫동안 존재해왔던 강점 중심의 실천 모델이라고 할 수 있다. 클라이언트를 문제 중심이 아니라 강점 중심으로 봄으로써 클라이언트의 잠재력 및 자원을 인정하고 클라이언트가 건강한 삶을 결정할 수 있도록 권한 혹은 힘을 부여하고자 하는 것이다. 전략은 가난하고 억압받는 집단들을 대상으로 활동하면서 특별히 그 필요성이 인정되었다(Lee, 1994).

전체적으로 서구 사회복지실천 변천과정은 국가의 기본적인 사회복지제도의 틀 속에서 민간의 책임성을 강조하고 적극적으로 민간참여를 유도해 나가고 있다. 그리고 서구사회는 전문적인 사회사업의 확대와 다양한 복지욕구에 대처하려는 노력을 병행해 나가고 있음을 알 수 있다.

Romanyshyn이 과거에서 현대에 이르는 사회복지실천의 변천과정을 살펴본 내용은 다음과 같다.

① 보충적인 것에서 제도적인 것으로
② 자선에서 시민의 권리로
③ 선별성에서 보편성으로
④ 최저조건에서 최대조건의 지급이나 서비스로
⑤ 개인에서 사회개혁으로
⑥ 민간에서 공공지원으로
⑦ 빈민복지에서 복지사회로 보았다.

Romanyshyn의 견해를 갖고 다시 한 번 서구 사회복지실천의 변천과정을 살펴보면 "얼마만큼 그 시대적 상황에 충실하였는가?", "지금의 상황은 다시 과거의 가치로 회귀하고 있지는 않은가?", "여전히 변천된 가치를 충실히 이행하려 하는가?"라는 질문을 갖게 될 것이다. 이에 대한 대답은 앞으로 우리가 어떤 가치에 중심을 두고 있는가에 따라 달라질 것이므로 향후의 과제로 남겨질 것이다.

2 한국 사회복지실천의 역사적 변천과정

한국 사회복지실천의 역사를 언제부터 시작되는 것으로 규정할 것이냐 하는 점에는 논란의 여지가 많다. 사실 고조선 이래로 수많은 왕조들이 역사를 이어왔으나 왕정 하에서 이루어진 구빈활동이 구휼이나 시혜의 성격을 갖는 것으로 사회복지실천의 범주에 속하느냐 하는 것은 역시 논란의 여지가 많다. 이런 의미에서 여기에서는 한국 사회복지실천의 역사적 변천과정을 근대 이전은 거론하지 않고 사회복지실천의 도입기, 사회복지실천의 확대기, 사회복지실천의 성숙기로 분류하여 살펴보고자 한다.

1) 사회복지실천의 도입기

사회복지실천의 도입기는 한국의 왕도정치가 끝나고 근대로 이행해 오는 시기로, 일제 시대와 미군정 시대를 말한다. 이 시기는 우리나라의 정치가 자주적인 정권을 행사할 수 없는 시기였으나, 역사적으로는 외부의 힘으로나마 사회복지실천이 도입되기 시작한 시기로 볼 수 있다.

조선 시대의 민생구휼제도는 1905년 을사조약과 함께 끝난 것으로 볼 수 있으며, 1910년 한일합방으로 일본의 강제정책이 시작되었다. 1921년 조선총독부는 내무국에 사회과를 신설하고 각종 사회정책에 관한 사업을 관장하게 되었고, 그 후 일본의 강제성에 의한 의도적인 사회사업이 전개되었다.

한국에서의 개별사회사업실천의 기원은 일제 시대의 방면위원제도에서 그 뿌리를 찾을 수 있다. 방면위원제도는 1927년 일제에 의해 인보사업과 사회사업서비스를 원활히 한다는 명목으로 도입되었다. 방면위원의 임무는 빈민의 생활 상태를 조사하고, 빈곤의 원인을 판명하여 적절한 지도교화 및 구제방법을 강구하는 데 있었다. 일제는 방면위원을 한국인 지역유지나 민간인 중에서 임명하였는데, 이들은 오늘의 사회복지전문요원과 유사한 기능을 수행했다고 할 수 있다.

한국에서의 본격적인 전문적 개별사회사업은 1948년 이화여자대학교에서 한국 최초로 사회사업 전문인력을 배출하기 시작한 것을 시점으로 잡는다. 우리나라의 경우 선교사들의 영향으로 전문적 사회복지실천에 앞서 전문적 교육이 이루어지는 독특한 과정을 거치게 되는데, 전문적 실천현장은 미군병원 및 미국 기독교 선교사들이 설립한 세브란스 병원이나 상담소 등에서 사회복지사를 고용함으로써 시작되었다. 이들의 실천과정은 1940년대 이후 미국의 사회사업실천과정을 거의 그대로 답습한 형태로, 심리치료가 주를 이루었다.

이후 6 · 25전쟁을 전후해서 설립된 기독교아동복리재단, 홀트아동복리회, 선명회 등과 같은 외원사회사업기관과 KAVA(Korea Association of Voluntary Agencies), 외국민간원조기관 한국연합회를 중심으로 하여 기관을 통한 개별사회사업실천이 이루어졌다.

1959년에는 국립의료원에서 의료사회사업(Medical Casework)이 시작되었고, 그해에 관심 있는 6~7명의 개별사회사업가들이 모임을 시작한 것이 '한국개별사회사업가협회'(Korea Case Worker Association)로 발전하게 되었다. 1967년에는 이를 발전적으로 흡수 · 병합하여 모든 분야의 전문사회사업가를 총망라한 한국 최초의 전문사회사업가 회원조직인 '한국사회사업가협회'가 탄생하게 되었고, 이 단체가 한국사회복지사협회로 발전하였다.

2) 사회복지실천의 확대기

사회복지실천의 확대기란 정치적으로 제3공화국 이후 제5공화국까지의 시기로, 우리나라는 장기적인 경제발전계획에 의해 공업화정책이 추진되고 경제가 안정된 시기이다. 우리나라는 1963년 '사회보장에 관한 법률'에서 사회보장의 범주를 사회보험, 공적부조, 사회복지서비스의 3개 부문을 포함시키며, 공무원연금, 생활보호법, 윤락행위 등 방지법, 아동복지법 등을 시작으로 사회복지가 제도화되기 시작했다.

우리나라에 사회복지사업이라는 용어가 익숙해진 것은 급격한 경제발전과정 중에 야기된 각종 사회문제에 대한 관심이 고조되면서 이에 대한 해결책을 모색하기 시작하면서부터이다. 1970년 사회복지사업법, 1973년 국민복지연금법과 사립학교교원연금법, 1976년 의료보험법 개정, 1981년 노인복지법과 심신장애인복지법, 1981년 아동복지법과 장애인복지법이 제정되었고, 1983년에는 사회복지 전달체계를 합리화·체계화하기 위해 사회복지사업법이 개정되는 등 사회복지실천의 발전이 이루어졌다. 이 시기에 제정된 사회복지의 법령은 상당히 많았으나 대부분의 제도가 선언적이고 형식적인 것이어서 실질적인 사회복지실천의 질은 낮은 편이었다.

이어 1970년대 새마을 가꾸기 운동으로부터 시작된 새마을 운동이 한국의 지역복지에 지대한 영향을 미치게 되었다. 새마을 운동은 시대적 상황과 필요에 따라 중점 내용과 사업을 바꾸어가며 발전을 거듭하여 지역복지 운동이 한국식으로 정착하는 데 많은 영향을 미쳤다. 그러나 민간주도가 아닌 정부주도형 사업구조로, 지역사회 주민들의 자발적 동기 및 참여가 배제되었다는 점, 관료적 추진체계로 평등주의보다는 위계적 체계로 운영되었다는 점, 이로 인해 정치와 정권에 지나치게 밀착된 운동으로 시종일관하게 되었다는 점에서 지역사회복지가 추구하는 이념 및 정책 방향과는 유리된 운동이었던 것으로 평가되면서, 이후 사회복지관 사업과 재가복지센터의 확대 및 재가복지사업의 활성화에 많은 영향을 미쳤다.

1980년대에 지역복지와 재가복지 사상이 도입되면서 전국적으로 사회복지관 사업이 확장·활성화되었으며, 많은 사회복지 전문인력이 사회복지관 사회복지사로 투입되어 전문가로서의 역량과 기술을 발휘하게 되었다. 공공영역에서는 생활보호사업을 담당하는 '사회복지전문요원'을 저소득층 밀집지역과 전국 동사무소에 배치함으로써 사회복지 전달체계가 확립되었다. 사회복지전문요원은 정부의 복지정책을 최일선에서 실행하는 역할을 수행함으로써 한국 사회복지실천의 중추적인 역할을 담당해 오고 있다.

3) 사회복지실천의 성숙기

사회복지실천의 성숙기란 한국의 사회복지가 제5공화국까지의 선 성장 후 분배의 논리나 정권유지의 명분을 위해 사용되거나, 권위적이고 억압적인 사회·경제체계로 국민생활에 있어 불안, 고통과 불만을 방치하던 시절과의 단절을 의미한다. 이제 전 국민 의료보험, 국민연금, 최저임금제 실시라는 전제 하에 우리나라도 명실공히 사회복지실천이 성숙할 수 있는 계기가 마련되었고, 이제 도약을 준비하는 시기라는 의미이다.

1986년 국민연금법이 제정되었고, 1987년 공공부조를 전적으로 담당하는 사회복지전문요원제도가 도입되었으며, 후에 사회복지 전담공무원으로 개칭되었다. 1993년 김영삼 정부는 경제 활성화에 치중하면서 일시적으로 사회복지 예산을 축소하였으나, 신경제 5개년 계획에서 사회복지부문의 장기정책 방향을 구성하여 1995년 '삶의 질의 세계화 선언'과 복지구상을 통해 한국형 복지모형을 설정하였다.

여기에는 입양특례법, 정신보건법, 여성발전기본법, 성폭력범죄의 처벌 및 피해자 보호 등에 관한 법률, 사회복지공동모금회법 등이 포함되어 있어 선진국형 제도의 형태가 나타나고 있고, 사회복지의 공급 면에서 이제 보편적인 형태를 갖추게 되었다.

1997년에는 사회복지사업법 개정과 함께 이전에 개별사회사업, 집단사회사업, 지역사회조직 등으로 나누어 교육되어 오던 과목들이 개별사회사업과 집단사회사업을 통합하고 분할하여 사회복지실천론과 사회복지실천기술론으로 변경되었으며, 지역사회사업은 지역사회복지론으로 변경되었다. 아울러 1997년에 정신보건법의 시행으로 '정신보건사회복지사'제도가 도입되었는데, 이로 인해 한국의 전문적 사회복지실천 영역에 중대한 전환을 가져오게 되었다. 정신보건 및 의료사회복지 영역에서는 관련자들의 전문성을 높이기 위해 다양한 형태의 워크숍 및 보수교육을 도입하여 전문성 강화에 박차를 가하고 있는 추세이다. 1997년 말에는 외환위기로 인해 실업자가 급증하였으며, 거리에는 노숙자가 증가하고 가족해체도 심화되어 심각한 사회적 위기가 있었다. 이러한 위기 속에서 기존의 생활보호법은 저소득계층의 경제적 고통과 사회적 위험을 막아주는 사회안전망 기능은 할 수 없었기에 국민기초생활 보장법이 1999년 9월 7일에 제정되어 2000년 10월 1일부터 시행되었다.

2008년에는 노인성 질환으로 혼자서 일상생활을 수행하기 어려운 노인에게 신체활동 및 가사 지원서비스를 제공하는 노인장기요양보험이 시행되었으며, 2012년에는 치매로 인한 개인적 고통과 피해 및 사회적 부담을 줄이고, 국민건강증진에 이바지하고자 치매관리법이 시행되었다. 2015년에는 발달장애인의 사회참여를 촉진하고 권리를 보호하며, 인간다운 삶을 영위하는 데 이바지하고자 발달장애인 권리보장 및 지원에 관한 법률이 시행되었다.

2016년 5월에는 기존의 정신보건법이 정신건강복지법으로 개정되었으며, 2018년 2월부터는 호스피스 · 완화의료 및 임종 과정에 있는 환자의 연명의료결정에 관한 법률이 시행되어 말기 암환자들이 호스피스 완화의료서비스를 받게 되고, 모든 사람들이 삶의 아름답고 존엄한 마무리를 할 수 있도록 기초적인 법적 장치가 마련되는 등 사회복지실천의 새로운 시대를 맞이하였다.

생각해 볼 문제

1. 사회복지실천 역사연구의 필요성에 대해 생각해 보시오.

2. 사회복지실천 역사에서 서구와 한국이 다른 점을 비교해 보시오.

3. 자선조직협회와 인보관 운동을 비교해 보시오.

4. 진단주의와 기능주의를 비교 · 설명해 보시오.

5. 우리나라 사회복지실천의 역사를 시대별로 고찰해 보시오.

C/H/A/P/T/E/R 04

사회복지실천현장에 대한 이해

학/습/목/표

- 사회복지실천현장의 다양한 분야에 대하여 이해한다.
- 사회복지실천현장에서 다양한 사회복지사의 역할에 대해 이해한다.
- 한국의 사회복지실천현장에 대해 이해한다.

사회복지실천현장은 사회복지사들이 활동하고 사회복지서비스가 제공되는 장(setting)으로서 사회복지실천과정에 중요한 영향을 미치는 요소이다. 따라서 사회복지실천현장에 대한 이해를 통해 우리나라 사회복지의 현황을 파악하고, 앞으로의 방향을 모색할 수 있다. 최근 우리나라는 사회복지의 큰 발전과 함께 사회복지실천현장 역시 점차 다양하고 세분화되고 있으므로, 사회복지사는 사회복지실천현장의 특성을 명확히 이해하고 각각의 현장에 맞는 역할과 기능을 수행해야 한다.

이 장에서는 다양한 사회복지실천현장에 대해 살펴보고, 사회복지사의 역할에 대해 알아보고자 한다.

1 사회복지실천의 장

1) 사회복지실천현장의 개념

사회복지실천은 도움을 주는 각각의 상황에서 현존하거나 잠재하는 사회적 기능수행의 문제들에 관여함으로써 이루어진다. 즉, 사회복지실천은 사회복지사가 사람들이 환경의 어떤 부분과 상호작용할 때 더욱 효과적으로 기능하도록 돕는 것이라고 할 수 있다. 여기서 사회적 기능수행은 개인의 일련의 행동들, 요구들, 신념들이 환경의 어느 부분과 상호작용하는 기능을 잘 수행함으로써 성장발달을 제대로 하게 됨을 의미한다. 따라서 사회적 기능수행은 상황에 대하여 바로 그 사람이 직면하게 될 때, 사회 환경과 관련되어야만 한다는 것을 나타낸다고 할 수 있다. 사회복지실천은 인간과 환경 간의 상호작용을 촉진하는 데 관계하게 되며, 이때 사회복지실천의 중심과제는 개인들로 하여금 사회적 기능수행에서 현재적인 또는 잠재적인 문제들을 해결하도록 도와주는 것이 된다.

이렇게 볼 때 사회복지실천 분야(the field of social work practice)는 한마디로

이러한 사회복지실천을 행하는 실천영역을 말한다고 할 수 있다. 따라서 사회복지실천 분야에 대한 정의를 내린다면 "클라이언트의 사회적 기능수행의 문제를 해결하는 데 도움을 줄 뿐만 아니라 사회적 기능수행을 향상시키기 위해서 이러한 자원들을 사용하는 그들의 능력을 촉진시키는 활동인 사회복지의 모든 실천이 이루어지는 영역"이라 할 수 있다.

한편, 사회복지실천현장은 사회복지실천 분야 또는 서비스의 초점이 되는 문제영역을 포괄하는 개념으로써, '사회복지실천이 이루어지는 곳'을 의미하며, 클라이언트에게 사회복지서비스를 직·간접적으로 제공하는 장(場, setting)을 의미한다(김혜영 외, 2010).

넓은 의미에서의 실천현장은 사회복지실천 분야(fields of practice) 또는 서비스의 조점이 되는 문제영역(problem area)과 서비스 대상집단(client) 등을 포괄하는 개념으로써, 클라이언트에게 서비스를 제공하기 위해 관련되는 모든 현장을 뜻한다. 이때의 실천현장은 물리적인 '장소(place)'의 개념을 넘어 사회복지실천이 이루어지는 전문 분야를 말한다. 사회복지실천현장은 점차 세분화되고 있으므로, 특정 클라이언트 집단이나 유사한 형태의 사회적 문제에 관해 구체적이고 전문적인 지식과 기술을 갖출 때 더욱 효과적인 서비스 전달을 할 수 있다(한국사회복지교육협의회, 2018).

사회복지실천 분야가 효과적으로 사회복지실천을 수행하려면 다음과 같은 몇 가지 전제 조건을 받아들여야 한다.

첫째, 실천유용성을 가져야 한다. 실천유용성은 사회복지실천 분야의 실천패러다임과 일치한 방법이 적용될 수 있는 지식의 형태로부터 일어난다.

그러나 이것은 지시에 의해서만 이루어진다는 것은 아니고 이론적 지식과 실천행위 사이에 밀접한 연관성과 연계를 가져야 함을 말한다. 실천 유용성에 적합한 초점을 맞추지 않는 사회복지실천 분야는 이론과 실천의 격차를 가져다 주는 위험이 존재한다.

둘째, 클라이언트 중심, 이타주의의 가치가 중요한 요소로 윤리성을 가져야 한다. 윤리란 사회적 관계에서 사람으로서 마땅히 행하거나 지켜야 할 도리이다.

이러한 맥락에서 볼 때 사회복지실천은 클라이언트 중심, 이타주의의 가치를 중요한 요소로 삼는 윤리성이 크게 강조된다. 특히 사회복지실천이 인간의 존엄성을 유지하고 사람답게 살 수 있도록 직접적인 도움을 줄 뿐만 아니라 그것을 뒷받침할 수 있는 제반 조건을 정비하는 것이라면, 그것에는 클라이언트 중심, 이타주의라는 개인과 사회의 가치가 반영되어야 한다는 것이다.

셋째, 사회복지실천 맥락 내에서 전문직의 속성을 가져야 한다. 전문직의 속성은 그린우드(Greenwood)가 일찍이 제시한 것처럼 체계적인 이론, 권위, 공동체의 제재, 윤리강령, 전문직의 공동체적 문화 등을 소유해야 한다.

그러나 이러한 전문직의 속성을 전문직이 되기 위한 정체성의 요소로 파악해 볼 때, 전문직의 정체성이 갖는 요소는 개념적 요소(전달체계), 방법론적 요소(기술)로 대별되는 바, 이 3요소는 EPR, 즉 교육(Education), 실천(Practice), 조사(Rresearch)와 관련된다(mohan, 1988).

넷째, 사회적 맥락을 반드시 고려해야 한다. 인간행동과 사회문제, 사회정책 등을 다루는 사회복지실천 분야 전문직은 사회적, 규범적, 문화적, 전지구적 맥락 속에서 더 잘 이해할 수 있으므로 상황변수에 대한 인식은 매우 중요하다고 하겠다.

다섯째, 사회복지실천의 과학성과 예술성을 동시에 추구해야 한다. 사회복지사는 자신이 소유하고 있는 지식과 기술 이외에 자신의 성품, 가치, 생활양식 그리고 다른 사람들에 대한 감정을 가지고 실무에 임하게 된다.

여섯째, 사회복지실천 분야의 조직들은 사회변화의 핵이 되며, 자기 목표방향을 명확히 규정하기 위한 자체 평가체제를 구축해야 한다. 즉, 사회복지실천 분야는 꾸준히 자체평가를 통한 수월성을 추가해 나감으로써 사회의 인정을 받아야 할 책임이 있다고 하겠다.

일곱째, 우리나라 사회변동과 문화적 현실에 맞는 사회복지실천 분야를 개척해야 한다. 이는 사회복지실천 분야의 토착화 문제로 꾸준한 현장실천조사에 의한 경험적 연구의 축적이 요구된다고 하겠다.

여덟째, 사회복지실천 분야의 국제화를 고려해야 한다. 사회복지실천 분야가 서구 경험에 근거한 근시안적인 편협성에서 벗어나 초국가적인 구조와 변화과정을 다루기 위해서는 새로운 개념적 틀을 마련해야 한다.

사회복지실천 분야의 국제화는 자국 클라이언트의 보호와 복잡하게 얽혀 있지만, 사회복지실천의 보편적인 적용이라는 이슈가 의미 있는 비교연구를 통해 교육과 실천현장 속에 드러내야 할 필요성이 커지고 있다.

사회변화에 따른 사회복지서비스의 유형을 기능상의 특성에 따라 크게 세 가지로 구분할 수 있다. 인간의 사회화와 발달(socialization and development) 촉진, 치료, 원조와 재활(therapy help and rehabilitation) 및 접근, 정보와 충고(access, information and advice) 제공이 사회복지서비스의 주된 기능이기 때문에, 이러한 기능들을 실천할 수 있는 각각의 프로그램들을 제시할 수 있는데, 이러한 각 프로그램을 실시하는 실천영역은 사회복지실천 분야가 된다.

첫째, 인간의 사회화와 발달 촉진을 위한 서비스로써, 가족과 이웃 또는 친척이 담당했던 교육, 아동양육, 가치관 전달, 오락활동 등을 맡는 것이다. 목적은 사회에서 요구되는 공통가치로서의 사회화, 개인적인 발달 수준의 향상이다. 여기에는 학습의 인지적, 정서적인 측면이 포함된다. 프로그램의 예로는 탁아 프로그램, 아동발달 프로그램, 청소년센터와 호스텔 프로그램, 캠프, 가족계획, 학교와 사회복지기관의 급식사업, 노인센터 프로그램, 부모집단교육 프로그램, 가족휴가 프로그램 등을 들 수 있는데, 이러한 각 프로그램을 실시하는 실천영역은 사회복지실천 분야가 된다.

둘째, 치료, 원조, 재활을 위한 사회복지서비스로써, 대리보호라는 용어가 이 범주에 속한 서비스의 의미를 대표적으로 설명한다. 가족 및 일차집단의 지지를 대신하거나 보충함으로써 문제를 가진 개인을 도와주는 것이다. 환경적이거나, 상황적, 대인적, 정신내적 문제를 대상으로 하는 프로그램을 가지고 집중적으로 또는 간결하게 개인을 도와주는 데 초점을 둔다. 이 프로그램의 목표는 가능한 한 정상적으로 개인의 기능을 회복하게 하는 것인데, 완전한 회복에 이르지 못하더라도 개인, 집단, 사회환경 사이에 합리적인 관계조정을 이루도록 노력한다. 도움을 제공하면서 위험하거나 받아들일 수 없는 일탈에 대한 사회통제를 담당하는 것이 과업의 하나이기도 하다. 예를 들면, 가족치료, 가족상담, 위탁양육, 입양, 시설수용보호, 보호관찰, 집단치료 및 상담, 노인, 장애인, 환자재가서비스, 치료캠프, 비행교정 프로그램, 학교사회사업, 의료사회사업, 상담서비스, 노인보호 프로그램 등이 있는데, 각 프로그램을 실시하는 실천영역은 사회복지실천 분야가 된다.

셋째, 접근, 정보, 충고 서비스로서, 현대의 관료적 복잡성, 권리, 자격, 자원의 가치, 서비스로부터의 혜택 등에 관한 시민들의 이해 부족 및 차별대우, 대상자와 서비스 사이의 지리적 간격 등으로 접근 서비스 제공의 필요성은 점차 증가하고 있다. 사회복지실천 전문가는 연계요원으로서, 중개인으로서, 대변자로서 프로그램이 그 대상자들에게 도달되고 활용되도록 정보를 제공하고, 의뢰하고, 연결시켜 주도록 노력한다. 정보에 능통한 시민, 교육받은 사람, 넉넉한 사람만이 서비스에 관해서 알거나 그것을 찾기 쉽지만 빈곤자, 일탈자, 문제로 고통을 당하는 사람들은 이러한 면에 어둡기 때문에, 특히 이런 사람들에게 사회복지서비스를 안내할 장치가 필요한 것이다. 외국의 예로서 시민자문 상담소(Citizeans Advice Bureau), 마을정보센터(Neighborhood Information Center), 긴급전화(Hot Lines) 등이 있는데, 이러한 다양한 프로그램을 실시하는 실천영역은 사회복지실천 분야가 된다.

따라서 이들 현장을 실천 분야의 기준으로 구분하는 경우 대상별, 영역별, 장소별 등으로 분류할 수 있다.

- 대상별 분야 : 아동, 청소년, 노인, 장애인, 여성 등
- 영역별 분야 : 의료, 정신건강, 약물남용 등
- 장소별 분야 : 병원, 학교, 기업, 교도소, 군대 등

2) 사회복지실천현장의 분류

사회복지실천현장은 장(setting)과 프로그램 및 사회서비스가 본질적으로 변화하는 특성을 갖고 있기 때문에 실천현장의 기준을 정의하기가 어렵다(Bartlett, 1971). 즉, 사회복지실천현장은 사회 환경의 변화와 새로운 욕구의 출현으로 앞으로도 더욱 다양하게 확대될 것이다. 여기서는 김혜영 외(2010)가 분류한 것에 의하여 현재 사회복지실천현장을 구분하는 기준들을 살펴보고자 한다.

(1) 기관의 기능 혹은 목적에 따른 분류

① 1차 현장

기관의 주된 기능과 목적이 사회복지서비스를 제공하기 위해 설립된 것으로, 일반적으로 사회복지사들이 중심이 되어 활동한다. 종합사회복지관, 노인복지관, 장애인복지관, 사회복귀시설 등이 그 예이다.

② 2차 현장

기관의 일차적인 기능은 따로 있으며, 부수적인 기능으로 사회복지서비스를 제공하는 현장을 말한다. 즉, 사회복지서비스가 기관의 목적과 서비스를 높이는 데 긍정적이라고 판단되어 사회복지실천이 수행되는 현장을 말한다. 학교나 병원, 교정시설, 기업, 보육시설 등에서 사회복지서비스를 같이 제공하는 경우가 그 예이다.

(2) 기관 설립주체 및 재원조달방식

① 공공기관

정부의 지원에 의해 운영된다. 사회복지사의 업무는 정부규정이나 지침에 의해 규정되고 서비스를 계획하고 관리, 지원하는 행정체계와 서비스를 직접 제공하는 집행체계로 나뉜다. 여기에 각종 사회보험 프로그램과 공공부조 프로그램 등이 모두 포함된다. 주민자치센터나 구청, 시청의 사회복지과 등이 그 예이다.

② 민간기관

민간이 주체가 되어 설립된 기관으로, 순수하게 민간이 운영하거나 공공과 민간이 파트너십을 통해 활동하는 기관이 포함되며, 기부금이나 후원금, 재단전입금, 기타 서비스 이용료 등을 주요 재원으로 한다. 서비스를 직접 제공하는 사회복지서비스 기관과 간접 서비스, 행정지원을 위해 조직된 협의체로 나뉜다. 시민사회단체, 종교단체, 사회복지법인 및 재단 등이 그 예이다.

(3) 서비스 제공방식

① 행정기관

사회복지서비스 전달체계를 효율적으로 운영하기 위해 행정업무를 수행하고, 기관 간 연계 및 협의 업무를 담당한다. 사회복지사의 개입이나 사회복지실천현장과의 교류가 필요하기 때문에 사회복지실천현장으로서 중요하다. 중앙정부의 보건복지부, 여성가족부, 고용노동부, 교육부, 문화체육관광부 등의 부서와 민간의 사회복지협의체 등이 그 예이다.

② 서비스기관

클라이언트에게 직접적으로 서비스를 제공하는 기관을 말하며, 주요 대상이나 문제영역에 따라 분류할 수 있다. 지역사회복지관, 아동상담소, 재활시설 등이 그 예이다.

(4) 주거서비스 제공 여부

① 생활시설

생활시설은 주거서비스를 포함한 제반 사회복지서비스를 제공하는 시설이다. 현재 우리나라 사회복지사업법에서 정한 시설들이 대부분 수용 보호적 성격을 지닌 생활시설에 속한다. 클라이언트는 대부분 개인적으로 활동을 할 수 없거나, 부양가족이 없거나, 부양능력이 부족하여 주거를 포함한 제반 사회복지서비스가 필요한 사람들이다. 양육시설, 장애인생활시설, 양로시설, 미혼모시설, 그룹홈 등이 그 예이다.

② 이용시설

이용시설은 지역사회에 거주하는 클라이언트를 대상으로 서비스를 제공하는 곳을 말한다. 이용시설은 주거서비스는 제공하지 않으며, 지역주민의 다양한 욕구를 충족시키고 있다. 종합사회복지관, 노인복지관, 장애인복지관, 각종 상담소, 주간보호센터 등이 그 예이다.

3) 한국의 사회복지실천현장

(1) 행정기관

① 공공기관

공공기관은 주로 사회복지전달체계와 관련된다. 중앙부처인 보건복지부는 국가예산을 광역시·도로 전달하고, 시·도는 다시 지방에 배정된 예산을 기초자치단체인 시·군·구로 전달한다. 시·군·구는 보다 구체적인 집행을 최일선 기관인 읍·면·동과 사회복지기관에 전달하여 사회복지전담공무원이나 사회복지기관의 직원으로까지 이어지는 사회복지전달체계를 형성하고 있다. 즉, 사회복지서비스의 지원기관으로서 간접서비스를 제공하고 있다.

사회복지전담공무원은 저소득층에 대한 빈곤의 예방 및 대상자들의 욕구충족과 사회적 자활을 지원하기 위하여 1987년부터 도입되었으며, 사회복지사업법 제8조에 의해 사회복지사 자격증 소지자에 한해서 시·군·구 및 읍·면·동 행정기관에 배치하여 공적 사회복지 업무를 담당하는 공무원들이다.

저소득층을 위한 생활보호사업은 오랫동안 사회복지 전문인력이 아닌 일반 행정공무원에 의해 이루어져 왔는데, 그 결과 대상자 선정의 부정확성, 사회복지서비스의 결여, 서비스의 단절 등과 같은 많은 문제점들이 노출되었다. 이러한 문제점을 해결하기 위해 1987년부터 대도시 저소득층 밀집지역을 중심으로 사회복지전문요원이 배치되기 시작하였다. 시행 초기 '지침'이나 '고시' 등에 의해 전문요원의 업무만을 규정하던 수준을 보완하고자 1992년 '사회복지사업법'을 개정하여 사회복지전담공무원 및 복지사무전담기구의 설치에 대한 법적 근거를 마련하였다. 1995년 '사회복지전문요원의 직무 및 관리 운영에 관한 규정'이 개정되어 생활보호 업무 외에 아동, 노인, 장애인, 한부모 가정 등 사회복지서비스 업무까지 범위가 확대되었다. 2000년에는 그동안 별정직으로 묶여 있던 사회복지전문요원을 사회복지직으로 전환하여 실질적 사회복지행정의 전문화를 위한 제도적 기반을 확립하게 되었다(한국사회복지교육협의회, 2018).

사회복지전담공무원이 맡고 있는 업무를 분야별로 나눠보면, 보건복지부의 업무로는 공공부조로서 기초생활보장사업 및 자활사업, 의료급여, 사회복지서비스로서 저소득 노인, 아동, 장애인 지원사업, 소년소녀가장 지원사업, 노인 일자리 사업 등을 담당한다. 또한 지방공무원으로서 지방정부의 시책사업과 행정업무를 동시에 수행하고 있다(김혜영 외, 2010).

② 민간기관

민간 행정기관으로는 대표적으로 다음과 같은 것들이 있다(김혜영 외, 2010).

㉠ 한국사회복지협의회

한국사회복지협의회는 한국의 사회복지기관들의 협의체이다. 1952년 한국사회사업연합회로 발기 · 창립되어, 1954년 사단법인으로 인가되었다. 1961년 사단법인 한국사회복지사업연합회로 개칭하였다가, 1970년 현재의 명칭이 되었다. 한국사회복지협의회는 사회복지사업법에 의거하여 사회복지를 목적으로 하는 각종 사업과 활동을 돕고, 이를 위한 국민의 참여를 촉진한다. 그리고 한국 사회복지의 발전에 기여하기 위하여 회원 및 관련단체 간의 연락 · 협의 · 조정 · 협동과 사회복지사업의 조정 · 지도를 주 업무로 한다. 정부에 대해서는 사회보장제도의 확립과 사회복지시책의 과감한 시행 · 개선 등을 건의한다. 또한 국제사회복지회의(ICSW : International Conference of Social Welfare) 회원국으로서 국제기구와의 교류를 통하여 민간 외교의 전개와 함께 최신 기술과 지식의 도입을 도모한다.

㉡ 사회복지공동모금회

사회복지공동모금회는 국민의 성금으로 마련된 재원을 효율적이고 공정하게 관리 · 운용하기 위해 설립되었다. 1994년 지방자치단체의 잘못된 성금모금과 사용을 막기 위하여 공무원의 모금행위 금지와 성금의 용도를 불우이웃사업에 한정하는 내용의 조례가 제정되고, 사회복지공동모금회법이 개정됨에 따라 1998년 11월 중앙과 전국 16개 시 · 도지회의 통합 모금단체로 설립되었다. 주요 활동은 사회복지공동모금, 공동모금재원의 배분 · 운용 · 관리, 사회복지공동모금에 관한 조사 · 연구 · 홍보 및 교육훈련, 사회복지공동모금과 관련된 국제교류 및 협력증진, 다른 기부금품 모집자와의 협력 등이 있다.

㉢ 직능단체

사회복지사협회(KASW), 사회복지관협회, 노인복지시설협회, 장애인복지관협회, 자활후견기관협회, 재가노인복지협회, 아동복지협회 등이 있다. 이러한 단체들은 서비스 대상자에게 직접적인 서비스를 제공하기보다는 민간사회복지행정조직체로서 사회복지기관의 운영을 지원하고, 이를 통해 사회복지서비스 대상자들을 간접적으로 지원하는 역할을 담당하고 있다.

(2) 서비스 기관

① 지역사회복지관

지역사회복지관은 지역사회 내에서 일정한 시설과 전문인력을 갖추고, 지역사회의 인적, 물적 자원을 동원하여 지역사회복지를 중심으로 한 종합적인 사회복지사업을 수행하는 시설을 말한다.

지역사회복지관은 사회복지서비스의 욕구를 가지고 있는 지역사회 주민을 대상으로 보호서비스의 제공, 자립능력 배양을 위한 교육훈련 기회제공 등 필요로 하는 복지서비스를 제공하고, 가족기능 강화 및 주민 상호 간 연대감 조성을 통한 지역사회문제 예방 및 치료 등의 역할을 한다. 결과적으로 지역사회 주민의 복지증진을 위한 종합복지센터의 역할을 수행한다. 현재 전국적으로 400여 개의 종합사회복지관이 있으며 구체적인 사업내용은 표 4-1과 같다.

표 4-1 지역사회복지관의 구체적인 사업내용

(1) 가족복지사업
가족구성원 개인 및 가족 전체를 대상으로 상담치료교육 등의 필요한 복지서비스를 사례관리를 통하여 종합적으로 제공함으로써 가족문제의 해결과 예방 및 가족해체를 방지하고 가족기능을 정상화하여 가족의 행복을 유지할 수 있도록 지원한다.

① 가족관계증진사업 : 가족원 간의 의사소통을 원활히 하고 기대되는 역할을 수행함으로써 이상적 가족관계를 유지함과 동시에 가족의 능력을 개발, 강화하는 사업, 가족교육, 부모교육, 가족 역할 훈련, 대인관계 훈련, 의사소통 향상 교육, 부부상담, 가족상담 등

② 가족기능보완사업 : 사회구조의 변화로 부족한 가족기능, 특히 부모 역할을 보완하기 위하여 주로 아동 · 청소년을 대상으로 실시되는 서비스, 방과후 아동보호 및 보육서비스, 공부방 및 도서관 운영(학습 및 독서지도 등 포함), 사회성 향상, 감성교육, 심성발달 프로그램, 진로 탐색 및 지도, 학교사회사업 등

③ 가정문제해결치료사업 : 가족 단위 또는 문제가 발생한 가족에 대한 진단치료, 사회복귀 지원서비스를 말한다. 특수아동 조기교육, 음악 · 놀이 · 미술 등 특수치료, 중도장애인 집단 프로그램, 장애인 사회적응 프로그램, 정신보건서비스, 알코올 및 약물치료, 정신장애인서비스, 청소년 범죄 예방사업, 학교 부적응 학생 지도, 징계 청소년 프로그램, 이혼, 해체 위기 가정, 재혼가정 등을 돕는 서비스와 폭력, 학대를 예방하기 위해 아동학대 및 방임, 노인학대, 성폭력, 가정폭력 예방을 위한 서비스를 제공

(계속)

(2) 부양가족지원
요보호 가족원을 돌보는 가족원의 부양부담을 줄여주고 관련 정보를 공유하는 등 부양가족 대상지원서비스, 치매노인가족지원, 장애인가정지원, 만성질환자 부양가족모임, 장애아동 부모상담, 기타 부양가족지원사업 등. 결연, 정서지원, 가사지원, 간병, 푸드뱅크사업 등 각종 재가복지서비스

(3) 급식 · 보건의료서비스
지역사회에 거주하는 요보호노인이나 결식아동 등을 위한 식사 제공과 같은 서비스를 제공. 재가복지사업 대상자들을 위한 의료서비스(통원 및 방문진료), 간병서비스, 물리치료, 재활치료, 보건교육, 방문간호(보건기관 연계), 영양서비스(영양지도 및 상담)

(4) 경제적 · 일상생활지원
생활에 필요한 현금 및 물품 등을 지원하는 물질적 지원사업으로 의료비, 교육비, 생활비 등 지원, 후원품 제공, 생활용품 지원 등의 사업. 기초적 일상생활 지원서비스인 청소, 세탁, 장보기, 취사 등 가사서비스, 가정봉사원, 이동목욕, 이·미용, 심부름, 차량지원, 주거환경 개선 등의 서비스를 제공

(5) 일시보호 및 정서적 서비스
노인 주간·단기보호, 치매노인센터, 장애인 주간·단기보호, 실직자 쉼터, 희망의 집, 그룹홈 등의 보호서비스를 제공. 말벗, 안부전화 등 노인정서지원, 의형제·의부모 관계 맺기 활동

출처 : 한국사회복지교육협의회(2018).

② 아동 및 청소년복지 분야

아동 및 청소년복지는 모든 아동 및 청소년이 가족과 사회의 일원으로서 육체적·정신적으로 건강하게 성장, 발달할 수 있도록 보호 및 지원하기 위한 분야이다. 아동복지법 및 청소년활동진흥법에 나타난 아동 및 청소년 복지시설의 종류는 표 4-2와 같다.

표 4-2 아동/청소년복지시설의 종류

아동복지 시설	아동양육시설	보호대상아동을 입소시켜 보호, 양육 및 취업훈련, 자립지원 서비스 등을 제공하는 것을 목적으로 하는 시설
	아동일시보호 시설	보호대상아동을 일시보호하고 아동에 대한 향후의 양육대책수립 및 보호조치를 행하는 것을 목적으로 하는 시설
	아동보호치료 시설	불량행위를 하거나 불량행위를 할 우려가 있는 아동으로서 보호자가 없거나 친권자나 후견인이 입소를 신청한 아동 또는 가정법원, 지방법원소년부지원에서 보호위탁된 19세 미만인 사람을 입소시켜 치료와 선도를 통하여 건전한 사회인으로 육성하는 것을 목적으로 하는 시설
	공동생활가정	보호대상아동에게 가정과 같은 주거여건과 보호, 양육, 자립지원 서비스를 제공하는 것을 목적으로 하는 시설
	자립지원시설	아동복지시설에서 퇴소한 사람에게 취업준비 기간 또는 취업 후 일정 기간 동안 보호함으로써 자립을 지원하는 것을 목적으로 하는 시설

(계속)

아동복지 시설	아동상담소	아동과 그 가족의 문제에 관한 상담, 치료, 예방 및 연구 등을 목적으로 하는 시설
	아동전용시설	어린이공원, 어린이놀이터, 아동회관, 체육, 연극, 영화, 과학실험전시시설, 아동휴게 숙박시설, 야영장 등 아동에게 건전한 놀이 · 오락, 기타 각종 편의를 제공하여 심신의 건강유지와 복지증진에 필요한 서비스를 제공하는 것을 목적으로 하는 시설
	지역아동센터	지역사회 아동의 보호 · 교육, 건전한 놀이와 오락의 제공, 보호자와 지역사회의 연계 등 아동의 건전육성을 위하여 종합적인 아동복지서비스를 제공하는 시설
	아동보호 전문기관	학대받은 아동의 치료, 아동학대의 재발 방지 등 사례관리 및 아동학대 예방을 담당하기 위해 시 · 도 및 시 · 군 · 구에 설치한 시설
	가정위탁 지원센터	보호대상아동에 대한 가정위탁사업을 활성화하기 위하여 시 · 도 및 시 · 군 · 구에 설치한 시설
	아동권리 보장원	아동정책에 대한 종합적인 수행과 아동복지 관련 사업의 효과적인 추진을 위하여 필요한 정책의 수립을 지원하고 사업평가 등의 업무를 수행할 수 있도록 설치한 시설
청소년 활동시설	청소년수련관	다양한 수련거리를 실시할 수 있는 각종 시설 및 설비를 갖춘 종합수련시설
	청소년수련원	숙박기능을 갖춘 생활관과 다양한 수련거리를 실시할 수 있는 각종 시설과 설비를 갖춘 종합수련시설
	청소년 문화의집	간단한 수련활동을 실시할 수 있는 시설 및 설비를 갖춘 정보 · 문화 · 예술 중심의 수련시설
	청소년 특화시설	청소년의 직업체험, 문화예술, 과학정보, 환경 등 특정 목적의 청소년활동을 전문적으로 실시할 수 있는 시설과 설비를 갖춘 수련시설
	청소년 야영장	야영에 적합한 시설 및 설비를 갖추고 수련거리 또는 야영편의를 제공하는 수련시설
	유스호스텔	청소년의 숙박 및 체제에 적합한 시설 · 설비와 부대 · 편의시설을 갖추고 숙식 편의 제공, 여행청소년의 활동지원 등을 주된 기능으로 하는 시설
	청소년 이용시설	수련시설이 아닌 시설로서 그 설치 목적의 범위에서 청소년활동의 실시와 청소년의 건전한 이용 등에 제공할 수 있는 시설

출처 : 아동복지법(일부개정 2020.12.29. 법률 제17784호, 시행일 2021. 6. 30)
청소년활동진흥법((타)일부개정 2020. 5. 19. 법률 제17286호. 시행일 2020. 11. 20)

③ 노인복지 분야

노인복지법에 의하면 노인복지시설은 기능에 따라 노인주거복지시설, 노인의료복지시설, 노인여가복지시설, 재가노인복지시설, 노인보호전문기관, 노인일자리지원기관, 학대피해노인 전용쉼터 등으로 나눌 수 있다. 이들 노인복지시설은 건강하고 안정된 노후생활을 위하여 각종 노인복지서비스를 제공하며, 각 시설의 종류는 표 4-3과 같다.

표 4-3 노인복지시설의 종류

종류	시설	설치 목적
노인주거 복지시설	양로시설	노인을 입소시켜 급식과 그 밖에 일상생활에 필요한 편의를 제공하는 시설
	노인공동 생활가정	노인들에게 가정과 같은 주거여건과 급식, 그 밖에 일상생활에 필요한 편의를 제공하는 시설
	노인복지주택	노인에게 주거시설을 임대하여 주거의 편의 · 생활지도 · 상담 및 안전관리 등 일상생활에 필요한 편의를 제공함을 목적으로 하는 시설
노인의료 복지시설	노인요양시설	치매 · 중풍 등 노인성 질환 등으로 심신에 상당한 장애가 발생하여 도움을 필요로 하는 노인을 입소시켜 급식 · 요양과 그 밖에 일상생활에 필요한 편의를 제공하는 시설
	노인요양공동 생활가정	치매 · 중풍 등 노인성 질환 등으로 심신에 상당한 장애가 발생하여 도움을 필요로 하는 노인에게 가정과 같은 주거여건과 급식 · 요양, 그 밖에 일상생활에 필요한 편의를 제공하는 시설
노인여가 복지시설	노인복지관	노인의 교양 · 취미생활 및 사회참여활동 등에 대한 각종 정보와 서비스를 제공하고, 건강증진 및 질병 예방과 소득보장 · 재가복지, 그 밖에 노인의 복지증진에 필요한 서비스를 제공하는 시설
	경로당	지역노인들이 자율적으로 친목도모 · 취미활동 · 공동작업장 운영 및 각종 정보교환과 기타 여가활동을 할 수 있도록 하는 장소를 제공하는 시설
	노인교실	노인들에 대하여 사회활동 참여욕구를 충족시키기 위하여 건전한 취미생활 · 노인건강유지 · 소득보장, 기타 일상생활과 관련한 학습 프로그램을 제공하는 시설
재가노인 복지시설	방문요양 서비스	가정에서 일상생활을 영위하고 있는 노인으로서 신체적 · 정신적 장애로 어려움을 겪고 있는 노인에게 필요한 각종 편의를 제공하여 지역사회 안에서 건강하고 안정된 노후를 영위하도록 하는 서비스
	주 · 야간보호 서비스	부득이한 사유로 가족의 보호를 받을 수 없는 심신이 허약한 노인과 장애노인을 주간 또는 야간 동안 보호시설에 입소시켜 필요한 각종 편의를 제공하여 이들의 생활안전과 심신기능의 유지 · 향상을 도모하고, 그 가족의 신체적 · 정신적 부담을 덜어주기 위한 서비스
	단기보호 서비스	부득이한 사유로 가족의 보호를 받을 수 없어 일시적으로 보호가 필요한 심신이 허약한 노인과 장애노인을 보호시설에 단기간 입소시켜 보호함으로써 노인 및 노인가정의 복지증진을 도모하기 위한 서비스
	방문목욕 서비스	목욕 장비를 갖추고 재가노인을 방문하여 목욕을 제공하는 서비스
노인보호 전문기관	노인보호 전문기관	시 · 도지사가 노인보호전문기관을 지정 · 운영, 노인학대 신고, 상담, 보호, 예방 및 홍보, 24시간 신고 · 상담용 긴급전화(1389) 운영
노인일자리 지원기관	노인일자리 지원기관	지역사회 등에서 노인일자리의 개발 · 지원, 창업 · 육성 및 노인에 의한 재화의 생산 · 판매 등을 직접 담당하는 기관
학대피해노인전용쉼터	학대피해노인 전용쉼터	노인학대로 인하여 피해를 입은 노인을 일정 기간 보호하고 심신 치유 프로그램을 제공하기 위하여 설치한 시설

출처 : 노인복지법(일부개정 2020.12.29. 법률 제17776호. 시행일 2021. 6. 30)

④ 여성 및 가족복지 분야

여성과 가족복지는 주로 한부모가족의 생활안정과 복지증진을 위한 시설들이 많으며, 각 시설의 종류는 표 4-4와 같다.

표 4-4 여성 및 가족복지시설의 종류

구분	내용
모자가족 복지시설	모자가족에게 다음 중 어느 하나 이상의 편의를 제공하는 시설 - 기본생활지원 : 생계가 어려운 모자가족에게 일정 기간 동안 주거와 생계를 지원 - 공동생활지원 : 독립적인 생활이 어려운 모자가족에게 일정 기간 동안 공동생활을 통하여 자립을 준비할 수 있도록 주거 등을 지원 - 자립생활지원 : 자립욕구가 강한 모자가족에게 일정 기간 동안 주거를 지원
부자가족 복지시설	부자가족에게 다음 중 어느 하나 이상의 편의를 제공하는 시설 - 기본생활지원 : 생계가 어려운 부자가족에게 일정 기간 동안 주거와 생계를 지원 - 공동생활지원 : 독립적인 생활이 어려운 부자가족에게 일정 기간 동안 공동생활을 통하여 자립을 준비할 수 있도록 주거 등을 지원 - 자립생활지원 : 자립욕구가 강한 부자가족에게 일정 기간 동안 주거를 지원
미혼모자가족 복지시설	미혼모자가족과 출산 미혼모 등에게 다음 중 어느 하나 이상의 편의를 제공하는 시설 - 기본생활지원 : 미혼 여성의 임신·출산 시 안전 분만 및 심신의 건강 회복과 출산 후의 아동의 양육 지원을 위하여 일정 기간 동안 주거와 생계를 지원 - 공동생활지원 : 출산 후 해당 아동을 양육하지 아니하는 미혼모 또는 미혼모와 그 출산 아동으로 구성된 미혼모자가족에게 일정 기간 동안 공동생활을 통하여 자립을 준비할 수 있도록 주거 등을 지원
일시지원 복지시설	배우자(사실혼 관계에 있는 사람을 포함한다)가 있으나 배우자의 물리적·정신적 학대로 아동의 건전한 양육이나 모의 건강에 지장을 초래할 우려가 있을 경우 일시적 또는 일정 기간 동안 모와 아동 또는 모에게 주거와 생계를 지원하는 시설
한부모가족 복지상담소	한부모가족에 대한 위기·자립 상담 또는 문제해결 지원 등을 목적으로 하는 시설

출처 : 한부모가족지원법(일부개정 2020.10.20. 법률 제17540호. 시행일 2021. 4. 21)

⑤ 장애인복지 분야

장애인을 위한 복지는 타인의 도움이 없이는 자립이 어려운 장애인들을 위해 일상생활의 보호와 함께 필요한 원조 서비스를 제공하는 생활시설 위주로 이루어져 왔다. 그러나 최근에는 재가복지시설이나 취업과 재활을 위한 시설, 공동주거시설인 그룹홈(group home) 등 다양한 복지시설이 늘어나고 있다. 결과적으로 장애인의 인간다운 삶과 권리보장을 위해 장애인의 의료, 교육, 직업재활, 생활환경 개선 등을 제공하여 장애인의 생활안정에 기여하는 등의 서비스를 제공하는 시설을 말한다. 시설의 종류는 표 4-5와 같다.

표 4-5 장애인복지시설의 종류

<table>
<tr><td rowspan="4">장애인 거주시설</td><td>장애유형별거주시설</td><td>장애유형이 같거나 또는 유사한 장애를 가진 사람들을 이용하게 하여 그들의 장애유형에 적합한 주거지원, 일상생활지원, 지역사회생활지원 등의 서비스를 제공하는 시설</td></tr>
<tr><td>중증장애인거주시설</td><td>장애의 정도가 심하여 항상 도움이 필요한 장애인에게 주거지원, 일상생활지원, 지역사회생활지원, 요양서비스를 제공하는 시설</td></tr>
<tr><td>장애영유아거주시설</td><td>6세 미만의 장애영유아를 보호하고 재활에 필요한 주거지원, 일상생활지원, 지역사회생활지원, 요양서비스를 제공하는 시설</td></tr>
<tr><td>그 외</td><td>장애인 단기거주시설, 장애인 공동생활가정</td></tr>
<tr><td rowspan="3">장애인 지역사회 재활시설</td><td>장애인복지관</td><td>장애인에 대한 각종 상담 및 사회심리 재활시설 · 교육 · 직업 · 의료재활 등 장애인의 지역사회생활에 필요한 종합적인 재활서비스를 제공하고 장애에 대한 사회적 인식개선사업을 수행하는 시설</td></tr>
<tr><td>장애인 주간보호시설</td><td>장애인을 주간에 일시 보호하여 장애인에게 필요한 재활서비스를 제공하는 시설</td></tr>
<tr><td>그 외</td><td>장애인 체육시설, 장애인 수련시설, 장애인 생활이동지원센터, 한국수어 통역센터, 점자도서관, 점서 및 녹음서 출판시설, 장애인 재활치료시설</td></tr>
<tr><td>장애인 직업재활 시설</td><td>장애인직업재활시설</td><td>장애인 보호작업장, 장애인 근로사업장, 장애인 직업적응훈련시설,</td></tr>
<tr><td>장애인 의료재활 시설</td><td>장애인의료재활시설</td><td>장애인을 입원 또는 통원하게 하여 상담, 진단 및 판정, 치료 등 의료재활서비스를 제공하는 시설</td></tr>
<tr><td>장애인 생산품 판매시설</td><td>장애인생산품 판매시설</td><td>장애인생산품의 판매활동 및 유통을 대행하고, 장애인생산품이나 서비스, 용역에 관한 상담, 홍보, 판로 개척 및 정보제공 등 마케팅을 지원하는 시설</td></tr>
</table>

출처 : 장애인복지법 시행규칙(일부개정 2019. 6. 4)

⑥ 정신건강/의료복지 분야

1995년 정신보건법이 제정됨에 따라 정신과 병원 및 지역사회에서 정신보건에 관한 서비스를 제공할 전문인력의 수요가 증가하게 되었다. 이에 따라 정신질환의 예방과 정신질환자의 의료 및 사회복귀 등의 업무를 수행할 전문인력 양성을 위해, 1997년 정신보건전문요원의 하나로 정신보건사회복지사 자격을 제정하게 되었다. 2016년에 개정한 정신건강복지법에서는 정신보건전문요원과 정신보건사회복지사라는 명칭이 각각 정신건강전문요원, 정신건강사회복지사로 변경되었으며, 2018년 사회복지사업법 개정에 따라 전문사회복지사로서 국가자격증으로 인정받게 되었다.

정신건강사회복지사란 정신보건전문요원 가운데 사회복지사(social worker)를 말한다. 정신건강사회복지사들은 기본적으로 사회복지사 1급 자격을 소지하고, 정신건강법에서 요구하는 수련을 거쳐 자격증을 취득한 사람을 말한다. 정신건강사회복지사 1급 응시 자격은 교육법에 의한 대학원에서 사회복지학 또는 사회사업학을 전공한 석사학위 이상 소지자로서, 보건복지부장관이 지정한 수련기관에서 3년 이상 수련을 마치거나, 2급 정신건강사회복지사 자격 취득 후 정신건강시설, 보건소 또는 국가나 지방자치단체로부터 정신건강증진사업 등을 위탁받은 기관이나 단체에서 5년 이상 정신보건 분야의 임상 실무 경험이 있는 자이다. 정신건강사회복지사 2급 응시 자격은 사회복지사업법에 의한 사회복지사 1급 자격 소지자로서 수련기관에서 1년 이상 수련한 자이다.

정신건강사회복지사들은 정신의료기관, 정신재활시설, 정신요양시설 등에서 정신적 장애를 가지고 있는 클라이언트와 그 가족들 그리고 정신건강의 예방적 차원에서 욕구를 가지고 있는 사람들을 대상으로 사회복지서비스를 제공하고, 클라이언트의 성격이나 정서, 부적응 문제를 다루며, 사회적응과 사회복귀를 위한 서비스를 제공한다. 정신건강사회복지사는 정신장애인에 대한 개인력 조사 및 사회조사를 하며, 사회사업 지도 및 방문 지도를 수행한다. 또한 정신재활시설을 운영하며, 정신장애인을 위한 생활훈련 및 직업훈련, 정신장애인과 그 가족에 대한 교육, 지도 및 상담 업무를 수행한다. 정신건강증진시설의 종류는 표 4-6과 같다.

표 4-6 정신건강증진시설의 종류

정신의료기관	의료법에 의한 의료기관 중 주로 정신질환자의 진료를 행할 목적으로 설치된 병원(정신병원)과 의원 및 병원급 의료기관에 설치된 정신과
정신요양시설	정신질환자를 입소시켜 요양서비스를 제공하는 시설
정신재활시설	정신질환자 또는 정신건강상 문제가 있는 사람(정신질환자)의 사회적응을 위한 각종 훈련과 생활지도를 하는 시설

출처 : 정신건강복지법(일부개정 2020.12.29. 법률 제17794호. 시행일 2021. 6. 30)

한편, 의료 분야에서 일하는 의료사회복지사도 있다. 의료사회복지사도 역시 정신건강사회복지사와 같이 2018년 사회복지사업법 개정에 따라 전문사회복지사로서 국가자격증을 인정받게 되었다. 의료사회복지사는 환자나 그 가족들이 질병으로 인해 생길 수 있는 심리적·사회적·경제적 문제 등으로 인해 어려움을 겪을 경우, 환자 개별상담, 가족상담, 경제적 지원, 지역사회자원 연결, 기타 정보제공 등을 통해 환자나 가족이 그 문제를 잘 대처하고 원만히 해결할 수 있도록 원조한다. 의료사회복지사는 주로 병원에 입원한 환자에게 사회적 서비스를 제공하는데, 보건의료기관에서 사회복지사가 일하는 법적인 근거는 의료법 시행령에 '종합병원에는 사회복지사업법의 규정에 의한 사회복지사 자격을 가진 자 중에서 환자의 갱생, 재활과 사회복귀를 위한 상담 및 지도 업무를 담당하는 요원을 1인 이상 둔다'고 규정한 데서 비롯되었다(남세진 · 조흥식, 1995).

의료사회복지사는 의료시설에서 환자와 그 가족의 제반 문제에 관심을 갖고 의료진과의 협력 하에 치료 과정에 개입함으로써 의료서비스가 보다 효과적으로 제공되도록 돕는 역할을 한다(한국사회복지교육협의회, 2018).

⑦ 노숙인복지 분야

부랑인 발생 예방 및 부랑인들이 심신장애를 극복하여 정상적인 사회생활로 복귀할 수 있도록 신체적·심리적 재활기능을 담당하고, 실직 노숙인들에게 숙식서비스를 제공하여 생활안정을 도모하며, 입소자들의 생활지도와 취업의 기회를 제공한다. 노숙인 관련 시설은 표 4-7과 같다.

표 4-7 노숙인시설의 종류

구분	내용
노숙인일시보호시설	노숙인 등에게 일시보호 및 복지서비스 연계 등을 제공하는 시설
노숙인자활시설	노숙인 등의 자립을 지원하기 위하여 전문적인 직업상담·훈련 등의 복지서비스를 제공하는 시설
노숙인재활시설	신체 및 정신장애 등으로 자립이 어려운 노숙인 등에게 치료 및 재활서비스를 제공하는 시설
노숙인요양시설	건강상의 문제 등으로 단기간 내 가정 및 사회복귀가 어려운 노숙인 등에게 요양서비스를 제공하는 시설
노숙인급식시설	노숙인 등에게 필요한 급식서비스를 제공하는 시설
노숙인진료시설	노숙인 등에게 필요한 의료서비스를 제공하는 시설
쪽방상담소	쪽방 밀집지역에서 쪽방거주자에 대한 상담·취업지원·생계지원, 그 밖의 행정지원 서비스를 제공하는 시설

출처 : 노숙인 등의 복지 및 자립지원에 관한 법률(일부개정 2020.12.29. 법률 제17775호)

⑧ 기타 분야

㉠ 학교사회복지 분야

학교에 사회복지서비스가 제공된 것은 1987년 교육부에서 시범사업을 시작하면서 실시되었으며, 2018년 사회복지사업법 개정에 따라 정신건강사회복지사, 의료사회복지사와 함께 전문사회복지사로서 국가자격증을 인정받게 되었다. 현재 학교사회복지사는 해당 학교에 계약직이나 정규직으로 채용되어 활동하거나 지역사회복지기관에 소속된 상태로 학교에 파견되는 형태로 운영되고 있다.

학교사회복지는 학교의 교육 기능과 목적을 달성하도록 도와주는 사회복지실천의 전문 분야이다(한인영 외, 1997). 그리고 학교사회복지사는 학생과 학생을 둘러싼 환경 중 학교와 가정 그리고 지역사회의 관계를 증진시키고 서로 보완·협력할 수 있도록 중재하고 연계하는 방법을 통해 학생의 다양한 욕구를 충족시키는 서비스를 제공한다. 학교－가정－지역사회의 연계망을 구축하여 학생들이 학교에 적응하지 못하고 중도 탈락하는 것을 예방하는 안전망을 제공하는 것이 학교사회복지의 일차적 기능이다.

이와 같이 학교사회복지는 학생 개개인의 지적, 사회적, 정서적 욕구와 문제해결에 관심을 갖도록 도와주며, 모든 학생들이 공평한 교육기회와 성취감을 얻을 수 있도록 학교현장에서 활동하는 중요한 사회복지 분야이다. 따라서 학교사회복지사의 역할은 학교 제도 내에서 학생들과 그들의 가족 및 교사들을 대상으로 통합적 사회복지를 제공하며, 지역사회자원과 연결시키는 역할이라고 할 수 있다. 특별히 학교사회복지는 사회문제로 대두되고 있는 학교폭력을 포함하여 여러 유형의 청소년비행과 범죄를 해결하기 위한 노력을 기울이고 있다.

하지만 이러한 학교사회복지사의 역할에 대하여 기존의 교사들과 이해관계가 얽히는 문제점과 함께 학교로부터 제대로 인정받지 못하고 있다. 학교운영자인 교장이나 교감에게 학교사회복지사란 아직까지 상담교사 정도로만 인식되고 있는 현실에서 학교사회사업가들은 정체성에 혼란을 느끼고 있다. 학교사회사업가는 학교사회사업 실천의 질적 보장을 확립하기 위하여 끊임없이 전문지식과 기술을 연마하여야 할 것이다.

그러나 학교사회복지사와 관련된 이해집단인 교육계와 사회복지학계는 각기 다른 입장을 보이고 있다. 이러한 기득권 주장보다는 상호 전문직에 대하여 이해하는 노력이 우선시되어야 할 것이다. 사회복지계와 교육부 관련 정부부처의 긴밀한 협조체계를 형성해야 할 것이다. 많은 교육관계자들이 학교사회사업 도입의 필요성과 당위성을 인정하고 있지만, 예산과 관련된 제도적으로 해결해야 할 과제가 남아있기 때문에 한정된 예산을 활용할 수 있는 구체적인 방안을 제시할 수 있어야 하겠다. 대부분의 선진국에서 학교사회복지는 법제화되어 사회복지의 중요한 한 부분으로 기능하고 있다. 우리나라도 학교사회복지사가 법제화되었으니 학교사회복지사제도가 잘 정착될 수 있도록 꾸준히 노력할 필요가 있다.

㉡ 교정복지 분야

교정기관 역시 아직 우리나라에서 사회복지사가 활동하고 있지는 않다. 그러나 역사적으로 사회복지실천은 비행청소년과 범죄인의 재활에 개입해 왔다. 비행청소년과 범죄인을 사회의 일탈자로 낙인하지 않고, 이들을 재활시키기 위해 교정기관과 시설에 사회복지사가 투입되어야 한다. 교정기관은 법무부의 교정국과 보호국 산하의 기관과 시설을 모두 포함해야 한다(오영근 외, 2013). 즉, 지방교정청과 교도소 등을 포함하는 교정기관과 시설, 소년원과 보호관찰소 등의 보호시설로 구분하는 이들 현장은 사회복지실천 현장이 되어야 한다. 이들 기관에서 사회복지사는 범죄자나 비행청소년의 재활 및 사회복귀를 돕고, 범죄의 처벌 대신 사회의 적응을 도움으로써 지역사회의 범죄예방 및 문제해결을 도모하는 역할을 수행할 수 있다. 1987년 정부에서 교정시설에 전공자를 특별 채용한 적은 있으나 아직까지 교정시설에 대한 사회복지가 법제화되지는 않고 있으며, 교정기관이 사회복지기관과 연계해 프로그램을 실행하는 정도의 수준에 머무르고 있다. 앞으로 교정복지에 대한 개척이 필요하다.

ⓒ 군사회복지 분야

우리나라는 징병제를 실시하는 국가이며, 대부분의 청년들이 군대를 경험한다. 그러나 이들을 위한 실질적인 사회복지서비스는 실시되지 않고 있다. 군대는 매우 특수한 조직이므로 그 특수성을 감안해야 하지만, 여전히 군인들을 위한 사회복지서비스는 필요하다. 특히 최근 발생하는 군대 내의 폭력과 성폭력, 자살이나 총기사건 등에 대한 사회복지적 개입이 필요하다. 또한 군대는 스트레스가 매우 높은 조직이므로 군인들을 위한 정신적·심리적 서비스도 필요할 것으로 보인다. 이들을 위한 사회복지서비스는 매우 시급하며, 다행히 군사회복지학회가 조직되어 활동하고 있는데 앞으로 이 분야도 사회복지의 한 분야가 될 수 있도록 개척이 필요하다.

2 사회복지사의 역할

사회복지실천은 개인의 문제를 해결하기 위한 미시적 개입에서부터 사회환경을 변화시키는 거시적 접근까지 모두를 아우른다. 따라서 사회복지사의 역할은 클라이언트의 욕구와 문제유형, 클라이언트의 수와 크기, 서비스의 목적, 기관의 목표, 지역사회환경 등에 따라 다양하게 나타난다. 다음은 사회복지실천현장에서 사회복지사가 맡아야 할 역할에 대해 알아보고자 한다.

1) 직접적으로 대면서비스를 제공하는 역할

(1) 심리치료사나 상담자의 역할

사회복지사의 가장 전통적이고도 기본적인 역할 중의 하나는 클라이언트를 위한 심리치료사나 상담자의 역할이다. 이것은 전통적 방법인 개별사회사업(casework)과 집단사회사업(group work)에서부터 강조되어 온 역할이다. 이를 위해서 사회복지사는 기본적으로 인간의 심리와 발달을 이해해야 하며, 면접이나 관계형성에 대한 실천기술을 습득하여야 한다. 최근에는 각종 중독을 비롯하여 정신건강에 어려움을 호소하는 클라이언트가 증가하고 있기 때문에, 좋은 상담자가 되기 위하여 이러한 문제를 해결하기 위한 전문적 지식과 기술을 갖추어야 한다.

(2) 정보제공자나 교육자의 역할

정보제공자나 교육자의 역할은 클라이언트에게 필요한 정보를 제공하거나 각종 사회기술 등을 교육시키는 역할을 말한다. 좋은 교육자가 되기 위해 사회복지사는 관련 분야의 많은 전문지식과 정보를 갖추어야 한다. 청소년에게 성교육을 제공하거나, 부모들에게 아동 양육기술을 가르치고, 장애인에게 사회기술훈련을 시키는 등 클라이언트에게 필요한 구체적 행동이나 기술을 가르치는 것이다. 이를 위해 상담기술 외에 내용을 명확히 전달하고 이해시키기 위한 강의기술과 의사소통기술도 갖출 필요가 있다.

2) 서로 다른 체계들을 연계하는 역할

(1) 중개자의 역할

중개자(broker)의 역할은 클라이언트와 지역사회의 자원을 연계시켜 주는 역할을 의미한다. 사회복지사는 소년소녀가장에게 후원자를 연결해줄 수도 있고, 끼니를 거르는 독거노인을 푸드뱅크(food bank)와 연결시켜 줄 수도 있다. 중개자의 역할을 잘 하기 위해서 사회복지사는 지역사회의 자원이나 기관에 대해 충분한 지식과 정보를 갖고 있어야 한다. 사회복지사는 정보의 양에 비례해 양질의 자원이나 기관을 클라이언트에게 연계시켜 줄 수 있기 때문이다. 이런 자원은 현금, 음식, 의복 그리고 주택과 같은 사회적 급부뿐만 아니라 상담, 치료, 집단 상호작용 경험 그리고 재활서비스와 같은 사회적 서비스도 포함된다. 중개를 하기 위해 사회복지사가 서비스 전달체계의 다양한 부분들과 지속적인 상호작용을 촉진하는 것이 필요하다.

(2) 사례관리자의 역할

사례관리자(case manager) 또는 조정자(coordinator)의 역할은 클라이언트의 욕구나 문제가 무엇인지를 파악한 후, 이러한 문제를 해결하기 위해 필요한 자원이나 서비스를 개발하고 연계시켜 주며, 이러한 서비스가 원래의 목표에 따라 지속적으로 잘 제공되고 있는지를 관리하고 도와주는 역할이다. 예를 들어, 장애아동의 경우 장애와 관련한 서비스 외에도 교육이나 친구, 가정환경 등 건강한 발달을 돕기 위한 다양한 서비스가 필요하다. 따라서 한 명의 사회복지사나 특정 복지기관의 제한된 자원만으로는 이러한 클라이언트의 문제를 효과적으로 해결하기가 어렵다. 그러므로 사회복지사는 지역사회의 사회복지관, 학교, 병원, 재활치료센터, 상담기관 등과의 긴밀한 연계를 통해 이러한 클라이언트를 도와줄 수 있다.

(3) 중재자의 역할

중재자(mediator)의 역할은 서로 다른 두 집단 간의 갈등이나 이해관계를 해결하여 서로 간에 만족스러운 결과를 얻을 수 있도록 도와주는 역할이다. 예를 들어, 노동자와 고용주 사이의 갈등 또는 집주인과 세입자의 갈등이 있을 때 양측의 이해관계를 고려하여 최선의 해결책을 제시하고 서로에게 만족을 주도록 도와주는 것이다. 중재자의 역할을 수행하는 사회복지사는 양쪽의 입장을 정확히 이해하여 어느 한쪽의 입장을 편파적으로 지지하지 않고 중립적 위치에서 갈등을 해결해 나가는 것이 매우 중요하다.

(4) 옹호자의 역할

옹호자(advocator)의 역할은 클라이언트의 권익 보호를 위해 새로운 자원이나 서비스를 제공하도록 클라이언트를 대신해 촉구하는 정치적 역할을 의미한다. 사회복지는 차별받거나 억압받는 클라이언트와 함께 해왔고, 인권을 침해받는 클라이언트가 없도록 함께 저항해온 역사를 가지고 있다. 따라서 억압받는 사람들의 인권을 향상시키기 위해 새로운 법률을 제정하도록 노력하거나 시민운동을 조직하는 사회운동가의 역할을 할 수 있다. 국가나 공공기관, 서비스기관이 어느 특정 집단이 클라이언트 욕구에 적절히 반응하지 않거나 서비스 제공을 거절하는 경우, 이들이 적절한 서비스를 받을 수 있는 권리를 확보하거나 유지하도록 기관 내 프로그램이나 정책을 변화시키기 위한 적극적이고 행동적인 역할도 수행할 수 있다.

3) 체계 유지와 강화를 위한 역할

(1) 직원 개발자로서의 역할

직원 개발자로서의 역할은 중간관리자로서의 위치를 말한다. 직원 개발자로서의 역할은 훈련, 슈퍼비전 그리고 인사관리를 통해 기관 직원의 전문적 개발을 촉진시킨다. 직원 개발은 훈련 욕구에 기반을 두고 업무 코칭(job coaching), 슈퍼비전, 자문 그리고 훈련회의나 워크숍을 실행하는 것과 같은 교육의 형태를 취한다. 기관에 대한 오리엔테이션과 구체적인 업무 할당에 관한 훈련뿐 아니라, 인사관리 활동은 신입 직원 선발부터 퇴직까지 포함된다. 또한 슈퍼비전의 기능은 직원이 제공하는 서비스의 질을 향상시키고 기관의 규칙과 규정을 따르는지 확인하기 위해 직원의 활동을 감독하고 지시하는 것이 포함된다.

(2) 행정가로서의 역할

행정가로서의 역할은 조직에서 정책, 서비스, 프로그램을 기획하고 실행하는 것을 말한다. Skidmore(1983)는 사회복지행정을 "기관의 사회정책을 사회서비스 전달로 변형하는 사회적 과정을 활용하는 직원의 행동이며, 가장 흔히 활용되는 기본적 과정은 계획하고, 조직하고, 직원을 선발하고, 지시하며 통제하는 것"으로 정의했다. 이 경우 행정은 1차적 역할이 되거나 다른 실천 역할과 함께 행정 업무를 수행하는 데 참여하기도 한다.

행정가로서 사회복지사는 기관의 정책, 프로그램 혹은 제도를 실행하기 위한 책임이 있다. 따라서 프로그램, 서비스 혹은 전체 조직에 대한 운영상의 감독을 책임져야 한다. 기관 이사회의 업무를 촉진하고, 직원을 모집하고 선발하며, 조직 내에서 전문적 기준을 증진시키고, 직원 갈등을 조정하며, 조직을 운영하기 위해 필요한 자원을 획득하고, 예산 관리, 건물과 시설의 장비를 설치하고 유지하는 활동까지 포함된다.

(3) 자문가의 역할

자문가로서의 사회복지사는 다른 직종의 전문가에게 클라이언트의 문제해결을 위한 자문을 제공하거나, 동료 사회복지사에게 지도 감독 및 조언을 제공한다. 예를 들어, 의료사회복지사는 환자의 사회환경적 배경을 의사에게 알려주어 치료에 도움이 되도록 할 수 있으며, 학교사회복지사는 학생의 비행에 영향을 미치는 주변 체계에 개입함으로써 교사가 학생을 지도하는 데 도움을 줄 수 있다.

(4) 연구자의 역할

사회복지사는 실천가일 뿐 아니라 연구자이기도 하다. 특히 최근에는 사회복지실천에 대한 사회적 책임성에 대한 요구가 높아지면서 사회복지실천에 대한 효과성과 효율성에 대한 관심이 높아지고 있다. 따라서 사회복지사는 자신이 제공한 서비스를 과학적 · 체계적으로 평가하고, 사회복지의 학문적 발전에 도움이 될 수 있는 연구자로서의 역할이 강조되고 있다. 따라서 연구자로서 사회복지사는 사회복지실천의 전 과정을 사회과학적 연구방법론과 병행하는 실증적 사회복지실천을 수행해야 한다(김기환, 1996). 실증적 사회복지실천은 서비스의 초기 단계부터 클라이언트의 문제를 객관적이고 체계적으로 사정해서 개입의 목표와 원조 과정 그리고 결과를 지속적으로 평가하면서 보다 효과적인 개입을 제공하는 것이다. 또한 연구자는 관심 주제에 대한 문헌연구나 자신의 실무에 대한 평가, 프로그램에 대한 분석, 지역사회 욕구 조사 등의 활동을 통해 전문적 이론을 발전시키고, 사회복지의 학문적 발전에 이바지할 수 있다.

3 사회복지실천현장과 이론의 활용

1) 사회복지실천현장과 이론의 관계

사회복지실천 분야에서 활용되는 이론은 서로 다른 유형 · 수준의 이론과 지식이 상호작용하여 형성된다.

(1) 이론이 갖는 기능

일반적으로 이론이 갖는 기능은 다음과 같다(Klein & White, 1996).

첫째, 축적(accumulation)의 기능이다. 이론은 조사 결과의 축적과 조직화를 돕는다. 이론은 조사지의 관찰 등의 조사를 통해 수집한 경험적 사실들 중에서 어떤 것을 취해야 하고, 그것들을 어떤 식으로 배열하고 어떻게 분석할 것인가에 대해 지침을 제공한다.

둘째, 명확성(precision)의 기능이다. 이론은 개념들과 관계들이 무엇을 의미하는지와 개념과 관계들이 어떤 것을 포함하고 어떤 것을 배제하고 있는지에 대해 명료하게 해준다. 의사소통은 이러한 명확성을 갖는 이론의 기능을 통해 원활해질 수 있다.

셋째, 안내(guidance)의 기능이다. 이론은 가설을 검증하고 가설형성 및 발전을 도모한다. 이론적 아이디어는 추상적이고 그럴듯하고, 일시적 주장들이기 때문에 경험적 일반화를 위해서는 경험적 증거들에 대해 점검하게 해준다. 이론은 하나의 이론을 지지하는 증거들을 발견하거나 만들어 내는 것을 상대적으로 쉽게 해준다. 또한 성립된 가설에 대한 타당한 검증방법(조사설계)에 대해 일종의 지침을 제시해 준다.

넷째, 연관성(connectedness)의 기능이다. 이론은 특정 이론 내에서 아이디어가 어떻게 연관되어 있는지를 보여 주거나 다른 이론들 간에는 어떻게 연결되어 있는지에 대해 이해하도록 돕는다.

다섯째, 설명(interpretation)의 기능이다. 이론은 이론이 다루고 있는 현상이 어떻게 작용하고 있는지를 알게 해준다. 주제를 서술하기 위해서 이론은 이론에서 제기된 가정들을 합리적으로 받아들이는 과정들의 구조에 대한 그럴듯한 상을 제공해 준다. 설명은 기술적인(descriptive) 방식과 사물이나 현상이 작동하는 방식에 대해 이야기(stories)하는 방식을 취한다.

여섯째, 예측(prediction)의 기능이다. 이론은 미래에 무엇이 일어날 것이고 일어날 수 있는가를 알려준다. 이론은 과거나 혹은 현재에 발생하는 현상들에 대한 규명을 통해서 미래의 사건이나 경험에도 똑같이 적용할 수 있는 명제들을 포함해야 한다. 그러나 이는 어떤 이론도 미래를 정확하게 예측해야 한다는 의미는 아니고, 단지 미래와 관련이 없는 것이어서는 안 된다는 의미이다.

일곱째, 해석(explanation)의 기능이다. 이론은 '왜(why)'와 '어떻게(how)'에 대한 질문에 답을 제시해 준다.

(2) 이론과 실천 간의 이슈

이론을 실천에 적용하고 실천을 이론에 적용하는 것에 대한 논쟁은 사회복지실천의 본질에 대한 논쟁과 연결된다. 사회복지실천은 어느 정도까지 이론에 기초한 행위인가? 또는 실천으로부터 생긴 것인가? 사회복지실천의 본질은 어느 정도까지 이론과 독립되어 있는가?

이러한 질문에 대한 대답은 사회복지실천 분야의 안과 밖에서 영향력을 행사하는 이익집단들 사이에 권력과 자율성에 대한 일상의 실천 이슈와 관련된다. 이익집단들로는 클라이언트, 사회복지사, 사회복지기관의 관리자와 회장이나 이사장뿐 아니라 사회복지사협회, 사회복지학회, 사회복지교육협의회, 사회복지시설협의회 회원들이 있다.

일반적으로 사회복지실천 분야에서 활용되는 이론은 다음과 같다. 첫째, 실천을 위한 대안적인 규범들을 제공한다. 둘째, 기관의 관리자나 정치인, 대중들에 대한 책임성을 제공한다. 셋째, 사회복지사들의 행위를 설명하는 정당성을 제공한다(Payne, 1997).

사회복지실천 분야에서 이론과 실천 사이의 관계에 나타나는 이슈는 다음과 같다(Carew, 1979).

첫째, 사회복지실천은 경험적이거나 과학적이어야 한다는 관심과 관련된 이슈이다.

둘째, 특별한 지식원천(예를 들어, 심리학, 심리분석 이론 또는 마르크스주의 이론)에서 나온 이론을 어떻게 효과적으로 적용해야 하는가에 대한 이슈이다. 그러나 문제는 알아야 할 지식이 너무 많아서 조직화된 방법으로 사용하기가 힘들다는 데 있다.

셋째, 사회복지사들이 배우고 이해하고 있는 이론과 지식을 실천에 활용하는 데 어려움이 있다는 것과 관련된 이슈이다. 그 어려움의 이유는 다양하다. 사회복지실천 지식이 대개 다른 학문에서 빌려온 것이라는 점, 사회복지사가 지식을 효과적으로 적용하는 데 도움을 주는 사회복지실천 교육과 훈련이 적절하지 않은 점, 사회복지에 유용한 이론이 실천에도 적절한

지에 대한 의문 등이다.

한편, Harrison(1991)은 사회복지사들이 사회복지실천 분야의 실천과제에서 클라이언트의 상황을 이해하기 위해 이론을 활용할 때 다음과 같은 세 가지 '인지적 지침'을 가지고 있음을 발견했다.

① 비교와 분류 : 상황을 기관의 기능, 이전의 경험, 사회과학적 이해와 비교해 보고, 이전에 경험한 사례에 근거해서 분류한다.
② 보편적 실천 이론의 적용 : 상황을 개인보다는 지역사회나 네트워크와 관련시켜서 재구성하고, 그렇게 함으로써 더 넓은 관심범위에서 관계를 형성할 수 있다. 심리적 과정보다는 사회적 과정에 대한 관심을 강조한다.
③ 발견적(heuristic) 연구 : 사회복지사들이 서로 다른 정보를 찾고 상황을 보는 방법(정치, 도덕 차원을 포함)을 찾는 것으로, 자신의 시각으로 보는 독특한 것을 찾는 것이므로 유사성이나 보편성을 찾는 것은 피한다.

사회복지실천은 사회복지실천 분야 현장에서 이루어지는 것이다. 어떠한 형태이든지 그것은 경험을 축적하게 된다. 즉, 다양한 사람들을 만나게 되는 과정에서, 다양한 욕구를 가진 클라이언트를 만나는 과정에서 사회복지사는 경험을 축적하게 되고, 그 경험의 횟수에 따라 나름대로의 지식(경험에 기반한)을 터득하게 된다. 이것은 물론 기존에 사회복지사가 배웠던 지식과 같을 수도 있고, 다를 수도 있다.

사회복지사가 사회복지실천 분야 현장에서 실천을 하면서, 기존에 알고 있던 지식과 실제의 상황과 다른 적용을 해야 할 때 어떻게 해야 하는가? 이때 사회복지사는 딜레마에 빠질 수도 있을 것이다. 경험상으로는 어떻게 개입을 해야 하는데, 이론적인 지식으로는 개입 자체가 다를 때 혼란을 느끼게 된다. 이러한 상황이 빚어지는 이유는 현장에서의 사회복지실천 분야가 다양하고 활동범위가 많기 때문일 것이다.

따라서 필요한 것은 이론이 실제 사회복지실천 분야의 상황과 맞아야 한다는 점이다. 현실과 동떨어진 이론은 실제 상황에서 아무런 도움도 줄 수 없으며, 사회복지사에게 그것은 죽은 지식, 아무런 쓸모도 없는 지식일 뿐이다. 사회복지학이 실천지향적인 학문임을 감안할 때 이것은 더욱 설득력이 있는 내용이다.

사실상 이론적인 지식은 중요하다. 그것은 사회복지실천 분야에서 실천을 할 때 체계적인 시각을 제공해 주며, 어떤 틀에서 클라이언트를 바라봐야 할지를 설명해 준다. 또한 이론적이고, 지식적인 틀을 통해서 문제를 단시간 내에 해결할 수 있다. 반면에 실천적인 지식은 클라이언트 한 사람 한 사람을 볼 때 더욱 유용한다. 사람은 다양한 성향을 가지고 있고, 그들이 추구하는 것도 다르고, 살아가는 방식도 다르다. 이러한 사람에 대한 개입은 정해져 있는 이론적인 틀보다 상황에 따른 유연한 대처가 필요하므로 경험적인 지식에 더 의존할 가능성이 많은 것이다. 이론이든, 실천이든 모두 중요하다. 그러나 더욱 중요한 것은 언제 어떤 것이 필요한지 사회복지실천 분야를 잘 숙지하고 활용하는 것이다. 이론과 실천, 이 둘은 배타적인 관계가 아니라 올바른 사회복지실천을 위해 꼭 필요한 요소이다.

2) 이론과 실천의 간격을 메우는 방법

사회복지실천 과정에서 어려운 점 중의 하나는 이론과 실천의 간격문제이다. 사회복지실천 분야에서는 이론과 실천이 다양한 방식으로 서로 짜여져 있고 관련되어 있는 것으로 보기보다는, 아령의 두 끝으로 놓고 보는 경우가 많은 것이다.

Thpmpson(1995)은 사회복지실천 분야에서 이론과 실천 사이의 간격을 메우기 위한 몇 가지 방법을 제시했다. 첫째, 사회복지사들은 모든 실천이 이론이나 상식과 분리되어 있거나, 실천은 이론 없이도 가능하다는 극단적인 주장을 피해야 한다. 둘째, 계속해서 적절한 연구에 대한 인식을 강화하고, 실천 속에서 생긴 비판적인 사례를 분석하고, 비판적 사고와 아이디어를 발전시키기 위해 집단적으로 작업해야 한다는 것이다.

Hayne(1997)은 사회복지실천 분야에서 이론과 실천 사이의 간격을 메우기 위한 방법으로 실천할 때 이론적으로 사고할 것을 제안하고 있다. 그리고 구체적인 방법으로 ① 질문하고, 명료화하고, 서로 비판하기 위해 이론을 사용하는 방법(비판적 분석), ② 이론을 선택해서 사용하는 방법(선택주의 활용), ③ 이론들을 서로 수정해서 함께 사용하는 방법(절충주의 활용) 등을 들고 있다. 이러한 Hayne의 방법을 중심으로 살펴보고자 한다.

(1) 비판적 분석

비판적 실천을 구체적으로 가능케 하는 방법들은 다음과 같다.

① 이중적 접근: 가치개념 같은 여러 가지 개념들을 사용할 때 개념에 반대되는 의미를 고려해 보는 방법이다. 예를 들어, 비밀 보장이나 자기결정권의 문제에 직면했을 때 이 원칙을 지킬 수 없는 상황을 고려해 보는 것이 실천에 도움이 된다.

② 비판적인 대조 접근: 어떤 개념에 대한 상반된 인식을 비교해 보는 방법이다. 예를 들어, 저항(resistance)을 심리역동 이론에서는 극복할 방어기제로 보지만, 마르크스 사회복지실천에서는 자본가 헤게모니에 대한 저항으로 보기 때문에 옹호하고 지지한다.

③ 권력분석 접근: 어떤 상황 속의 권력관계를 분석해 봄으로써 정치적인 문제를 고려할 수 있다.

④ 사고-감정 접근: 클라이언트의 문제를 클라이언트의 사고과정, 인식, 감정, 자기통제의 결핍 따위와 관련시켜서 이해하는 방법이다.

⑤ 세 가지 관점 상호비교 접근: 개인을 변화시키는 방법(개인주의자 접근 대 수정주의자 접근), 다른 사람과의 상호작용을 통해 얻은 힘과 성장으로 문제를 해결하게 만드는 방법(반영적 접근 대 치료적 접근) 등 세 가지 관점을 상호비교해 보는 방법이다.

(2) 선택주의 활용

하나의 이론을 선택하여 활용하는 방법이다. 심리역동 이론처럼 포괄적인 하나의 이론을 사회복지사가 사용하는 것은 그 이론이 가지고 있는 모든 복잡성을 연구하고, 이를 바탕으로 실천할 때 가능하다. 위기개입 이론이나 과제중심 이론은 특정한 상황에서 선택되는 이론이다. 그러나 실천할 때 특별한 하나의 이론에 따라 행동하지는 않고 때때로 여러 이론을 조합해서 쓰기도 한다.

선택적 접근은 이론의 적용을 단순화한다. 하나의 이론을 선택해서 사용하는 방법은 그 이론을 포괄적으로 사용할 때 유용하다. 또한 한 이론을 적용하려는 상황 속에서 그 이론을 사용하는 것이 적절하다는 인식이 분명할 때 유용하다.

(3) 절충주의 활용

이론들을 적절히 합치는 것으로 절충주의의 초점은 다음과 같은 두 가지 방법으로 이루어진다. 첫째, 다른 사례를 다른 이론으로 다루는 방법으로, 선택의 한 형태이지만 하나의 이론이 아니라는 여러 이론을 각각의 사례에 사용한다는 점에서 선택과는 다르다. 둘째, 특별한 사례에 여러 이론들의 견해를 합쳐서 사용하는 방법이다.

Epstein(1992)은 절충주의를 다음과 같이 다섯 가지 모델로 분류하면서 사회복지사들이 아이디어를 일관성 있게 조합하고, 그 조합을 반복되는 실천 유형을 통해 발전시켜야 함을 강조했다.

① 체계적 통합 : 이론 선별기준의 지침이 있고 일관된 구조를 가진 통합 모델은 다른 아이디어를 체계적으로 사용할 수 있게 한다.

② 구성된 개인의 실천 모델 : 실천과정에서 생기는 필요에 따라 개인이나 동료집단이 이론의 아이디어를 조합한다.

③ 체계적 치료 선택: 하나의 모델을 선택하고 그 모델에 조직화된 방식으로 다른 아이디어를 투입한다.

④ 비공식적 편의 접근: 개인의 접근방법에 비공식적으로 새로운 아이디어를 뽑아서 포함시키는 방법이다.

⑤ 우연한 적용: 상황에 의해 우연히 주어지는 방법을 말한다.

이러한 절충주의 접근방법의 장단점은 이론들 사이에 얼마나 많은 주고받음이 존재하는가에 달려 있고, 그러한 주고받음이 조직되고 고안되는 정도에 달려 있다. 따라서 절충주의는 '무엇이든 좋다'는 식의 가정을 전제해서는 안 되고 신중하게 계획해서 실행해야 하는 특징을 갖고 있다고 할 수 있다.

3) 이론 활용의 고려사항

21세기의 사회복지실천 분야에서 사회복지실천을 위한 이론은 20세기에 알려진 다양한 사회복지실천의 관점을 받아들이면서 과제 수행 모델과 같은 독자적인 사회복지실천 이론을 개발해야 하는 과제를 안고 있다. 그러한 이론은 클라이언트의 삶의 위기에 초점을 두고, 그들의 능력을 고취시키며, 개인적, 사회적 진보를 저해하는 방해물을 사회 전체가 극복하도록 추구하며, 잘 조직화된 실천 속에서 수행하는 데 초점을 둔다. 그리고 사회복지사는 자신의 사회적 역할에 관한 다양한 실천 이론을 토대로 하여 활동을 하게 된다.

앞으로 사회복지실천 분야에서 이론을 활용할 때 고려해야 할 사항은 다음과 같다.

첫째, 사회복지실천 분야는 사회변화에 따른 다양한 사회복지실천을 위한 제반 기초학문 이론을 비교분석과 비판을 통해 폭넓게 수용해야 한다.

클라이언트를 비합리적인 욕구에 의해 충동하는 사람으로 보는 전통적인 정신분석적인 관점에서부터 인간은 그들의 환경과 행동을 합리적으로 통제한다는 데 주의를 기울인다는 관점을 가진 정신역동적인 자아심리학, 행동주의적 접근, 실존주의적 접근, 인지 이론들과 사회개혁과 변혁을 요구하는 페미니스트 접근, 마르크스주의 이론들 그리고 맥락의 중요성을 강조하면서 보편적이고 무차별적인 방식을 거부하는 포스트모더니즘 접근, 뇌신경, 복제 등 과학기술 공학적 접근, 영적인 초월성을 활용하는 초월론적 접근까지 비교분석을 통하여 사회복지실천의 폭을 넓혀야 한다.

둘째, 사회복지실천 분야는 사회복지실천을 위한 제반 이론 가운데 클라이언트를 모든 종류 혹은 똑같은 모델이 필요한 사람으로 취급하기보다는 클라이언트의 특별한 개인적, 사회적, 문화적 특성을 반영하는 이론을 선택하여 사용해야 한다.

셋째, 도덕적으로 타당한 실천 내에서 설명될 수 있는 이론을 사회복지실천 분야에서 활용해야 한다.

넷째, 사회복지실천을 행할 때 지금－여기(here and now)에서 필요한 이론을 사회복지실천 분야는 독자적으로 개발하여 사용해야 한다.

다섯째, 사회복지실천 분야는 클라이언트의 역량과 강점을 강조하는 이론을 더 많이 활용해야 한다.

생각해 볼 문제

1. 사회복지계가 새로 개척해야 할 실천현장에는 어떤 것이 있을까?

2. 한국 사회복지실천현장이 갖고 있는 문제점은 무엇인가?

3. 지역사회복지관의 기능에 대해 논의해 보시오.

4. 이용시설과 생활시설의 장단점에 대해 파악해 보시오.

5. 공공기관과 민간기관의 역할과 파트너십에 대해 논의해 보시오.

C/H/A/P/T/E/R **05**

사회복지실천의 관점 - 환경 속의 인간 관점

학/습/목/표

- 사회복지실천의 관점에 있어서 환경 속의 인간 관점에 대하여 이해한다.
- 사회복지실천현장에서 사회체계 및 생태체계 관점에 대하여 이해한다.
- 사회복지실천의 관점에서 강점 관점에 대하여 이해한다.

1 사회체계 및 생태체계 관점

사회복지실천의 전통적 방법은 지나치게 개인적 측면에 초점을 두었고, 개인의 과거나 병리에 치우쳤으며, 지나치게 단순한 인과관계 이론으로 사회환경을 중요하게 생각하지 않았다는 비판을 받았다. 따라서 새로운 방향으로의 이론적 관점과 실천방법이 요구되었다. 이러한 요구에 맞추어 개인과 환경을 동시에 고려하여 사회복지실천영역을 통합해주어야 할 새로운 이론적 관점에 관한 연구가 1970년대 초부터 활발히 일어났다(임은희, 2005). 이는 전통적 방법을 부인하는 것이 아니라 이들 안에서 발견할 수 있는 사회복지실천의 공통점을 묶어내고, 생태체계적 관점에 근거하여 클라이언트와 환경의 상호작용에 관련된 다양한 체계에 대한 사정과 개입을 통하여 궁극적으로 클라이언트의 삶의 질 향상을 돕고자 하는 것이라고 할 수 있다(양옥경 외, 2006). 사회복지실천의 주요 관점은 환경 속의 인간, 일반체계적 관점, 생태체계적 관점 등으로 다음과 같다.

1) 환경 속의 인간 관점

1970년대 들어와 일반체계 이론(general system theory) 또는 생태학 이론(ecology) 등이 도입·등장함으로써 인간과 환경의 상호작용성, 전체 관련성을 통일적으로 접근할 수 있는 가능성이 전개되어 왔다. 즉, 체계 이론에서 체계 간의 관계성, 개방체계 및 환류(feedback)의 개념 등은 상호작용에서의 문제를 이해하거나 해결하는 데 큰 이론적 뒷받침이 될 수 있다. 또한 생태학은 유기체와 환경 사이의 상호작용 현상을 연구하는 학문이다. 이러한 생태학의 관점에서 인간과 환경은 상호교류과정에 의해 영향을 주고받으며 서로를 변화시킨다고 파악되고, 이때 교류과정의 적응성 여부에 따라 체계가 적응 또는 부적응 현상을 나타낸다. 따라서 사회복지실천의 영역은 양자 간의 상호교류과정이 되며 개입의 목표는 적응적 적합성을 유지하는 데 있다고 하겠다.

사회복지실천의 목적은 개인과 환경 간 상호작용의 증진을 통해서 사회 구성원 모두의 삶의 질을 증가시키는 것이다. 그렇다면 이 실천의 초점은 개인 또는 환경 중 어디에 맞추어야 할 것인가? 실천의 초점을 개인에게 맞춘다는 것은 개인과 환경 간 상호작용의 책임을 개인에게 둔다는 것을 의미하고, 실천의 초점을 환경에 맞춘다는 것은 개인과 환경 간 상호작용의 증진을 위해 환경을 변화시킨다는 것을 의미한다(엄명용 외, 2006).

환경 속의 인간(PIE : person in environment)은 클라이언트의 문제와 강점의 균형에 초점을 두고 있다. 즉, 개인과 환경 간 상호작용 증진의 책임을 개인과 환경 모두에게 두는 것을 의미한다. 따라서 사회복지사는 클라이언트가 문제로 인해 어려움을 겪는 정도뿐 아니라, 그 문제를 다룰 수 있는 클라이언트의 강점을 함께 파악할 수 있어야 한다. 사회복지실천의 통합적 접근은 환경 속의 인간에 초점을 맞추는 복수체계적 관점(multisystem perspective)을 적용해 왔다.

Pincus와 Minahan(1973)에 의하면 사회복지실천은 사람들이 생활 속의 과업을 성취하고, 고통을 줄이며, 희망과 가치를 실현할 수 있는 능력에 영향을 주는, 인간과 사회환경 간의 상호작용에 관심을 둔다고 하였다. 이러한 사회복지실천의 목적은 사람들의 문제해결능력과 대처능력을 향상시키고, 사람들을 자원이나 서비스, 기회에 연결될 수 있도록 돕는다. 또한 이러한 체계들이 효과적으로 운영될 수 있도록 하고, 사회정책의 개발과 개선에 공헌하는 것이다.

환경 속의 인간이란 개인에 대한 환경적 요구, 개인의 욕구, 환경적 지지, 극복 능력 혹은 적응 능력 등을 포함한다. 인간의 문제는 개인이 원하는 것이 환경과 조화되지 않을 경우 발생한다. 그러므로 사회복지실천은 개인과 환경 간의 부조화로 인해 생기는 문제에 대한 개입이다. 따라서 사회복지실천현장에서 변화를 위한 노력은 환경과 개인 간 상호작용을 향상시키는 방향으로 기울여야 한다.

환경 속의 인간은 사회복지사가 클라이언트의 사회적 기능 수행의 문제를 설명하고, 분류하기 위한 체계이다. 클라이언트의 대인관계의 문제나 정신건강 또는 신체건강과 관련한 문제를 쉽고 편리하게 기술할 수 있는 체계를 제공하기 위해서 환경 속의 인간이라는 조직 구조를 이용하고 있다.

그러므로 사회복지실천은 사회적 상황에 초점을 두어야 한다. 첫째, 당면한 생활 과업과 그것과 관련된 자원과 조건, 둘째, 사람들과 자원체계들 간의 상호작용 그리고 자원체계 내부나 자원체계 간의 상호작용, 셋째, 개인문제와 공공문제와의 관계로 개인문제를 사회문제화하고, 공공문제를 개인의 차원에서 이해하고 설명할 수 있어야 한다.

2) 일반체계적 관점

일반체계 이론(general system theory)은 '전체는 부분의 단순한 총합 그 이상이다'라는 말로 지칭되는 상호작용의 복합적 상황을 분석하는 방법이다. 이 이론은 Bertalanffy(1937)에 의해 개발되었다.

체계 이론은 기본적으로 인간의 행동은 개별적이거나 정신내적인 것보다 상호작용하는 인간관계의 체계나 지속되는 역동과 욕구에 의해 결정되고 유지된다고 본다. 따라서 체계 이론은 개인이 속한 조직이나 정책, 의사소통, 집단의 영향을 중요시한다. 개인은 다양한 체계와 지속적으로 상호작용하므로 사회복지실천의 목표는 클라이언트와 체계와의 상호작용을 향상시키는 것이다(양정남 외, 2008). 체계와 사회체계에 관련된 주요 개념을 살펴보면 다음과 같다.

체계(system)란 상호의존적(interdependent)이고 상호작용(interaction)하는 부분들로 구성된 전체(whole), 부분들 간에 관계를 맺고 있는 일련의 단위이다. 체계는 인과관계 속에서 직접 또는 간접으로 관련된 제 구성요소의 복합체이며, 각 구성요소는 어떤 특정한 기간 내에 안정적으로 다른 구성요소와 관련되어 있다(Buckley, 1967).

사회체계(social system)는 가족, 소집단, 지역사회를 포함하여 학교, 교회, 사회기관과 같은 다양한 사회단체들을 포함한다. 이러한 체계들은 각 개인의 환경의 일부가 되며, 사회복지사들은 이러한 체계의 요구를 환경적 요구라고 한다. 기본적으로 체계 이론의 핵심은 사회체계 간의 상호작용과 상호의존성이다. 만약 사회체계 중 일부가 변화한다면 그 체계 내에서도 변화가 있을 뿐만 아니라, 다른 체계로까지 변화를 파생시킨다. 즉, 사회체계는 상호의존적이기 때문에 어떤 체계에서 변화가 일어나면 다른 근접 체계에도 영향을 미친다.

일반체계 이론에서 사용되는 주요 개념으로 체계의 구조적 특성을 나타내는 개념인 경계, 개방체계, 폐쇄체계, 위계 등과 진화적 특성을 나타내는 균형, 안정 상태, 항상성 그리고 체계의 행동적 특성과 관련된 개념인 투입, 산출, 환류 등이 있다.

① 체계의 구조적 특성

살아 있는 체계는 정보의 교환을 통하여 조직되고, 기능하는 물질과 에너지로 구성되며, 경계를 갖고 있다. 체계 이론에 있어 주요한 용어를 정리하면 다음과 같다(신성자 외, 2000; 임은희, 2005).

- 경계(boundary): 경계를 통해 체계는 외부 환경과 구별되고 독특한 정체성을 갖게 된다. 그리고 부분적으로 외부와 교류한다. 즉, 경계는 해당 체계를 둘러싼 반폐쇄된 둘레로서 에너지와 정보를 전달한다.
- 개방체계(open system): 개방체계는 환경으로부터 투입을 받아들이며, 산출을 생산하여 환경으로 보낸다. 개방체계는 환경과 상호교류하면서 존립할 수 있게 된다. 인간이 성장하고 발전하는 것은 개방성 때문이다. 사회체계 이론에서의 중심적 개념은 체계를 개방적인(open) 것으로 보며, 이것은 체계가 계속되거나 변화하는 본질적 요인이 환경과의 상호교환 속에 있음을 의미한다.
- 폐쇄체계(closed system): 폐쇄체계는 다른 체계들과 상호작용하지 않는다. 외부로부터 투입을 받아들이지 않으며 산출을 생산하지도 않는다. 이러한 체계들은 외부와 상호교류하지 않기 때문에 결과적으로 엔트로피

(entropy)가 증가해 결국엔 소멸될 수밖에 없다.

- 위계(hierarchy) : 상위체계에 의존하며, 그것의 하위체계에게 방향을 제시한다. 이러한 하위체계와 상위체계 사이의 관계를 위계라 한다.
- 엔트로피(entropy) : 체계 내의 질서, 형태, 분화가 없이 무질서한 상태를 말하며, 체계 구성요소들 간 상호작용이 감소함에 따라 유용한 에너지가 감소하는 상태이다. 즉, 체계가 서서히 무질서와 혼돈의 상태로 나아가는 것을 말한다.

② 체계의 진화적 특성

체계는 계속적으로 변화하고 때때로 보이는 것 이상으로 혼란스럽고 예측하기 어렵다. 그러나 체계는 역동적 균형 또는 안정 상태를 유지하고자 하는 방향으로 기능한다. 그러나 상대적으로 안정된 시점은 매우 일시적이다. 체계들은 자연적으로 어느 정도의 성장과 발전을 추구하면서 동시에 동일한 정도의 안정성을 유지하고자 하기 때문에 갑작스런 변화를 거부한다. 중요한 변화가 일어났을 때 체계는 빨리 안정적 수준으로 이동하여 다시 안정 상태를 확립하려는 경향이 있다. 그러므로 지속적 변화 유형은 일정한 속도로 변화하기보다는 안정 상태가 되고자 하는 경향이 있다. 빠르고 광범위한 변화에 대해 모든 체계들은 내재된 저항이 있다는 것을 사회복지사는 인식하여야 한다.

- 균형(equilibrium) : 체계가 고정된 구조를 가지고 주위 환경과 거의 교류를 하지 않는 상태로, 고정된 평형 상태를 말한다. 주로 폐쇄체계에서 나타난다.
- 항상성(homeostasis) : 체계들은 끊임없이 변화와 운동의 과정 속에 놓여 있고, 인간체계의 이러한 운동은 목표지향적이다. 체계는 지속적으로 변화의 상태에 놓여 있는 동시에 역동적 균형상태를 유지한다. 항상성은 체계가 생존을 위한 환경과 성공적으로 타협하는 능력이다.
- 안정 상태(steady state) : 부분들과의 관계를 유지시키고 쇠퇴해서 붕괴하

지 않게 하려고 에너지가 계속적으로 사용되는 상태이다. 지속적인 정체 유지이며, 체계가 거쳐 온 이전의 연속 상태를 의미한다.

③ 체계의 행동적 특성

체계의 기능은 상호 관련된 투입, 전환, 산출의 활동을 포함한다. 클라이언트체계를 이해하기 위하여 주요 과정들이 각각 어떻게 활동하는지 이해해야 한다.

㉠ 투입 – 전환 – 산출

- 투입(input) : 체계가 환경으로부터 에너지, 사물, 정보 등을 받아들이는 방법이다. 생물학적 · 심리학적 생존과 성장은 투입 과정을 통해서 보장받는다.
- 전환(throughput) : 투입체계는 일단 체계 내부로 입수되고 나면 영향을 받고, 변형되며, 규제받고 체계의 기능수행을 위해 활용된다.
- 산출(output) : 환경에 직접적으로 영향을 미치며, 다른 체계에 대한 투입으로 작용하는 동시에 그 자체에 대해 환류를 통해 다시 투입으로 작용하게 된다.

㉡ 환류(feedback)

새로운 정보에 자신의 행동 결과를 포함시켜 그것에 의하여 다음의 행동을 수정하는 의사소통의 조직망을 의미한다. 환류는 체계의 평형을 유지시키거나 변화를 촉진함으로써 체계를 혼란시키는 작용을 하며 긍정적 · 부정적 환류로 구성되어 있다.

3) 생태체계적 관점

생태체계적 관점(ecosystem perspective)은 생태학의 개념과 일반체계 이론을 기반으로 하며, 일반체계 이론의 주요 개념들을 수용하고 있어 인간과 환경이 상호작용하는 방법을 중시한다. 즉, 유기체(인간)와 환경의 공유 영역에서 일어나는 상호작용과 상호교류를 강조함으로써 환경 속의 인간에 대한 견해를 강조한다. 생태체계 모델을 사회복지 실무에 적용하고 체계화시킨 사람은 Germain과 Gitterman(1980)이다.

생태학은 유기체와 환경과의 관계를 연구하는 생물학적인 개념에서 체계 이론보다 덜 추상적이고, 인간의 공통적인 경험에 가까운 유기체-환경 관계의 개념을 제공하였다.

생태학에서 사용하는 개념들은 사회복지사와 클라이언트가 인간과 환경 그리고 그들의 상호관계에 초점을 가지게 했다. 이러한 개념들은 상호작용하는 복잡한 상황에 있는 개인적·환경적 그리고 문화적 요인들에 대한 사회복지사들의 이해를 증진시켰다(전재일, 1998).

생태학은 유기체와 환경 간에 상호관계를 이해하고자 하는 학문분야이다(신성자 외, 2000). 종(species)들이 어떻게 환경을 활용하며 이것을 파괴하지 않고 자신의 요구에 맞게 변형시킴으로써 자신을 유지하는가와 이러한 적응과정이 환경의 다양성을 어떻게 증진시키며, 생명에 대한 환경의 속성을 이해하려고 하는 이론이다. 생태체계적 관점의 주요 개념은 다음과 같다(신성자 외, 2000; 임은희, 2005; 전재일, 1998; 장인협, 1998).

① 적응(adaptation)

유기체는 생존을 위해 환경에 의해 선택된 유전적 변천을 이용하면서 그러한 변화에 적응해야 한다. 또한 생명체들은 그들의 욕구에 적합하도록 환경을 변화시키고 이러한 변화에 적응해야만 한다. 즉, 적응이란 인간이 환경과 잘 조화하기 위해 사용하는 지속적·변화지향적·인지적·감각 지각적·행동적 과정을 말한다.

그런데 유기체가 환경을 너무 심하게 파괴시킨다면 환경은 더 이상 이들을 지원할 수 없게 되고, 마찬가지로 환경이 유기체가 요구하는 것을 제공하지 못하면 유기체의 생존이 위험하게 될 것이다. 따라서 유기체가 환경을 변화시킬 때는 환경이 감당할 수 있는 적정한 수준에 대해 연구하고, 그에 맞춰 변화시켜야 한다.

② 호혜성(reciprocity)

생명체는 발달과 생존을 위해 필요한 자원을 환경으로부터 받으며, 호혜적으로 환경은 생명체의 산물을 통해 보다 분화되고, 풍부하고 다양하게 생명체를 지원할 수 있게 된다. 그러나 이러한 호혜적 과정들은 항상 순조롭지만은 않다.

③ 공생(symbiosis)

상호작용을 통하여 한쪽 또는 상호 이익을 주는 두 종 간에 빈번한 상호작용을 말한다. 공생에는 악어와 악어새같이 서로 도움을 주는 상호부조(mutualism), 다른 종에게 해로움도 유익함도 주지 않고, 한 종만 도움을 얻는 편리 공생(commensalism), 숙주가 해를 입는 반면 기생하는 쪽은 유익함을 얻는 기생(parasitism) 등이 있다.

④ 전문화(specialization)

적응의 한 형태로 전문화는 다른 종과의 경쟁을 감소시킨다. 하지만 급변하는 환경에서는 오히려 더욱 취약해질 수 있다. 즉, 전문화는 상대적으로 안정된 환경에서 종의 생존력을 향상시킨다.

⑤ 활동 공간(niche)

특정한 종이 생태체계 안에서 생존하며 건강을 유지하고 재생산을 하기 위하여 요구되는 물리적 · 화학적 · 생물학적 요인을 말한다. 다시 말하면 종이 효과적으로 기능할 수 있는 특정한 장소나 환경을 의미한다.

⑥ 수용능력(carrying capacity)

수용능력은 하나의 생태에서 생존할 수 있는 종의 최대숫자를 말한다. 만약 종의 숫자가 생태체계의 수용능력을 넘어서면 질병이나 기근 또는 약탈 등이 발생하여 해당 종의 숫자를 감소시키는 요인이 된다. 어떤 종이 급격하게 증가하거나 감소하면 수용능력을 초과해 생태체계의 건강과 생존에 필요한 균형이 깨진다.

⑦ 스트레스(stress)

인간과 환경 간의 복잡한 상호작용 속에서 일상적이고 적응적인 균형 또는 적응적 적합성 상에 혼란이 일어날 수 있는데, 이것을 스트레스라고 한다. 즉, 일상적 균형이 깨질 수 있는 외부의 압력을 말한다.

⑧ 대처(coping)

스트레스가 있으면 스트레스를 견디기 위한 대처를 활용한다. 대처는 환경과 호혜적 관계에 있는 인성변수(personality variables)에 의해 매개된다. 인성변수는 동기, 자기 동경과 정신적 안정의 정도, 문제해결기술 그리고 의사를 결정하고 효율적으로 행동하는 자율성을 말한다.

생태체계적 관점의 특성은 클라이언트와 환경체계 둘 다의 변화와 유지를 위하여 인간행동에 관한 지식을 적용하는 것이다. 생태학적 관점에서 환경의 강조는 사회 지지망을 강화시키거나 구축하는 방향으로 이루어진다.

생태체계적 관점은 통합적 특성 때문에 복잡한 인간행동을 설명하기 위해 많은 다른 유용한 이론들의 강점을 활용한다. 그리고 개인, 가족, 집단, 조직, 지역사회 및 그들의 상호관계를 고려하기 때문에 일반 사회복지실천을 위한 이상적인 관점을 제공한다. 즉, 사람과 그들을 둘러싼 환경이 어떻게 적응상태를 이루는지에 초점을 둔다.

생태체계적 관점의 인간관은 첫째, 환경 속의 인간으로 환경에 반응할 뿐만 아니라 스스로의 환경을 창조해 내는 주인으로 본다. 둘째, 상호교류에 초점을 두어 인간과 환경의 교류에 있어서 역동성과 상호관계성을 강조한다. 셋째, 인간발달 과정을 진화적인 것으로 본다. 이것은 개인과 다른 인간체계들이 내·외부적 힘들에 어떻게 반응하고 안정을 하는지를 설명한다.

4) 강점 관점

강점 관점(Strengths perspective)은 인간의 다양성을 민감하게 이해하는 데 도움이 되는 4번째 개념이다. 강점 관점은 세계를 보는 하나의 방식으로서 이 관점은 개인, 부부, 가족 그리고 지역사회가 소유한 내부 및 외부의 자원들을 보다 수월하게 발견하게 해준다. 대부분의 사람들은 자신들의 결점, 실패 그리고 약점에 주목하고 언급하는 데 익숙해져 있다. 강점, 대처기제, 성공 그리고 긍정적 특성을 찾아내고 확인시켜 주는 사람을 만나보기가 어렵다. '반쯤 채워진 물 잔'을 보고 어떤 사람들은 반밖에 안 남았다고 하고, 어떤 사람은 반이나 남았다고 한다. 같은 현실을 놓고도 긍정적인 측면을 보는 것이 중요하다.

이는 사회복지사가 "문제와 결함, 무능력을 강조하는 병리적인 접근 대신에 인간이 가지고 있는 강점, 능력, 긍정적인 속성"을 강조하는 접근이다(Leashore, 1995). Saleeby(1996)는 "다른 많은 원조전문직과 마찬가지로 사회복지전문직도 어떤 사람이 클라이언트가 되는 것은 그에게 결함, 문제, 병리 그리고 질환이 있기 때문이라고 믿어왔다. 다시 말해 클라이언트는 어떤 면에서 중대한 결점이 있거나 취약하다는 전제에서 이론과 실천을 구성해왔다. 이러한 경향은 과거에 가난함, 억눌림 그리고 사회에서의 일탈에서 비롯된 도덕적인 결함에 뿌리를 두고 있는데, 바로 이 부분이 관심의 일차적인 초점이었다."라고 말했다(Saleeby, 1996).

효과적인 사회복지사는 사람들의 나쁜 측면보다는 옳은 측면을 포착하는 관점을 취하며, 강점과 성공에 관해 언급한다. 여러분이 사회복지사로서뿐만 아니라 인간으로서 사람들과 체계의 강점에 초점을 맞추고 그것들에 관해 이야기하기 시작한다면 자신의 관점 역시 변화하는 것을 발견하게 될 것이다. 즉, 강점 관점은 인간행동의 긍정적인 면에 초점을 둔다. 예를 들면, 인간의 "능력, 소질, 역량, 기술, 자원 그리고 열망 등이다."(Weick et al., 1989). 이러한 긍정적인 관점은 심리학 이론들을 적용할 때 개인의 차이에 대해 훨씬 개방적인 자세를 갖게 한다.

강점 관점은 문제나 사람들에 대하여 거짓된 확신을 주거나 혹은 비현실적으로 낙관적인 폴리애너(Pollyanna ; 지나친 낙천가. 미국 E. Porter(1868~1902)의 소설 Pollyanna의 주인공 소녀 이름에서 유래됨, 역자 주)가 되는 것과는 다른 것이다. 도움이 필요한 사람에게 폴리애너식의 접근은 전혀 유용하지 않다. 다시 말해, 강점 관점을 취한다는 것은 현실을 바라보는 또 다른 방법으로써 사람의 삶 속에 있는 기능적 특성과 성분들을 파악할 수 있는 또 다른 렌즈세트를 갖는 것을 말한다(Saleeby, 1996).

생각해 볼 문제

1. 사회복지실천 관점에 있어서 환경 속의 인간 관점에 대하여 생각해 보시오.

2. 사회복지실천 관점에서 사회체계적 관점에 대하여 생각해 보시오.

3. 사회복지실천 관점에서 생태체계적 관점에 대하여 생각해 보시오.

4. 사회복지실천 관점에서 강점 관점에 대하여 생각해 보시오.

5. 사회복지전문가로서 유지해야 할 사회복지실천 관점에 대하여 생각해 보시오.

C/H/A/P/T/E/R

06

사회복지실천의 관점 - 통합적 접근

학/습/목/표

- 사회복지실천의 통합적 접근 배경에 대해 이해한다.
- 통합적 접근방법의 주요 이론에 대해 이해한다.
- 통합적 접근의 실천 모델에 대해 이해한다.

1 통합적 접근방법의 개요

사회복지실천의 관심분야는 개인, 가족, 집단, 지역사회에서부터 사회정책에 이르기까지 다양하고 광범위하다. 이러한 관심 영역은 시대가 변하면서 더 복잡해지고 여러 가지 사회문제와 얽혀 있는 경우가 많다. 따라서 이 모든 영역을 포괄할 수 있는 공통적이고 새로운 접근방법과 그것을 통해 복합적인 상황을 이해하고 보다 효과적인 방향을 제시해 주는 사회복지실천의 필요성이 제기되었다(이경남 외, 2008).

전통적으로 사회복지실천(social work practice)은 서비스 대상, 실천방법 및 범위에 따라 개별사회사업(Casework : CW), 집단사회사업(Groupwork : GW), 지역사회조직(Community Organization : CO) 등 3가지 방법을 중심으로 실천되어 왔다. 그러나 사회적 변화에 따라 클라이언트의 문제나 사회복지사의 역할이 다양해지면서 기존의 전통적인 3대 방법론으로는 인간의 문제를 효과적으로 해결하는 데 여러 가지 문제점이 나타나기 시작했다. 따라서 1970년대 이후부터는 세 가지 실천방법을 하나의 통합된 실천의 가치, 지식, 기술체계로 묶는 통합 작업이 전개되면서 통합적 실천방법론이 대두되기 시작했다(박석돈 외, 2004).

최근에는 사회사업이라는 말보다는 사회복지실천 또는 임상사회사업이라는 말로 통용되고 있는데, 사회복지실천은 삶의 질 향상을 위해 개인, 소집단, 가족 또는 지역사회의 문제 및 욕구에 권한부여적(empowering) 문제해결 접근방법(problem-solving method)으로 개입하는 종합적인 전문활동(generic professional activity)이라고 정의하고 있다(임은희, 2005).

그러므로 통합적 접근의 일반주의 사회복지사(generalist)는 여러 상황에서 다양한 집단의 클라이언트, 즉 개인문제에서부터 사회문제까지 원조하며, 개인 수준으로부터 지역사회 수준까지 개입하는 기술을 사용한다(양정남 외, 2008).

1) 통합적 방법의 등장 배경

1920년대부터 1960년대까지 전문가들은 인간의 행동을 평가하고, 변화시키기 위해 의료적 접근방법을 사용하였다. Freud 이론의 영향을 크게 받고 있었던 전통적 사회복지실천방법론은 인간의 병리적 측면에 초점을 두었고, 클라이언트의 과거 경험을 중시하였으며, 단선적 인과관계 이론에 의존하였다. 그러나 1960년대 후부터 전문가들이 의료 모델의 효율성에 대한 의문을 갖게 되었고, 클라이언트의 문제 원인을 규명하는 데 있어 환경적 요인도 중요하다고 믿게 되었다(양정남 외, 2008).

1958년 미국사회복지협회(NASW)가 제출한 『사회사업실천의 작업 정의』라는 보고서를 계기로 사회복지실천의 통합적 방법에 관한 논의가 이루어졌으며, 1960년대부터 사회체계 이론의 등장은 본격적으로 미시적 실천과 거시적 실천을 포괄하는 통합적 모델을 위한 기반을 제공하였다.

1960년대의 사회적 불안과 사회서비스에서의 체계적 패러다임이 등장하면서 1970년대 사회복지실천은 많은 영향을 받았다. Bartlett(1970)은 『사회복지실천의 공통 기반(The common base of social work practice)』이라는 책에서 공통된 사회복지의 지식과 가치가 다양한 방법으로 나타나고 있음을 강조하면서 공통된 기초를 만들고자 하였다. 그 후 Goldstein, Pincus와 Minahan, Siporin, Compton과 Galaway, Mayer, Murilo 등에 의해 통합적 방법에 대한 이론 구축이 진행되었다(전재일, 1981).

'사회복지실천론'은 미국을 중심으로 발전하여 왔으나, 내용 면에서는 통일된 체계로 발전되지 못하고 개별사회사업, 집단사회사업, 지역사회조직사업, 사회복지행정, 사회복지조사 등으로 나뉘어 각기 독자적인 이론적 배경을 발전시켜 왔다. 그러나 이러한 전통적 방법은 여러 가지 문제를 해결하는 데 어려움이 있어서 통합적 방법에 대한 욕구는 더욱 커졌다.

이러한 사회복지전문직 내의 노력과 함께 사회복지 외부의 환경에서도 일반체계 이론, 생태체계 이론 등의 다양한 이론이 사회복지의 주요 이론으로 활용되면서 복잡한 문제에 대해 접근할 수 있는 이론적 기반을 마련하였다. 이것은 실천을 위한 개입 틀로서 보다 포괄적이고 체계적인 방법론을 요구하는 사회복지전문직 내의 욕구와 맞물려 통합적 방법의 정립을 가속화시켰다(양옥경 외, 2006).

이와 같이 사회복지실천론은 그 시대의 사회적 조건과 함께 변화되는 경향이 있다. 탈산업화와 세계화가 동시에 일어나고 있는 현시대에서는 클라이언트의 문제가 매우 다양하고 복잡하기 때문에 이것을 해결하는 데 전통적 방법만으로는 어려움이 발생한다. 또한 사회복지실천 영역에는 다양한 요인이 복합적으로 작용하는데 하나의 방법이나 실천 영역을 강조하는 전통적 사회복지전문직은 문제에 효과적으로 대처하지 못하는 어려움이 있다. 사회변화는 거시적 측면에서 수행되는 반면, 사회복지전문가는 클라이언트의 사회적응에만 관여한다고 가정하기 때문이다(임은희, 2005).

이러한 전통적 방법의 한계를 Briar는 다음과 같이 설명하고 있다(김융일 외, 1995 재인용).

첫째, 전통적 방법은 주로 소수의 특정 문제를 중심으로 개입하므로, 최근의 복잡 다양한 문제상황에 대해 적절히 개입하기 어렵다. 따라서 전통적 방법은 이러한 시대변화와 외부 환경변화에 따른 한계가 있다.

둘째, 전통적 방법은 지나치게 세분화되고 전문화를 강화시키다 보니 서비스가 파편화되었다. 따라서 다양한 문제와 욕구를 가지고 있는 클라이언트가 여러 기관이나 사회복지사를 찾아다녀야 하는 부담이 생기게 되었다.

셋째, 전문화 중심의 교육훈련은 사회복지사에게 자신이 배운 분야로만 일할 수 있게 만들어, 사회복지사가 다른 분야로 이직하고자 할 때도 도움이 되지 못했다.

넷째, 공통 기반을 전제하지 않는 세분화와 전문화는 각각 별개의 사고와 이론 및 과정을 보여 주게 되어 사회복지전문직의 정체성 확립에도 장애가 되었다.

이러한 전통적 방법의 한계를 보완하려고 세분화되어 있는 사회복지실천방법을 통합하려는 움직임이 나타나기 시작하였다. 즉, 사회복지실천방법은 다양하더라도 사회복지사가 수행하는 역할에는 분명 공통점이 있다는 점에 초점을 맞추면서 사회복지실천의 통합적 방법이 나오게 되었다.

다른 한편 사회복지 외부의 환경에서도 사회체계 이론, 생태체계 이론 등의 다양한 이론들이 사회복지실천 이론으로 활용되면서 복잡한 문제에 대해 접근할 수 있게 되었다. 따라서 통합적 방법은 사회복지 내외의 환경적 욕구에 의해서 사회복지전문직의 중요한 방법론으로 등장하게 되었다.

통합적 방법론은 환경 속의 인간(person in environment)을 이해하는 데 유용한 체계 이론이나 생태체계 이론 등 다양한 이론과 지식을 활용하고 있다(김성천, 1997). 실제로 사회복지실천현장에서 이루어지는 각종 실천활동은 개별, 집단, 지역사회 중 어느 한 방법에 따라 이루어지기보다는 세 가지 방법들이 서로 보완적으로 그리고 복합적으로 사용되는 것이 현실이다(박석돈 외, 2004).

결론적으로 통합적 접근은 일반체계 이론과 생태학적 이론에 기초하여 과거의 심리학적 패러다임보다는 사회적 측면에서 사회문제와 인간의 욕구에 초점을 두는 것을 강조하며, 인간과 환경 간 관계의 중요성과 균형을 강조한다(양정남 외, 2008)고 볼 수 있다.

2) 통합적 방법의 개념

Miley(1995)는 "통합적 방법이란 사회복지실천의 목적을 달성하기 위한 현대적 접근방법이며, 이것은 개별적 접근의 한계를 넘어 다양한 인간체계에 대한 개입으로 이어지는 사회복지실천 영역의 확장"이라고 주장하였다.

이러한 접근은 다양한 인간 시스템, 즉 사회, 공동체, 이웃, 복합적 조직, 가족, 개인 등을 변화시켜 사회적 기능을 최적화시키는 것을 말한다(Skidmore et al., 2000). 즉, 통합적 방법이란 전통적 방법의 전부나 일부를 조합하여 교육함으로써 한 명의 사회복지사가 복수의 방법을 통합적으로 사용하여 클라이언트에게 개입하는 것이라고 정의할 수 있다.

통합적 방법의 형태는 크게 세 가지로 나눌 수 있는데, 결합적 접근방법, 중복적 접근방법, 단일화 접근방법 등으로 구분할 수 있다(전재일, 1981).

① **결합적 접근방법**(combination approach) : 클라이언트의 문제와 상황에 따라 전문적으로 나눈 각종 방법을 임기응변으로 단독 혹은 복수 형태로 사용하는 것이다. 그러나 이 방법은 사회복지사가 고도의 교육과 훈련을 받아서 이 모든 방법을 잘 알고 있어야 가능하다.

② **중복적 접근방법**(multi-method approach) : 각 방법의 원리와 기술을 비교해 공통성, 차이성, 유사성, 다양성을 확인하고 이들 방법 간에 상호관련성을 조합하여 사용한다. 그러나 이 방법은 각 접근방법을 뒷받침하는 이론이 상이한 현실에서 어떻게 조합하는 것이 가장 적절한 방법인지에 대한 이론적 근거를 찾기가 어렵다.

③ **단일화 접근방법**(unitary approach) : 전문직으로서 사회복지실천의 공통 기반에 근거해 방법을 특징짓는 총체적 관점과 틀을 포함하여 새롭게 하나의 방법을 만드는 것이다. 일반적 접근방법(generic approach)이라고도 하며, 실제로 통합적 접근이라고 하면 이 방법을 말한다.

이후 일반적 접근방법, 즉 단일화 접근방법은 1970년대에 통합적 방법을 지향하는 학자들에 의해 강조되어 세 측면의 통합방법 중에서 사회복지실천에 가장 실용적으로 활용되고 있다.

3) 통합적 방법의 특징

사회복지실천의 통합적 방법은 다음과 같은 특징을 가진다(김융일 외, 1995).

첫째, 사회복지실천의 개념, 활동, 기술, 과업 등에 공통적 기반이 있음을 전제로 한다.

둘째, 통합적 방법이 갖고 있는 가치관은 클라이언트의 잠재성을 인정하고, 성장을 통하여 그 잠재성을 계발할 수 있으며, 성장과 잠재성은 미래지향적임을 강조한다.

셋째, 공통적 기초로서 사회복지실천의 지식은 사회복지실천 이론과 실제의 경험에서 나온 것으로 과거의 정신역동적 측면에 초점을 둔 것으로부터 사회와 문화, 즉 환경 속의 인간(person in environment)을 이해하고 설명하는 것까지 포함한다.

넷째, 과거 사회복지 개입은 주로 인간에 초점을 두거나 환경에 초점을 두는 이분법적 형태로 이루어졌으나, 통합적 방법은 인간과 환경의 상호작용에 초점을 둠으로써 인간과 환경의 공유 영역, 즉 '사회적 기능수행'에 사회복지사가 개입해야 함을 강조한다.

다섯째, 클라이언트의 존엄성을 인정하고 클라이언트의 자기결정과 개별화를 극대화할 것을 강조하며, 사회복지실천과정의 계속적 평가를 주장한다.

2 통합적 접근의 실천 모델

지금까지 많은 학자들이 전통적 방법을 통합하고자 시도하였는데, 대표적인 실천 모델은 Pincus와 Minahan의 4체계 모델, Goldstein의 단일화 모델, Perlman에 의해 개발되고 Compton과 Galaway에 의해 정교화된 문제해결 모델, Germain과 Gitterman의 생활 모델 등이 있다.

1) 4체계 모델

Pincus와 Minahan(1973)은 사회복지실천에 공통적으로 적용할 수 있는 중심 기술과 개념이 필요하다고 하면서, 사회복지사에게 요구되는 공통된 핵심 기술로 사정 기술을 들었다(Zastrow, 1994). 그들은 체계적 관점에서의 사정 기술은 복합적인 문제를 이해하기 위해 클라이언트가 표출하는 문제보다 더 넓은 차원에서 문제를 파악하고 이해해야 한다고 강조하였다(신성자 외, 2000).

이와 같이 4체계 모델(four system model)은 사회복지실천에 공통적 개념, 기술, 과업이 있다고 가정하고, 공통된 핵심적 요인을 서로 연관을 지음으로써 사회복지실천의 전문적 정체성의 기초를 제공하고자 하였다. 따라서 이 모델은 어느 하나의 독자적 이론을 기초로 한 것이 아니라 특수한 상황 가운데서 이론을 선택적으로 통합하여 사용할 수 있는 절충주의적 입장을 취한다(문인숙 외, 1994).

인간은 만족스러운 삶을 위해 주변 환경 속에 있는 체계에 의존하므로 사회복지실천은 이러한 체계에 초점을 맞추어야 하는데, 인간을 도울 수 있는 세 가지 체계는 다음과 같다. 첫째, 가족이나 친구, 동료 같은 비공식적 또는 자연적 자원체계, 둘째, 회원제로 구성되는 지역사회집단이나 협회 같은 공식적 자원체계, 셋째, 병원이나 학원 같은 사회적 자원체계 등이다(임은희, 2005).

즉, 4체계 모델은 포괄적이고 전체적인 관점에서 클라이언트체계를 사정할 수 있는 기초를 제공하고 사회복지사가 인간과 자원체계를 잘 연결할 수 있도록 하는 데 초점을 맞춘다. 이 모델은 여러 수준의 체계들과 연결되어 있는 사람들과 함께 일한다는 점을 강조하고 있으며, 미시적 대 거시적 또는 치료 대 사회행동과 같은 전통적인 이분법적 사고를 피할 수 있도록 해준다(김융일 외, 2000). 이 모델에서 사회복지실천의 초점은 사람의 문제나 자원체계가 아닌 사람과 자원체계 그리고 자원체계 간의 상호작용에 있다.

Pincus와 Minahan(1973)이 제시한 4체계에는 변화매개체계, 클라이언트체계, 표적체계, 행동체계가 있다.

(1) 변화매개체계(change agent system)

변화를 이끄는 체계로 사회복지사와 사회복지사를 고용하는 기관과 조직을 말한다. 계획된 변화를 향해 체계와의 활동을 계획하며, 사회적 인가와 자원을 제공한다.

(2) 클라이언트체계(client system)

서비스나 도움을 필요로 하는 사람을 말한다. 클라이언트는 서비스의 혜택을 기대하는 사람이며, 클라이언트는 도움을 요청하여 변화매개인인 사회복지사의 서비스를 제공받는 개인, 가족, 집단, 기관 또는 지역사회를 포함한다. 또한 클라이언트를 변화매개인의 서비스를 요청하거나 인정하는 사람으로서 변화 노력의 혜택을 받는 사람이며, 작업 협정이나 계약을 했을 때 비로소 클라이언트가 된다고 보고 있다.

(3) 표적체계(target system)

변화매개인들이 그들의 목표를 달성하기 위해 영향을 주거나 변화시키는 것이 필요한 사람들로서, 표적체계는 클라이언트체계와 중복될 수도 있다. 즉, 목표로 정해진 것을 성취하기 위해 영향을 주거나 변화시킬 필요가 있다고 느끼는 사람들을 표적체계라 한다. 사회복지사의 중요한 진단과업은 클라이언트체계와 협조하여 변화와 목표를 설정하고, 목표를 달성하기 위하여 변화되어야 할 특수한 사람들, 즉 표적체계를 결정하는 것이다. 가령, 우울증에 걸린 사람이 있고, 문제의 원인이 주로 스스로의 내부적인 요인과 관련되어 있는 경우, 클라이언트체계와 표적체계는 중복될 것이다. 그러나 우울증에 걸린 클라이언트가 있는데, 우울증의 원인이 알코올중독과 폭력을 일삼는 남편에게 주로 있다면 표적체계는 남편이 된다.

(4) 행동체계(action system)

변화매개인들이 변화 노력을 달성하기 위해 서로 상호작용하는 사람을 말하는데, 이웃, 가족, 전문가 등이 해당된다. 변화매개인이 변화시키려고 혼자서 노력하는 것이 아니고 다른 사람들과 함께 일을 한다. 사회복지사가 변화 노력에서 그의 과업을 완수하고 목표를 달성하기 위하여 상대하는 사람들을 행동체계라고 한다. 행동체계는 문제를 발견하고 연구하기 위하여 그리고 변화의 목표를 설정하거나 주요 표적에 영향을 미치기 위하여 자원으로 활용될 수 있다.

이런 4체계 모델은 전통적 사회복지의 관점과 실천에 많은 영향을 주었는데, 대표적인 내용을 소개하면 다음과 같다(신성자 외, 2000).

첫째, 변화 노력에 관련된 많은 사람들과 여러 종류의 다른 상황에 적용할 수 있는 기본적 틀을 제공해주었다. 특히 4체계 모델에서 변화매개인은 막연하고 추상적인 지역사회나 조직이나 체계가 아닌 '사람들'을 변화시키기 위해 일해야 한다는 것을 강조하였다.

둘째, 변화 노력에서 사회복지사가 완수해야 할 과업을 찾아내는 데 도움을 주었다.

셋째, 전통적 사회복지실천은 일반적으로 문제를 제기하는 클라이언트체계만을 개입의 주요 표적으로 삼았던 것에 반해 클라이언트가 개입의 주요 표적이라고 전제할 수 없다는 사실을 깨닫게 해주었다.

넷째, 클라이언트체계가 제시한 문제를 처리하는 데 가장 효과적인 행동체계의 규모나 유형은 변화 노력에 대한 목표 설정 이후에 결정할 수 있다는 것을 명확히 했다.

다섯째, 사회복지사는 그가 수행해야 할 과업이 있고, 그 과업을 위해 클라이언트뿐만 아니라 다른 사람들과도 관계를 맺어야 하며, 사회복지사가 한 체계와 일하면서 얻는 지식과 기술을 다른 체계와 일하는 데 적용할 수 있다는 것을 인식시켜 주었다.

여섯째, 조직을 사회변화와 관련된 중요한 체계로 보아야 한다는 것을 강조하였다.

일곱째, 기관을 변화매개체계로 보았다는 점이다.

여덟째, 표적체계에 영향을 주고 사회복지사와 함께 일하는 행동체계를 강조함으로써 변화매개인이 행동체계를 원만하게 운영해야 한다는 것을 지적하였다.

2) 단일화 모델

단일화 모델(unitary model)은 세 가지 모델, 즉 첫째, 사회체계 모델, 둘째, 사회학습 혹은 문제해결 모델, 셋째, 과정 모델을 결합한 모델이다. 이 중에서도 특히 과정 모델의 내용을 강조하였다.

Goldstein은 과정 모델을 조사와 평가, 의뢰와 중재 및 평가적 전략이라 하여 사회복지실천과정의 여러 가지 단계들과 연계시켰다. 즉, 사회복지실천과정을 역할 유도 단계, 핵심 단계 및 종결 단계를 통하여 반복적으로 일어나는 것으로 설명하고자 하였다. 그리고 전체 과정 모델을 개인, 가족, 집단, 조직, 지역사회로 구분하여 구체화된 단계와 연계시켰다.

4체계 모델이 클라이언트체계 및 자원체계와 사회복지사와의 상호 기능을 중시한 데 비해, 단일화 모델은 사회학습에 관한 사회복지사의 기능을 더 많이 강조하였다. 사회학습을 매우 광범위한 일반적인 의미로 제시하여 중요한 변화 목표로서 개인이나 소집단체계에 한정시키지 않고, 사회학습과정을 통해 조직, 지역사회 등의 더 큰 체계들이 변화될 수 있다고 본 것이다. 또한 사회복지사가 자원을 확보하고 활용하는 것을 통해 사회를 변화시킬 수 있다고 보았다(Goldstein, 1973; 김융일 외, 1995).

3) 문제해결 모델

문제해결 모델(problem-solving model)은 Perlman(1957)에 의해 개발된 모델이다. Perlman은 진단주의와 기능주의의 대립을 해결하기 위해서 실용적이고 현재를 강조하는 문제해결 모델을 발전시켰다. Perlman은 문제해결 모델에서 인간의 삶 자체가 지속적인 문제해결의 과정이라고 보았다.

문제해결의 과정을 크게 세 가지 과정으로 나누어 보면 다음과 같다. 첫째, 클라이언트의 변화를 위한 동기를 이끌어주는 것이다. 둘째, 클라이언트의 능력을 발휘할 수 있도록 하는 것이다. 셋째, 문제를 해결하는 데 필요한 원조나 자원에 접근하도록 하는 것이다.

Perlman은 『사회적 개별사회사업 : 문제해결과정(Social Casework : A Problem-Solving)』에서 "개별사회사업의 과정은 체계적인 방법으로 생각과 감정을 효율적으로 행동으로 옮기는 문제해결과정"이라고 하였다(신성자 외, 2000). 그리고 개별사회사업의 목적은 치료가 아니고 현재의 문제에 대처하는 개인의 능력을 향상시키는 것이라고 하였다.

즉, 문제해결 모델에서는 클라이언트의 문제를 해결하기 위한 문제해결 과정을 통하여 클라이언트의 동기에 대한 지지, 자아기능의 강화, 문제해결에 대한 지지 등을 하고 있다. 또한 이 모델에서는 클라이언트가 외부의 도움 없이 스스로 문제를 처리할 수 있도록 돕고 있다. 클라이언트는 자극에 대해 단순히 반응하는 것뿐만 아니라 문제를 처리하며 사회구조 속에서 역동적으로 어떤 목표를 달성하려고 노력한다고 본다. 즉, 클라이언트 자신이 문제해결자로서 자신의 문제를 해결하는 것이다. 문제해결 모델에서는 클라이언트를 지원하고 훈련하여 스스로 문제해결을 할 수 있는 능력이 있다는 것을 깨달을 수 있도록 돕고 있다.

(1) Perlman의 4P 이론

Perlman은 문제를 해결하기 위한 요소로 4P를 제시하였는데, 4P는 각각 사람(Person), 문제(Problem), 장소(Place), 및 과정(Process)이다. 즉, 문제를 가진 사람이 사회복지실천 장소에 와서 문제를 해결하는 과정이라고 볼 수 있다. 각각을 좀 더 자세히 살펴보면 다음과 같다.

① 사람(Person)

사회적 측면이나 개인적 측면에서 도움이 필요한 사람을 말한다.

- 진단학파의 성격 이론을 적용하여 클라이언트와 그 가족을 분석하였고, 상황 속의 인간을 중요시하였다.
- 인간의 행동에는 목적과 의미가 포함된다.

- 성격 구조와 기능은 그 사람이 경험하는 신체적 · 심리적 · 사회적 환경과의 계속적 상호작용에서 생기는 유전적 · 소질적 능력의 산물이라고 보았다.
- 사람의 발달 단계는 유전적 요소와 후천적 양육의 산물이며, 현재와 미래의 연속적 과정 속의 존재이다.
- 사람의 행동은 지위와 사회적 역할에 대한 기대에 따라 형성, 평가된다. 기관을 찾는 사람들은 언제나 긴장 상태에 놓여 있다.

② 문제(problem)

사회환경 사이에 조정이 필요한 적응 이상 상태를 말한다.

- 문제는 개인의 사회적 기능에 민감하게 영향을 주고받는 것이다.
- 클라이언트의 문제는 다면적이고 역동적이므로, 사회복지사와 클라이언트는 문제의 한 부분을 작업 단위로 선택해야 한다.
- 인간생활의 모든 문제는 연쇄반응을 일으키는 경향이 있다.
- 사람들이 당면한 문제에는 객관적 · 주관적 의미가 있다.
- 문제에는 내적 · 외적 의미가 공존하며, 그중 어느 하나가 다른 것의 원인이 되기도 한다.

③ 장소(place)

문제를 가진 개인이 도움을 받으러 찾아오는 곳으로 사회복지기관을 의미한다.

- 사회복지기관은 사회와 사회집단의 인간복지 의지에 의해 형성된 것이다.
- 사회복지기관은 욕구충족을 위한 프로그램을 개발한다.
- 사회복지기관은 책임과 역할을 조직화하며 수행하기 위한 기구를 가지고, 일정한 지침과 절차를 가지고 체계적으로 운영한다.

- 사회복지기관은 변화를 받아들이는 적응적 유기체이다.
- 기관의 모든 직원은 기관의 기능을 위해 말하거나 행동하며, 사회복지사는 원조 과정에서 그 기관을 대표한다.

④ 과정(process)

사회복지사와 클라이언트의 전문적 관계를 통하여 문제해결에 도움을 주는 과정을 말한다.

- 사회복지실천과정에서는 사람들의 일반적 문제해결 노력에서 일어나는 장애의 종류를 우선 검토해야 한다.
- 실천과정은 클라이언트 스스로 문제에 관계하고 대처함으로써 현재뿐 아니라 장래생활에도 안정성을 갖게 한다.
- 문제해결에는 물질이나 기회를 필요로 하는 사람에게 주어야 한다.

문제해결 모델은 문제를 가지고 있는 사람이 어떤 장소에 자신의 문제를 갖고 도움을 얻기 위해 찾아오면 사회복지사는 클라이언트의 문제해결 기능에 관여하고, 더 나아가서는 문제해결에 필요한 자원을 보완해주는 것이다.

이 모델은 사회복지사가 질병을 치료하듯이 클라이언트의 문제를 해결해주는 것이 아니라, 클라이언트체계의 성장과정에 참여하여 클라이언트를 도우면서 삶을 보다 효과적으로 대처해 갈 수 있도록 클라이언트의 능력을 강화시킬 것을 강조한다(Compton & Galaway, 1986).

(2) 사회적 체계

Perlman(1972)의 모델은 체계론적 접근을 이론적 기반으로 하고 있지는 않지만, 클라이언트가 사회적 역할체계 안에서 생활하는 것으로 가정하고, 사회복지사는 클라이언트의 역할체계 안에서의 역기능을 이해하기 위해 노력해야 한다고 하였다. 이는 Compton과 Galaway(1994)가 체계 이론을 도입함에 따라 더욱 강조되어 문제가 클라이언트의 인성 측면보다는 클라이언트체계 내 혹은 환경과의 상호작용 안에서 발생하는 것으로 보게 되었다(양옥경 외, 2006).

Compton과 Galaway(1994)는 사회복지실천체계를 구성하는 사회적 체계를 여섯 가지 체계 유형으로 분류하고 있는데, 이는 Pincus와 Minahan(1973)이 제시한 4체계에 2체계를 추가한 것이다. Pincus와 Minahan(1973)의 4체계에 대해서는 앞서 설명하였으므로, 여기서는 전문가체계와 의뢰-응답체계에 대해 설명하고자 한다.

① 변화매개체계(change agent system)
② 클라이언트체계(client system)
③ 표적체계(target system)
④ 행동체계(action system)
⑤ 전문가체계(professional system) : 사회복지사들로 구성되어 사회복지사의 권익과 전문성을 높이기 위하여 조직된 사회복지사협회나 사회복지기관과 시설들의 연합으로 구성된 사회복지협의회나 사회복지기관 및 사회복지시설협회 등이 포함된다. 전문가단체, 전문가를 육성하는 교육체계, 전문적 실천의 가치 등도 포함되며, 전문가체계의 가치와 문화는 변화매개체계인 사회복지사의 행동에 영향을 미치게 되며, 사회복지사는 기관변화, 사회변화의 대변가로서 전문체계를 이용한다.
⑥ 의뢰-응답체계(referral-respondent system) : 잠재적 클라이언트를 사회복지사의 관심 영역으로 끌어들이기 위해 행동하는 체계이다. 클라이언트가 다른 사람의 요청이나 법원, 경찰 등에 의해 강제로 오게 될 경우 일반 클라이언트체계와 구별하기 위해 사용된다. 서비스를 요청한 사람을 의뢰체계(referral system), 타의에 의해 오게 된 사람을 응답자(a respondent)라고 한다.

문제해결 모델의 특성은 자아개념을 중시하면서 클라이언트 자신이 문제해결자임을 강조하고, 인간은 누구나 자신을 안전하게 하며 의식적으로든 무의식적으로든 문제를 해결하려고 하는 존재라고 보는 것이다. 이 모델은 Erikson의 자아심리학, Dewey의 실용주의 철학, 역할 이론 혹은 사회심리학, 문화인류학의 영향을 받았으며, 사회복지 분야에서는 진단주의나 기능주의의 영향을 강하게 받고 있는 절충주의의 대표작이라 할 수 있다.

4) 생활 모델

생활 모델(life model)은 1970년대 초기에 Germain과 Gitterman이 생태체계학적 관점을 이론적 배경으로 도입하여 개발한 모델이다. 클라이언트와 그 환경 간의 양면에 초점을 맞추기 위해 환경적 상호관계를 사용하는 사회복지실천의 접근방법이다.

사회복지실천에서의 생활 모델은 개인의 치료에 초점을 둔 임상적 접근방법과는 다르며 대신 생활과정상에서 사람의 강점, 건강을 향한 선천적 지향, 지속적 성장, 잠재력의 활용과 환경의 변화 및 최대한의 안녕을 유지하고 촉진시키는 것 그리고 개인, 가족, 집단, 지역사회에서의 인간과 환경과의 조화 수준을 향상시키는 것에 역점을 둔다. 명칭은 생활 모델로 불리지만 기술적 의미에서의 모델을 의미하지는 않고, 오히려 생활 모델화된 실천이라고 하는 게 바람직하다. 그리고 이 이론은 생태체계적 관점을 그 출발점으로 한다.

생활 모델은 생태적 관점에서 나온 실천 모델로 사람과 환경(person-environment)을 통합적으로 보고 개인, 환경 또는 이 두 가지 모두를 변화시키는 데 필요한 이론과 실천 간의 격차를 줄인 모델이라고 볼 수 있다(장인협, 1999).

생활 모델은 문제를 병리적 상태의 반영이 아닌 사물, 사람, 장소, 조직, 아이디어, 정보, 가치들과 같은 생태체계의 요소, 즉 전체와 부분들 간 상호작용의 결과로 보고 있다. 그러므로 문제란 성격장애라기보다는 스트레스를 만들어내고, 대처능력을 과중하게 부담시키는 생활상의 문제로 정의한다. 그래서 생활의 맥락에서 문제를 파악하는 데 관심을 두고 문제를 개인의 장애로만 파악하지 않는다.

생활주기 변화(life transitions)는 개개인의 발달상 변화, 사회 속에서의 지위와 역할의 변화 그리고 시간 제한성이나 긴박감(immediacy) 또는 거대성(enormity)과 같은 위기적 사건 등에서 나타나는 것을 의미한다. 환경의 압력은 기회의 불균등이나 융통성 없는 조직 등에서 나타나고, 대인관계과정에서도 착취가 일어나거나 비일괄적이고 비합리적인 기대감이 있다면 스트레스가 증가한다(임은희, 2005).

이와 같이 생활 모델은 문제를 개인의 장애로서만 파악하지 않고 생활환경 내에서 파악하며, 개인이 환경과의 교류에서 균형이 깨어지면 스트레스(긴장)가 발생한다고 하였다. 따라서 생활 모델은 생활 그 자체를 모델로 하고, 이것이 지니고 있는 성장과 발달 및 문제해결의 힘을 동원하고, 촉진시키기 위하여 넓은 범주의 접근을 모색하는 데 그 특징이 있다(양정남 외, 2008).

모든 스트레스 상황이 반드시 스트레스를 유발하는 것은 아니며, 스트레스 유발 여부는 개인적·환경적 상황 그리고 특정 사건에 대한 인지 방법에 의해 결정된다. 생활 모델에서는 외부 세계를 통제할 수 있는 인지 능력을 강조하며, 사회복지실천의 목적을 환경과 개인의 상호교류가 기능적으로 되기 위해 개인의 적응 능력을 강화하고 환경을 변화시키는 것으로 보고 있다(조휘일 외, 2000).

이상의 네 가지 대표적인 통합적 방법의 모델을 대표적 학자, 방법의 초점, 방법의 목적, 사회복지사의 기능 그리고 사회복지실천의 과정 등의 차원에서 정리하면 표 6-1과 같다.

표 6-1 통합적 방법론 모델

구분	4체계 모델	단일화 모델	문제해결 모델	생활 모델
대표 학자	Pincus와 Minahan	Goldstein	Compton과 Galaway	Germain과 Gitterman
방법의 초점	인간과 사회환경(자원체계)과의 상호작용	유기체로서의 개인, 역동적 사회관계 및 양자 상호작용	개인과 상황의 상호작용 전체	인간과 환경 간의 상호교류 속의 적용 균형
방법의 목적	① 사람들의 문제해결과 대체 능력 강화 ② 사람들과 자원체계와의 결합 ③ 체계의 효과적 · 인도적 활용의 촉진 ④ 사회정책의 발전과 개선의 공헌	① 사회적 학습의 촉진 · 강화 ② 사회변화(자원의 확보, 활용)	① 문제해결 ② 클라이언트, 워커의 공동관계 형성 ③ 합리적 정의 수행	① 인간생활상의 문제해결 ② 인간의 적응능력 지지, 강화 ③ 스트레스 경감 ④ 대처를 위한 사회자원의 동원
사회복지사의 기능	① 문제 평가 ② 자료 수집 ③ 최초 접촉 ④ 계약 ⑤ 행동체계 구성 ⑥ 행동체계 유지 · 조성 ⑦ 영향력 행사 ⑧ 변화 노력 종결	① 지식과 정보 인식 ② 전략(조사, 개입, 평가)	① 자료의 수집과 평가 ② 개입 전략 제공	① 생활과업 원조 ② 사회적 조직망과 물리적 장의 관여 ③ 시간적 배열활동
사회복지실천의 과정	① 문제인식 ② 자료수집 ③ 진단 ④ 개입 ⑤ 평가와 종결	① 니드의 공식화 ② 정보 탐색 ③ 해결 방법의 공식화 ④ 결과 비교 ⑤ 해결방법 검증	① 접촉 단계(문제의 명확화, 목표의 명확화, 예비 계약, 탐색과 조사) ② 계약 단계(평가, 활동계획의 공식화, 예후 예측) ③ 활동 단계(계획의 실시, 종결, 평가)	① 초기 단계(준비, 참가) ② 진행 단계(생활변천, 환경의 문제, 대인과정 개입) ③ 종결 단계(평가와 종결)

출처 : 김만두 · 한혜경(1993)에서 재인용.

생각해 볼 문제

1. 사회복지만의 통합적 방법이 가능하다고 생각하는가?

2. 통합적 접근의 실천 모델은 현재에도 적용 가능하다고 생각하는가?

3. 전통적 방법의 한계점에 대해 논의해 보시오.

4. '환경 속의 인간'의 예를 실생활에서 찾아서 적용해 보시오.

5. 체계 이론과 사회복지실천의 관련성을 논의해 보시오.

C/H/A/P/T/E/R 07

관계의 이해

학/습/목/표

- 관계의 개념과 기본원칙에 대해 이해한다.
- 전문적 관계의 기본요소에 대해 이해한다.
- 변화를 방해하는 관계와 관계 다루기에 대해 이해한다.

두 사람이 상호작용을 해서 얻은 산물이 바로 '관계'이다. 사회복지사가 클라이언트를 돕는다고 할 때는 클라이언트와의 관계가 선행되어야 한다. 관계가 형성됨으로써 문제의 실마리나 해결의 방법을 찾을 수 있기 때문이다. 우리가 관심을 두고 학습을 해야 하는 것은 클라이언트가 도움을 필요로 할 때 사회복지사가 도움을 주는 관계, 즉 클라이언트에게 보다 나은 적응을 할 수 있도록 도움을 주는 전문적 대인관계이다. 이 장에서는 전문적 관계형성에 대한 이해를 돕고자 사회복지실천과 관계, 전문적 관계의 기본요소, 관계의 기본 원칙, 변화를 방해하는 관계와 관계를 다루는 방법에 대해서 살펴보고자 한다.

1 사회복지실천과 관계

사회복지실천에서의 관계란 일반적으로 사회복지사와 클라이언트와의 관계를 의미한다. 관계는 상호작용의 결과적인 모습이고 산물이므로 사회복지사와 클라이언트 간의 상호작용과정을 의미한다고 볼 수 있다. 사회복지사와 클라이언트 간의 상호작용이야말로 사회복지실천 노력의 핵심이다.

심리학자와 정신과 의사에 의해 원조관계(helping relationship)에 대한 많은 조사연구가 진행되어 왔으며, 사회복지실천에서도 인간 상호작용의 중요성을 인식하고, 관계의 개념을 의도적으로 사용하려고 시도해 왔다.

사회복지사와 클라이언트 간의 관계는 일반적인 대인관계가 아니라 클라이언트의 적응과 문제해결을 돕기 위한 목적에서 이루어지는 전문적인 관계이다. 따라서 일반적인 대인관계와는 다소 구별된다. 그 차이점을 살펴보면 다음과 같다.

첫째, 사회복지사와 클라이언트 간의 전문적인 대인관계는 서로 합의된 의식적인 목적이 있다. 클라이언트의 보다 나은 적응과 문제해결을 위한 원조 목적이 그것이다.

둘째, 한정된 시간 내에서 이루어지는 관계이다. 목적이 달성되었거나 달성될 수 없다고 생각될 때는 관계가 종결된다.

셋째, 사회복지실천에서의 관계는 클라이언트의 욕구 중심적이다. 일반적인 대인관계에서는 상호이익을 위해 상호작용이 이루어지지만, 사회복지실천에서 사회복지사는 자신의 이익보다는 클라이언트의 이익을 위해 헌신한다. 클라이언트의 적응과 문제해결에 대한 목적을 성취하기 위해 뚜렷한 객관성을 유지해야만 하는 관계인 것이다.

넷째, 전문적 관계는 현재 진행 중인 사례에 대해 객관성을 유지하고 자기 자신의 감정, 반응, 충동을 자각하고 그 책임을 진다는 의미에서 개방된 관계가 아닌 통제된 관계이다(Johnson, 1995).

사회복지실천에 있어 관계는 라포(rapport)라는 말로 표현되기도 한다. 사회복지실천에 있어 사회복지사와 클라이언트 간의 관계는 좋은 관계를 전제로 한다. 사회복지실천에서의 관계는 클라이언트와 사회복지사 간에 정서적 교감을 기초로 이루어지는 관계이기 때문에 전문성, 분명한 의도적 목적, 시간제한, 권한 등의 특성을 포함하는 관계로 일반적 인간관계와는 다를 수 있다. 전문적 관계도 모든 관계와 마찬가지로 클라이언트와의 상호작용에 의해 형성되고 유지될 수 있으나 클라이언트는 도움을 요청하고 사회복지사는 도움을 주는 관계이기 때문에 언제나 클라이언트의 입장에서 출발해야 하며, 사회복지사는 관계의 전반적 과정에 대한 전문적 책임을 지게 된다. 사회복지사와 클라이언트는 인간으로서는 근본적으로 평등하지만 사회복지실천 상황에 있어서 사회복지사는 도움을 제공하는 사람이고 클라이언트는 도움을 제공받는 사람으로 생각할 수 있기 때문에 이들의 관계를 사회복지실천의 관계라고 한다(전재일 외, 2003).

학자마다 관계에 대한 정의를 조금씩 다르게 정의하고 있다. 관계에 대한 개념 정의를 살펴보면 다음과 같다.

Biestek(1957)은 관계란 “클라이언트와 사회복지사 간에 혹은 사회자원들과의 교류를 가능하게 하는 연결통로로서, 클라이언트와 그를 둘러싸고 있는 환경간의 보다 나은 적응을 가져오도록 개인의 능력과 지역사회자원을 적절히 동원하고 활용할 수 있도록 돕는 목적을 갖고 있다."고 정의하고 있다.

Perlman(1978)은 관계란 "하나의 촉매제로서, 문제해결과 도움을 향한 인간의 에너지와 동기를 지지하고 양성하며 자유롭게 하는 원동력"이라고 정의하고 있으며, Northen(1995)은 "인간의 행동이 각기 다른 정서적인 반응을 불러일으키는 것처럼, 관계란 일차적으로 한 사람으로부터 다른 사람에게로 흘러가는 감정적인 반응으로 구성된다."라고 서술했고, 체계 이론을 활용한 통합방법론을 창조해낸 Pincus와 Minahan(1973)은 "관계란 사회복지사와 그가 관계하는 다른 체계들 간의 정서적인 유대로 볼 수 있으며, 이들 관계에는 협력, 협상 또는 갈등의 분위기가 포함될 수 있다."고 하였다.

위의 내용을 종합하여 보면 사회복지실천에서의 관계란 사회복지사와 클라이언트 간의 감정과 태도의 역동적 상호작용으로, 클라이언트의 문제해결과 그를 둘러싸고 있는 환경과의 사이에서 보다 나은 적응을 위해 협력·협상하는 것뿐만 아니라 개인, 가족, 집단, 지역사회의 자원을 적절히 동원하고 활용할 수 있도록 돕는 활동의 총체로 볼 수 있다.

2 전문적 관계의 기본요소

학자마다 원조과정에서 사회복지사들이 전문적 관계를 형성하기 위해 갖추어야 한다고 주장하는 요소들에 약간의 차이는 있으나, 기본적으로 주장하는 공통적 기반이 되는 요소들이 있다. 전문적 관계의 기본요소를 살펴보면 다음과 같다(Compton & Galaway, 1994).

1) 타인에 대한 관심

클라이언트에게 일어난 일에 대해 진실된 관심을 가지며, 이들의 감정과 교류할 수 있어야 함을 의미한다. 사회복지사는 목적의식을 가지고 클라이언트와의 관계를 유지해 나가는 민감성과 책임성이 있어야 한다. 책임감, 배려, 존중, 타인에 대한 이해는 필수적인 요소이다. 하지만 다른 사람을 도우려고 할 때 깊이 있는 관계를 맺어야 하는 것이 사실이지만, 정서적으로 유대가 가까워질수록 해결해야 할 문제에 대해 과도하게 관여하게 될 위험이 있다. 전문적 관계에서 타인에 대한 진정한 관심은 자신의 기술과 지식 그리고 자기 자신을 이용하여 목표를 달성하는 방향으로 나아가는 것을 의미한다. 따라서 항상 도움받는 사람을 주체로서 존중하고, 봉사하며, 클라이언트가 자유로울 수 있도록 도와야 한다.

2) 헌신과 의무

헌신(commitment)과 의무(obligation)는 돕는 과정에서의 책임감을 의미하는 것으로 일관성을 포함하는 개념이다. 전문적 관계에서 관계의 목적을 달성하기 위해서는 사회복지사뿐만 아니라 클라이언트도 관계에 대한 헌신과 의무를 가져야 한다.

사회복지사의 헌신과 의무는 관계를 맺을 때 필수적인 절차상의 조건들로써 시간약속, 클라이언트의 문제에 대한 초점을 유지하는 것, 성장과 변화를 가져오는 관계 유지를 지키는 것을 말한다. 클라이언트의 헌신과 의무는 자신의 문제에 대해서 정직하고 개방적으로 제시하고 전문적 관계에서 요구되는 시간약속을 지키는 것 등이 있다.

3) 수용

수용(acceptance)이란 클라이언트를 자신의 감정과 사고에 대한 권리를 가진 독특한 개인으로서 배려하고 클라이언트에 대한 관심과 인식, 경청하는 태도, 그들의 행동에 대한 주의집중, 돕고자 하는 열망의 전달, 클라이언트에 대한 진실된 염려를 의미한다(Northen, 1995). 또한 클라이언트를 수용한다는 것은 클라이언트의 문화적 전통에 적절한 인사를 나누는 것, 편안하게 대하는 것, 이용 가능한 자원의 안내, 적절한 방식으로 호칭하는 것과 같은 소소한 행동까지도 포함한다(schulman, 1992).

수용은 단순히 클라이언트의 행동에 대해 인정해주는 것과는 의미가 다르다. 수용은 사회복지사가 그 사람이 한 행동에 대한 것이 아니라 그 사람 자신에 대한 수용을 전달하는 것을 의미한다. 수용된다는 느낌은 클라이언트로 하여금 사회복지사가 인정해주지 않는다 해도 안전하고 존중받고 있다는 가치감을 느끼게 해준다. 수용을 통해 클라이언트는 자기존중감을 회복하고 자기패배적 행동에서 자신의 잠재능력을 깨닫는 방향으로 움직일 수 있도록 희망을 갖게 되는 것이다.

4) 감정이입

감정이입(empathy)은 수용과 매우 밀접한 관계가 있다. 감정이입은 타인이 경험한 것을 이해하기 위하여 타인의 감정과 생각에 자신을 투사시키는 능력이다. 감정이입은 지적인 것이 아니라 직관적인 것이다. 감정이입의 가장 뚜렷한 특징은 동료들에게서 갖는 감정과는 다른 것이며 동정심이나 통찰과는 다른 개념이라는 것이다. 그것은 사회복지사가 클라이언트의 상황에 동정하면서도 그 짐의 무게에 눌리지 않도록 하면서 그들의 정서적 상태를 경험하도록 놓아두는 것을 말한다.

객관적으로 감정이입에 있어 필수적인 것은 편견 없이 그들을 있는 상태 그대로 바라보는 능력이다. 이럴 때 자기인식은 타인에 대한 그릇된 판단을 할 가능성을 감소시켜 주는 데 도움이 된다. 감정이입을 통하여 클라이언트는 사회복지사라는 중요한 타인으로부터 충분히 이해받고 있다고 느끼면서 자기인식이 확장됨과 동시에 자신의 문제를 탐색하고 정체성을 발견하며 자신에 대한 현실적 목표를 세우고 이를 달성하기 위해 나아가게 된다(양정남 · 최선령, 2008).

5) 권위와 권한

권위(authority)는 클라이언트와 기관에 의해 사회복지사에게 위임된 권한(power)으로 정의된다. 사회복지사는 일정한 지식과 일정한 경험을 보유하고 일정한 지위에 있음으로써, 영향력을 미칠 수 있는 권한을 가진다.

전문적 관계에서의 권위는 제도적 측면에서는 사회복지기관 내에서 사회복지사의 위치와 기능으로부터 권위를 말하는 것이며, 심리적 측면에서의 권위는 전문가인 사회복지사에게 정보와 조언을 구함으로써 클라이언트가 사회복지사에게 부여하는 권위를 말한다.

권위와 권한이 잘못 사용될 경우 클라이언트는 사회복지사에 대한 반감과 불신을 나타낼 수 있고, 이로 인해 관계 자체에 저항을 표출하게 되고 관계형성이 어려워진다. 사회복지사는 그들이 갖는 권위와 권한의 범위 및 사용방법 등을 클라이언트에게 설명해야 한다.

6) 진실성

진실성(genuineness, authenticity)은 솔직성과 관련된 개념으로 정직성, 믿음직함, 가장되지 않은 것, 신뢰감 그리고 진실함과 같은 뜻을 함축하고 있다(Northen, 1995). 진실된 태도는 신뢰감 발달에 필수적이다. 신뢰는 클라이언트가 자신의 문제를 돕는 사회복지사의 정직성과 성실성을 시험하여 성공적인 경험을 함으로써 발달된다.

대부분의 정서적 어려움을 겪는 클라이언트들은 신뢰와 불신감이라는 기본적 문제에 대하여 성공적인 경험을 가질 기회를 갖지 못한 경우가 많다. 즉, 새로운 관계를 가질 기회가 생겼을 때 클라이언트는 신뢰보다는 불신의 태도를 가지고 대하게 된다. 그리고 신뢰의 능력이 적을수록 클라이언트는 사회복지사와의 관계에서 또는 가족과 집단의 다른 성원들과의 관계에서 치료적 동맹관계로 들어가는 데 어려움이 많다. 따라서 사회복지사가 클라이언트와 관계를 맺을 때 일관성이 있고 정직한 개방성을 유지하며, 대화의 내용과 행동이 항상 일치하면서도 전문가로서의 자아와 가치체계에 부합하여야 함을 의미한다.

7) 그밖에 요구되는 전문가의 자질

사회복지사에게 요구되는 그 밖의 전문가의 자질로는 창조성도 요구된다. 창조성은 클라이언트의 문제 상황에 대한 해결책에 대해 개방성을 유지하며, 최선의 해결책을 찾기 위해 자신을 개방하는 것을 말한다. 또 사회복지사는 자기를 관찰하는 능력이 요구된다. 이는 자신의 목표에 관해 신중히 생각하고, 자신을 신뢰하며, 자신을 복잡한 개입활동의 한 부분으로 관찰할 수 있는 능력을 말한다. 또한 사회복지사에게는 도우려는 열망이 요구되는데, 이는 클라이언트로 하여금 스스로 자신의 삶을 선택하고 통제하는 능력을 향상시키도록 도우려는 헌신적인 자세라고 할 수 있다.

용기는 실패, 어려운 상황에 휘말리는 일, 통제할 수 없는 상황에 감정적으로 비난 또는 학대받는 일, 예측할 수 없는 상황에 계속적으로 연관되는 일, 신체적으로 위협받는 일 등을 받아들일 수 있는 용기를 필요로 한다.

민감성 또한 필요한 전문가의 자질이다. 민감성은 특정한 단서 없이도 클라이언트의 내면세계를 느끼고 감지할 수 있는 능력으로, 사회복지사가 새로운 상황에 대한 개방성과 변화에 대한 준비 자세를 갖추고 있는지와 밀접하게 관련되어 있다.

3 관계의 기본 원칙

관계(relationship)는 사회복지사와 클라이언트 중 어느 쪽의 일방적인 노력에 의해서 이루어지는 것이 아니라, 서로에 대한 신뢰와 믿음을 바탕으로 이루어내는 서로 간의 파트너십에 의해서 유지되는 것이다. 따라서 사회복지실천의 관계에 있어서 어떤 부분이 잘못되어 관계가 안 좋아질 경우 이런 모든 측면들을 검토해야만 한다. 효과적으로 사회복지를 실천하기 위해서는 항상 자기 자신을 이러한 관계형성의 중심에 두고 관계 그 자체의 성질을 자각하고 깨닫고 있어야 한다(권오균 외, 2009).

사회복지사가 클라이언트와 좋은 관계를 발전시키는 것이야말로 실천 노력에서 필수적인 요소라고 할 수 있다(Johnson, 1995). 즉, 사회복지실천의 관계는 사회복지사와 클라이언트 간의 감정이나 태도의 역동적인 상호작용을 말하며, 궁극적인 목적은 클라이언트가 자신과 사회환경 간에 보다 효율적인 적응을 하도록 도와주는 데 있다. 이것을 바탕으로 사회복지사가 지켜야 할 7대 원칙을 Biestek은 다음과 같이 제시하고 있다.

1) 개별화

클라이언트는 다른 클라이언트와는 다르기 때문에 그가 원하는 원조도 다를 것이다. 개별화(individualization)란 클라이언트 개개인의 독특한 자질을 알고 이해하는 일이며, 보다 나은 적응을 할 수 있도록 개개인을 도와줌에 있어서 클라이언트가 처해 있는 상황에 따라 상이한 원리나 방법을 활용하는 것이다. 개별화는 인간은 개별적인 존재이며, 한 사람의 불특정한 인간으로서가 아니라 다른 사람들과 똑같지 않은 그 나름대로의 차이를 지닌 특정한 인간으로서 처우되어야 한다는 것을 중요한 원칙으로 하고 있다.

개별화를 위한 사회복지사의 역할은 다음과 같다(도광조, 2008).

① 사회복지사는 인간에 대한 편견이나 선입견으로부터 자유로워야 한다. 사회복지사의 경험에 의한 전문가적 판단은 클라이언트의 상황과 문제에 대해 중대한 오해를 가져올 수 있다.
② 클라이언트의 개별적인 측면뿐 아니라 환경적인 측면, 즉 전체적인 면까지 관여하여야 한다. 실천과정에서 클라이언트의 개별화에 치중하다 보면, 클라이언트가 속해 있는 환경과 같은 전체적인 관점을 소홀히 하는 경우도 있다.
③ 사회복지사는 클라이언트의 개별적인 특성을 충분히 알고 이해할 필요가 있기 때문에 경청은 물론이고, 감정이입적 이해, 수용, 진실성 등이 요구된다.
④ 사회복지사는 클라이언트가 개별적으로 취급되고 있다는 사실을 인식할 수 있도록 해야 하는데, 이를 위해 클라이언트에 대한 세심한 배려가 이루어져야 한다.

2) 의도적인 감정표현

의도적인 감정표현(purposeful expression of feelings)은 자기감정, 특히 부정적 감정을 자유로이 표현하는 것이다. 클라이언트가 비난받게 될지도 모른다고 느끼는 부정적 감정의 원인은 부정적 자아상, 세상에 대한 불신감, 분노의 감정, 본능적 욕구, 좌절감, 소외감의 감정, 사랑과 인정을 받지 못하는 데서 오는 침체감 등 다양할 것이다. 그리고 클라이언트는 이러한 부정적 감정을 표현함으로써 자신의 사생활이 드러날 수 있을 가능성, 자신의 무능이 드러날 수 있는 가능성, 다른 사람으로부터의 비난, 타인에게 자신의 부정적인 면이 알려지는 것에 대한 두려움을 갖고 있다.

사회복지사는 클라이언트로 하여금 압력과 긴장으로부터 해방되고, 클라이언트가 자기의 문제를 보다 명백하게, 보다 객관적으로 잘 인식할 수 있도록 원조해야 한다는 인식에서 출발한다. 그러므로 사회복지사는 의도적으로 경청하여야 하며, 그의 감정표현을 낙담시키거나 비난하지 말아야 하고, 정서적 지지를 통하여 클라이언트가 감정을 표시할 수 있도록 의도적으로 기회를 마련해 주어야 한다. 또한 사회복지사는 클라이언트에게 '모든 사람은 자기에게 중요한 사람이나 사물에 대하여 부정적 감정을 가질 수 있다는 것, 사회복지실천의 관계 내에서는 이러한 감정을 표현해도 좋다는 것, 클라이언트에게 도움이 되고 싶다는 것'을 알려주는 것이 필요하다(이영분 외, 2001).

클라이언트의 감정표현을 돕기 위한 사회복지사의 역할은 다음과 같다(김혜영 외, 2010).

① 안정된 환경을 조성한다 : 클라이언트가 불안해하지 않고 안정감을 느끼도록 하기 위해 사회복지사는 그를 침착하게 맞이해야 하고, 면접실 분위기 조성, 책상 및 의자, 실내 소품 등 물리적 환경도 신경을 써야 한다.

② 허용적인 태도와 편안한 분위기를 조성한다 : 클라이언트가 편안한 분위기 속에서 자신의 감정을 자유롭게 표현할 수 있도록 해야 한다. 사회복지사는 클라이언트가 표현한 내용에 대해 너무 성급하게 해석하거나 지나치게 많은 해석을 하여 클라이언트의 감정이 혼란스러워지는 것을 피해야 한다.

③ 클라이언트를 정서적으로 지지한다 : 정서적 지지는 상대방에게 심리적인 격려와 용기를 주는 것이고, 자신감을 심어주는 것을 의미한다. 정서적 지지는 클라이언트의 초기 저항을 감소시키고, 두려움이나 불안감을 낮추며, 사회복지사와 클라이언트 사이를 편안하게 해준다.

④ 감정을 표현하도록 격려한다 : 사회복지사는 클라이언트의 생활 속에서 느끼는 모든 감정을 표현할 수 있도록 격려할 필요가 있다. 사회복지사는 클라이언트에게 인간은 양가감정을 가질 수 있고, 살아가는 과정에서는 이러한 감정을 표현하는 것이 권장되고 있다는 점을 직접 말해주는 것이 좋다.

3) 통제된 정서적 관여

통제된 정서적 관여(controlled emotional involvement)는 사회복지사가 클라이언트의 감정에 민감하게 대처하고 그 감정의 의미를 이해하며 클라이언트의 감정에 의도적 목적을 가지고 적절히 반응하는 것을 말한다. 자신의 감정을 표현했는데 상대방이 몰라주거나, 반응이 없으면 클라이언트는 감정표현을 후회하거나, 더욱더 큰 상처를 받게 된다. 클라이언트와의 면접은 주로 정서적인 면에 관계되고 있기 때문에 사회복지사는 클라이언트에게 자기감정을 말로써 표명하도록 권고하고 있다.

사회복지사는 표현된 클라이언트의 감정에 민감할 필요가 있고, 그 감정이 클라이언트에게 어떠한 의미를 가지는지를 이해 · 수용하고 적절히 반응해줄 필요가 있다. 또한 이들 감정에 호응하기 위해 정서적으로 관여하게 되는데, 이 관여는 통제되는 것으로서 케이스의 총체적 목적에 따라, 클라이언트 욕구의 변화에 따라 또는 사회복지사의 전진적 · 진단적 사고에 따라서 그 방향이 설정되어야 한다는 것이다. 그러기 위해서 사회복지사는 자기훈련을 통해 자신의 욕구와 감정을 자각하고 이를 관리함으로써 클라이언트의 감정을 왜곡되게 이해하지 않도록 주의해야 한다.

통제된 정서적 관여를 위한 사회복지사의 역할은 다음과 같다.

① 민감성(Sensitivity) : 민감성은 클라이언트의 감정을 보고 듣는 것이다. 때때로 클라이언트는 감정을 언어로 표현하지 못한다. 그러나 그는 그의 감정을 보고들을 수 있는 다른 방법으로 표현한다. 사회복지사는 이것을 잘 관찰해야 한다. 민감성은 클라이언트의 삶 속에 있는 감정의 중요성에 관한 확신으로부터 시작하고 많은 경험, 훈련을 통해 점진적으로 발전한다. 사회복지사가 자신의 욕구와 감정에 대해서 잘 알고 있는 것도 중요하다.

② 이해(Understanding) : 사회복지사는 클라이언트와 그의 문제에 관한 감정의 의미를 이해할 필요가 있다. 이러한 이해는 계속적으로 이루어진다. 감정의 의미를 이해하기 위해서 인간행동에 대한 지식은 필수

적이다. 사회복지사는 감정의 의미를 이해하기 위한 기술을 발전시키기 위해서 도움을 받아야 한다. 이를 위해 슈퍼비전이나 직원회의 등이 필요하다. 또한 클라이언트가 가지고 있는 감정의 의미를 여러 가지로 추측해보는 것도 중요하다.

③ 반응 또는 응답(Response) : 클라이언트의 행동과 표현에 대하여 사회복지사가 적절하게 자신을 드러내 보이는 것을 말한다. 민감성과 이해는 반응(응답)을 위한 수단이다. 감정차원의 클라이언트에 대한 사회복지사의 반응(응답)은 관계에서 가장 중요한 심리사회적인 요소이고, 사회복지실천 기술에서 가장 어려운 것이다. 반응(응답)은 반드시 말로 이루어질 필요는 없다. 반응(응답)은 먼저 내적으로 이루어진다. 클라이언트와 그의 느낌을 나누는 것이다. 사회복지사는 따뜻한 마음을 가지고 세밀한 감성으로 도움을 필요로 하는 클라이언트의 느낌을 나눈다. 내적인 반응(응답) 이후에 외적인 표현을 통해 클라이언트에게 전해진다. 내적인 반응(응답)이 잘 이루어지면 외적인 표현 또한 잘 될 수 있다. 그러므로 사회복지사는 내적인 감정의 반응(응답)을 잘 할 수 있도록 해야 한다.

4) 수용

수용(acceptance)은 클라이언트의 있는 그대로의 모습을 받아들이는 것을 말한다. 즉, 사회복지사가 클라이언트의 강점과 약점, 바람직한 성격과 그렇지 못한 성격, 긍정적인 감정과 부정적인 감정, 건설적이거나 파괴적인 태도 및 행동 등을 그대로 이해하고 다루어 나가는 하나의 행동 원칙이다. 이때 클라이언트의 존엄성과 그 인격의 가치에 대한 관념을 계속 유지해 나가야 한다.

그러나 '수용'한다는 것이 클라이언트의 일탈적인 태도나 행동을 '시인'한다는 것을 의미하는 것은 아니며, 그들의 부도덕하고 반사회적인 행동을 받아들인다는 의미는 더더욱 아니다. 수용의 대상은 '선한 것'(the good)이 아니라 있는 그대로의 '참된 것'(the real)이다. 즉, 사회복지사는 윤리와 법, 전문적 가치 등에 의거하여 바람직한 것과 수용할 수 있는 것에 대한 기준을 가지고 있는 것이 당연하며, 사회복지사의 역할은 클라이언트가 바람직하고 수용할 수 있는 상황으로 발전할 수 있도록 돕는 것이다.

수용에 있어서도 클라이언트가 자신이 수용받고 있다는 것을 경험할 수 있도록 하는 것, 사회복지사가 당신을 충분히 수용하고 있다는 것을 전달할 필요가 있다. 이를 위해 사회복지사는 면담 중에 클라이언트의 표현에 대해 적절한 코멘트를 한다든지, 관련된 질문을 하는 방법 등을 활용할 수 있다(도광조, 2008).

클라이언트에 대한 수용을 잘하기 위한 사회복지사의 역할은 먼저 장애물을 제거하는 것이다. 대부분의 장애물은 사회복지사의 자기이해 부족에서 나온다. 수용에서의 장애물은 다음과 같다.

① **인간행동 유형에 대한 불충분한 지식**: 사회복지사는 클라이언트의 문제에 대한 심리적이고 정신의학적 지식을 필요로 한다. 이 지식을 틀로 하여 문제해결을 해나가는 것이다.

② **있는 그대로 수용하지 않음(nonacceptance of something in self)**: 사회복지사가 자신의 문제가 클라이언트와 유사한 경우에 주로 클라이언트의 부정적이고 바람직하지 않은 요소를 인지할 수 있다. 이때 사회복지사는 클라이언트의 문제를 실제적으로 다루기 어렵다.

③ **클라이언트에게 자신의 감정을 돌림(imputing to the client one's own feelings)**: 정확한 자기 이해가 없으면 사회복지사는 그의 타고난 경향을 따라 클라이언트에게 자신의 감정을 돌리기 쉽다. 따라서 클라이언트를 있는 그대로 대하기 어렵다.

④ **편견과 선입견(biases and prejudices)**: 인종, 신념, 문화, 경제적 상태의 차이에서 오는 편견과 선입견을 없애야 한다.

⑤ **클라이언트에 대한 존중 결여(loss of respect for the client)**: 사회복지사가 클라이언트에 대한 존중감을 잃는다면 이는 곧 드러날 것이다. 수용

은 사랑을 바탕으로 이루어져야 한다. 사랑 속에서 서로의 약점과 강점, 상호 간의 존중이 계속되고 증진된다.

5) 비심판적 태도

비심판적 태도(non-judgement attitude)는 클라이언트의 문제나 욕구 발생의 원인에 대해서 클라이언트 자신이 책임이 있는가 없는가, 있다면 어느 정도인가 등을 지나치게 단정적으로 표현하거나 심판해서는 안 된다는 것이다. 클라이언트들은 대부분 자기 자신에 대해 부정적인 감정, 즉 부정적인 자아상, 자신감 부족, 사회적 낙인에 대한 두려움, 거부당하는 것에 대한 두려움 등을 가지고 있기 때문에 자신의 문제에 대해 또 다른 비난이 가해진다면 클라이언트의 자기개방은 요원할 수 있을 것이다.

비판을 받을 위협을 느끼지 않을 때 클라이언트는 사회복지사에게 신뢰감과 자존심을 갖고 자기 자신을 있는 그대로 표현할 수 있으며, 진정한 자신의 욕구와 문제를 자유로이 토의할 수 있다. 그러나 클라이언트의 태도, 행동, 가치기준 등에 대한 올바른 평가적 판단은 있어야 한다. 이것은 클라이언트를 비판하기 위해서가 아니라 클라이언트를 이해하기 위해서이다.

비심판적 태도에서의 사회복지사의 역할은 비심판적인 태도를 전달하기 위해 충분히 수용하면서, 적절한 치료적 관계를 유지해 자신의 문제를 개방하도록 하고, 자신의 문제를 직시하도록 함으로써 궁극적으로 사회에 적응할 수 있도록 도와주어야 한다. 또한 사회복지사는 클라이언트에 대해 비난할 의사가 없다는 것을 언어적, 비언어적 메시지로 전달하여 그가 알 수 있도록 해야 한다.

6) 자기결정

자기결정(self-determination)은 클라이언트는 스스로 선택하고 결정을 내릴 수 있는 자유로운 권리와 욕구를 갖고 있다는 점을 인식하는 것을 말한다.

클라이언트 또한 자기 삶을 결정할 수 있는 잠재적 능력과 자유를 가지고 있다는 믿음과 존중심을 갖고 클라이언트가 자기 삶에 주체이기를 원한다는 것이다. 자기결정의 원리는 사회복지사가 클라이언트를 위해 무엇을 해주는 것이 아니라 클라이언트와 함께 해결해 나가는 것을 의미하므로, 전문적 관계의 동반자 의식을 강조하게 된다.

클라이언트가 자기결정을 잘할 수 있도록 돕기 위한 사회복지사의 역할은 다음과 같다.

① 클라이언트가 그의 문제와 욕구에 대하여 관점을 가지고 명확하게 보도록 도와야 한다.
② 클라이언트에게 지역사회의 활용 가능한 자원에 대해 알려주어야 한다. 이때 사회복지사는 적극성과 수동성 사이에서 균형을 맞추어야 한다. 수동성은 클라이언트가 스스로 할 수 있게 하기 위해 자제하는 것이다.
③ 클라이언트가 현명한 결정을 할 수 있도록 필요한 제반 자원을 발견·활용하는 것을 도와주는 것이다.
④ 클라이언트가 성장하고 스스로 자신의 문제를 해결할 수 있는 환경을 만들어주어야 한다.

7) 비밀보장

인간은 누구든 자기 개인적인 사실이나 치부에 해당하는 내용이 다른 사람들에게 알려지지 않기를 원한다. 이러한 개인적 요구를 지키는 것은 개인의 삶에 대한 권리보장일 것이다. 비밀보장(confidentiality)은 클라이언트의 기본 권리에 기초하는 것으로 전문적인 관계를 통해 밝혀지는 클라이언트에 관한 정보를 누출시키지 않는 것이다. 이는 사회복지사의 윤리적인 의무이고, 성공적인 사회복지실천 관계유지를 위해 반드시 필요한 것이다.

비밀보장이 지켜지지 않는다면 사회복지실천의 인간관계는 성립될 수 없다. 그러나 이러한 클라이언트의 권리는 절대적인 것만은 아니다. 때로 클라이언트의 비밀은 그 기관 내에서나 다른 기관 전문 직원에게 밝혀야 할 경우가 있는데, 이때는 클라이언트에 대한 동의가 선행되어야 하며, 모든 직원에게 비밀보장의 의무가 동등하게 부여된다(정무성 외, 2010).

표 7-1 관계에서의 7대 원칙

클라이언트의 욕구	관계의 원칙
1. 개인으로 처우받고 싶은 욕구	1. 개별화
2. 감정을 표명하고 싶은 욕구	2. 의도적 감정표현
3. 문제에 대해 공감적 반응을 얻고 싶은 욕구	3. 통제된 정서적 관여
4. 가치있는 인간으로 인정받고 싶은 욕구	4. 수용
5. 심판받지 않으려는 욕구	5. 비심판적인 태도
6. 자신이 선택과 결정을 내리고 싶은 욕구	6. 자기결정
7. 자신에 관한 비밀을 지켜주기를 바라는 욕구	7. 비밀보장

출처 : 남기민(2004). 현대 사회와 사회복지. p.167.

4 변화를 방해하는 관계와 관계 다루기

1) 변화를 방해하는 관계

사회복지사와 클라이언트의 관계를 단절시키거나 사회복지 개입을 중단시키는 일반적 변화를 방해하는 관계에는 불신, 비자발성, 저항, 전이와 역전이 등이 있다. 구체적으로 살펴보면 다음과 같다(양옥경 외, 2006).

(1) 불신

클라이언트의 불신은 거의 대부분 이전의 중요한 다른 관계에서 비롯된다. 즉, 지나온 삶의 과정에서 격려나 인정을 받지 못한 사람은 비난, 거부, 상처를 미리 예상하여 방어적 태도를 보이게 된다. 또한 클라이언트의 자기노출이 어려워져 더 이상의 변화는 기대할 수 없다.

(2) 비자발성

비자발적 클라이언트는 변화의 동기 없이 타인에 의해 전문적 도움을 받도록 강요받은 사람으로 개입과정에 대한 불만과 적대적 감정을 표현하기 쉽다. 또한 사회복지사가 가지고 있는 권한에 대한 두려움 때문에 진정한 변화 없이 거짓말로 자신들의 변화노력을 가장할 수도 있다. 그러므로 비자발적 클라이언트와의 관계에서 사회복지사는 자신의 선입견으로 클라이언트를 마치 죄인 다루듯이 다그치지 않도록 조심해야 하고, 법원이나 의뢰기관으로부터의 정보요구가 있을 경우 비밀보장을 지키기 어려울 수 있음을 명시해야 한다.

(3) 저항

사회복지사와 클라이언트의 관계에서 변화를 방해하는 힘을 저항(resistance)이라 하며, 사회복지사의 개입목표와는 반대되는 클라이언트의 행동을 말한다. 이러한 행동을 클라이언트가 의식하는 경우도 있지만 대부분 의식하지 못하며, 사회복지사의 눈에만 보이는 경우가 많다.

사회복지실천 관계에서 주로 많이 보이는 저항의 유형은 다음과 같다.

① **침묵**: 갑자기 말을 하지 않거나 할 말이 생각나지 않는다고 하거나 말하고 싶지 않다고 하는 경우이다. 경험이 없는 초보 사회복지사일 경우 가장 다루기 어려운 저항의 형태이다.

② **핵심에서 벗어난 주제 말하기**: 개입의 목적과 문제해결과 관련이 없는 이야기를 장황하게 하다가 핵심 주제는 그냥 뛰어넘는 행위 혹은 중요하지만 고통스런 이야기를 꺼내면 마치 못 들은 척하거나 재빨리 다른 주제를 꺼내는 행동이다.

③ **무력함의 표현**: "잘 안 될 거야", "해봤자 뻔하지"라는 식으로 계속 잘 안 될 거라는 무력감을 나타내는 것이다. 이런 반응은 오히려 사회복지사를 무력하게 만들기도 한다.

④ 문제축소 및 마술적 해법 기대: 문제를 인식하지 못하거나, 문제를 인식하더라도 문제의 심각성을 인식하지 못하고 너무 가볍게 생각하거나 문제가 한순간에 해결될 것이라는 기대를 가지고 있다. 따라서 문제에 직면하지 않으며, 변화에 대한 노력을 하지 않으려는 것이다.

⑤ 저항 심리를 행동으로 표현: 면담 약속시간을 지키지 않거나 면담 중 안절부절못하며 몸을 움직이고, 지루해하며 하품을 하는 행동 등은 역시 저항의 한 형태로 변화를 거부하는 것으로 간주된다.

(4) 전이와 역전이

전이(transference)는 클라이언트가 어린 시절 누군가에 대해 느꼈던 바람, 원망, 사랑, 두려움의 감정들을 사회복지사에게 보이는 것이고, 역전이(counter-transference)는 사회복지사가 클라이언트를 마치 자신이 과거에 접한 어떤 인물인 것처럼 느끼고 무의식적으로 그렇게 반응하는 것이다. 전이는 장기적 개입에서 주로 잘 일어나고, 사회복지사가 적극적 역할을 수행하고 개입 시 과업과 역할이 뚜렷하여 투사를 일으키기 어려운 단기적 개입에서는 잘 일어나지 않는다.

2) 변화를 방해하는 관계 다루기

(1) 긍정적 재해석

재명명 기법과 유사한 것으로 클라이언트의 부정적이고 바람직하지 못한 감정에 사회복지사가 긍정적인 의미를 부여하는 것이다. 이 기법의 목적은 클라이언트의 자기 방어를 줄이고 손상되기 쉬운 자존심을 보호하고자 하는 것이다(Hepworth & Larsen, 1986). 예를 들어, "남편이 의지가 약해 담배를 못 끊는 것 같아 화가 난다."는 클라이언트의 말에 "남편의 건강을 그렇게 걱정하시다니 남편을 무척 사랑하시는 것 같아요."라고 긍정적 해석을 붙여주는 것이다.

긍정적인 재해석의 목적은 클라이언트의 반대를 용서하거나 왜곡된 인지를 강화하려는 것이 아니라, 클라이언트의 방어를 최소화하고 상처받기 쉬운 자존심을 보호하며 강점관점으로 일관되게 행동하는 것이다. 또한 클라이언트가 자신의 부적절한 반응이 왜곡된 인지에서 기인하는 것임을 알고 이후에 자신의 감정을 직접 표현할 수 있도록 하는 것이 중요하다.

(2) 성장의 기회로 문제 재규정

성장의 기회로 문제를 재규정한다는 것은 긍정적인 해석과 관련이 있다. 문제의 재규정은 긍정을 강조함으로써 불편, 두려움, 변화에서 얻을 수 있는 장점을 부각한다. 이러한 기법은 두려워하고 불안해하는 클라이언트에게 문제에 대한 낙관적 관점을 제공해주고 아무리 어려운 상황도 생각하기 나름이라는 좀 더 확대된 시각을 제공해준다. 예를 들어, 어떤 중년부인이 남편과 아이들이 더 이상 자신을 필요로 하지 않는 것 같아 우울하다고 할 때 그녀의 우울증을 이제까지 가족들을 돌보느라 원하는 것을 하지 못했던 자신을 위해 투자하는 좋은 기회로 해석하는 것을 말한다. 그렇게 함으로써 그녀는 자신의 상황을 좀 더 긍정적으로 보게 되고 변화의 동기를 가질 수 있게 되는 것이다.

그러나 이 기술을 사용할 때 극단적인 태도를 보이지 않아야 한다. 지나친 낙관은 이해 부족을 의미하는 것일 수도 있기 때문이다. 사회복지사는 클라이언트가 자기 문제에 대해 부정적인 요소뿐만 아니라 긍정적인 요소도 있다는 관점에서 조망하도록 돕는다.

(3) 직면

직면은 클라이언트가 자신의 문제 원인이 되거나 영향을 미치는 사고, 감정, 행동과 대면하는 것을 말하는 것으로 클라이언트의 자기인식을 고양시키고 변화를 촉진하는 직접적인 도구이다. 특히 클라이언트가 자신의 행동, 생각, 감정 사이의 모순을 발견하지 못할 때 직면은 효과적이나 클라이언트가 받아들일 준비가 되어 있지 않을 때는 오히려 역효과가 나타나기 쉽다.

직면은 클라이언트가 자신의 사고, 믿음, 감정과 행동에서 모순과 불일치의 맹점을 알고, 역기능적 행동을 생산하거나 영속화하는 경향이 있을 때 의미가 있다. 예를 들어, "아버지가 자상하고 무척 잘 대해주셨다고 하면서도 아드님에게는 아버지와 같은 부친상을 제시하고 싶지 않다고 하셨는데 어떻게 생각하십니까?"라고 하여 클라이언트가 스스로 아버지에 대해 갖고 있는 모순된 감정을 깨닫도록 돕는 것이다. 그러나 한 인간으로서 클라이언트에 대한 관심을 전달하지 않으면서 직면을 오용하고 남용하는 것은 비윤리적이며 효과도 없음을 유념해야 한다.

(4) 전이와 역전이 다루기

전이는 클라이언트의 반응이 비현실적임을 지적하고 사회복지사가 갖고 있는 현실적인 관점을 갖도록 도와야 한다. 또한 사회복지사에 대한 감정을 다른 사람에게도 느낀 적이 있었는지 알아보고 그 유래에 대해 클라이언트가 깨닫도록 도와준다.

역전이는 사회복지사가 자신의 감정의 기원에 관심을 갖고 클라이언트와 현실적인 관계에 관점을 갖도록 노력해야 한다. 그러나 역전이로 인해 관계를 지속할 수 없을 경우에는 클라이언트에게 사회복지사 자신의 문제로 인해 관계를 지속할 수 없음을 알리고 다른 사회복지사에게 의뢰해야 한다.

(5) 저항 다루기

변화로의 진전을 심각하게 방해할 경우에만 저항을 다루는 것이 바람직하다. 저항이 목표달성을 심각하게 방해할 때 저항을 다루는 것을 최우선으로 하고, 저항의 저변에 있는 현재의 감정에 초점을 두어야 한다. 현재의 부정적인 감정이 전에 있었던 일 때문이라 하여도 그에 대한 현재의 감정을 묻는다. 예를 들어, 지난번 면담에서 할머니 얘기를 꺼냈을 때 감정적으로 불안해졌던 클라이언트가 오늘 면담에서는 거의 말이 없다. 이때 사회복지사는 "지난번 면담 때 몹시 불안해 보였는데 오늘은 그것에 대해 어떤 감정이 드세요?"라고 물어본다. 이 기법은 저항을 인식하여 해결하는 것 외에도 부정적 감정을 표현함으로써 대인관계에서 부정적인 감정을 효과적으로 다룰 수 있는 경험을 제공하게 된다(권구영 외, 2008).

생각해 볼 문제

1. 사회복지현장에서 관계형성이 왜 필요하고 중요한지 생각해 보시오.

2. 일반적인 관계와 사회복지실천의 전문적 관계의 차이점은 무엇인지 생각해 보시오.

3. 관계의 기본요소에서 가장 중요한 것이 무엇이라고 생각하는지 설명해 보시오.

4. 사회복지사와 클라이언트는 어떠한 관계가 되어야 하는지 생각해 보시오.

5. 사회복지사와 클라이언트와의 관계형성을 위해 지켜야 할 원리와 주의해야 할 점에 대해 생각해 보시오.

C/H/A/P/T/E/R 08

면접의 이해

학/습/목/표

- 면접의 정의와 목적에 대해 이해한다.
- 면접의 종류와 기술에 대해 이해한다.
- 면접의 과정과 기록에 대해 이해한다.

다양한 분야에서 면접이 활용되고 있으며 사회복지실천현장에서도 가장 기본적인 수단이 바로 면접이다. 사회복지사들은 다른 어떤 활동보다 주요한 의사소통 수단인 면접을 사용하여 사람들에게 도움을 주게 된다. 즉, 면접을 통하여 정보를 얻고 클라이언트의 문제가 무엇인지 파악하여 문제상황에 처한 사람과 그 상황을 이해하고 개입하여 원조를 제공하는 것이다. 그러므로 면접은 사회복지실천현장에서 직접적 실천의 중요한 도구이며 가장 많이 사용되는 기법으로 매우 중요한 기능을 하고 있다. 따라서 이 장에서는 사회복지실천과 면접, 면접의 종류와 기술, 면접의 과정, 면접의 기록 등을 살펴보고자 한다.

1 사회복지실천과 면접

1) 면접의 정의와 목적

사회복지실천에서 면접은 매우 중요한 기법 중의 하나이다. 면접(interview)이란 '상호 간'(inter)과 '바라봄'(view)의 합성어로 '서로 대등한 입장에서 바라봄'이라는 의미를 지니고 있다.

면접(interview)이란 사람과 사람 간에 언어나 동작을 매개로 하여 이야기를 주고받는 행동으로, 여기에는 반드시 커뮤니케이션이 일어난다(장인협, 1993). 즉, 면접이란 면접자와 클라이언트 간의 일대일 관계에서 서로 대등하게 대면하여 의사소통을 도모하는 것을 말한다.

따라서 사회복지사의 과제는 클라이언트와의 커뮤니케이션을 개발하고 유지시키는 것이다. 사회복지사는 언어적 · 비언어적 커뮤니케이션의 경로를 통해 자기 자신, 자기의 감정 또는 생각 등을 표현하게 된다. 커뮤니케이션은 면접의 성패를 좌우하기 때문에 사회복지사는 커뮤니케이션을 효과적으로 할 수 있는 기술을 개발해야 하며, 커뮤니케이션의 장애요인에 대해 민감해야 한다.

사회복지실천에서 면접은 그 면접의 목적에 따라 실행방법과 방향이 달라질 수 있다. Hepworth와 Larsen은 면접의 목적을 삶의 질적 향상과 성장의 목적으로 문제를 해결하고, 이에 필요한 전략이나 행동을 모색하기 위해 정보를 주고받는 것이라고 하였다. 사회복지 면접의 목적은 대개 고통에 처한 사람의 문제를 파악하고 그 사람과 상황에 대해 충분히 이해함으로써 도움을 제공하고 문제를 효과적으로 해결하는 데 있다(Hepworth & Larsen, 1986).

사회복지실천 면접의 목적은 사회복지의 기능에 따라 달라질 수 있는데, 사회복지의 일반적 목적은 사회조사를 하기 위한 정보적인 것, 평가에 도달하기 위한 진단적인 것, 변화를 위한 치료적인 것으로 기술할 수 있다(Kadushin, 1983).

일반적으로 면접의 목적은 다음과 같이 정리할 수 있다(Brown, 1992).

① 자료수집
② 치료관계의 확립과 유지
③ 클라이언트에게 정보제공
④ 원조과정에서 장애를 파악하고 제거하는 것
⑤ 목표달성을 향한 활동을 파악하고 이행하는 것
⑥ 원조과정을 촉진하는 것

2) 면접의 특성

사회복지실천 면접은 두 사람 이상이 어떤 목적을 가지고 대화로 이루어진다는 점에서는 면접과 큰 차이는 없지만, 특별한 주제를 가지고 사회복지사에 의해 의도적 · 전문적으로 이루어진다는 점이 특징이다. 즉, 사회복지실천 면접은 인간의 행동과 반응에 대한 전문적 지식과 정교한 인간관계 기술을 갖춘 사회복지사가 클라이언트와 그의 문제를 이해하고 원조한다는 목적을 가지고 의도적으로 이끌어 나가는 전문적인 대화라고 할 수 있다(엄명용 외, 2006).

사회복지실천 면접은 다음과 같은 특성을 가지고 있는 일련의 커뮤니케이션이라고 할 수 있다(Compton & Galaway, 1984).

첫째, 면접을 하기 위한 전후 관계(context)나 장(setting)이 있다. 즉, 서비스를 제공하는 기관이 있고 그 기관의 상황적 특성이 있다. 특정 클라이언트에게 규정된 서비스를 제공하는 특정한 기관의 상황이 세팅되어 있으며, 커뮤니케이션의 내용은 한정되고, 특정 상황과 관련되지 않는 요인들이 제거되는 기초가 된다.

둘째, 구체적 목적을 달성하기 위한 과정으로 일정한 목표와 방향이 있다. 면접은 클라이언트와 사회복지사가 목적달성을 위한 일련의 과정을 밟기로 상호 협의한 상태에서 진행함을 의미한다. 즉, 면접은 우연히 만나서 정보를 교환하는 비공식적인 대화가 아니라, 면접의 목적은 커뮤니케이션의 한계를 정하고 불필요한 자료를 배제시키는 근거로 구체적인 목표달성을 위해 수행되는 과정이라는 것을 말할 수 있다.

셋째, 계약에 의해 이루어지는 것이다. 면접이 한정적이고 계약적이라는 것은 사회복지사와 클라이언트가 규정된 목적을 달성하기 위해 특수한 상황에서 활동한다는 의미이다. 즉, 면접은 클라이언트와 사회복지사가 목적을 달성하기 위해 일련의 과정을 면접하기로 상호 합의한 상태에서 진행하는 것을 말한다.

넷째, 면접에서는 사회복지사와 클라이언트의 특수한 역할 관계가 규정된다. 즉, 사회복지사와 클라이언트에게 각각 정해진 역할이 있고 그 역할에 따라 상호작용이 제한된다는 점에서 한정적인 요소가 있다.

3) 면접의 요소

면접에서의 요소를 크게 내적인 요소와 외적인 요소로 나눌 수 있다. 내적인 요소에는 신뢰관계를 들 수 있고, 외적인 요소에는 장소, 시간 등이 있다. 이를 정리하면 다음과 같다(박차상 외, 2005).

(1) 내적인 요소

면접의 내적인 요소는 신뢰관계의 형성이다. 신뢰관계는 '라포(rapport)'라고 하며, 이는 클라이언트와 사회복지사 간의 상호이해와 관계를 수립하는 친근감, 신뢰감, 안정감, 조화, 공감, 화합 등의 정서적 유대를 의미하는 것이다. 신뢰관계는 사회복지실천현장에서 클라이언트의 존엄성, 자기결정 등을 실천할 수 있는 기초를 이루며, 실천의 성패를 결정하는 중요한 요인이 된다. 따라서 면접의 초기과정에서 신뢰관계가 잘 형성되어야 클라이언트가 자신의 감정을 개방적으로 드러내고 본인의 문제들을 잘 표현하게 된다.

신뢰관계를 높이기 위해서는 사회복지사의 케이스 개입에 대한 동기와 태도가 순수하고, 명료하며, 클라이언트의 욕구에 맞추어야 한다. 따라서 사회복지사는 클라이언트의 문화와 가치관이 다르다는 것을 이해하고 비판과 편견 없이 수용하고 존중해야 한다.

(2) 외적인 요소

면접의 외적인 요소로는 장소, 시간 등이 있다. 먼저 면접의 장소는 반드시 상담실(면접실)에서만 하는 것이 아니라, 사회복지기관 및 시설, 가정, 클라이언트의 직장이나 학교, 카페, 공원 등 다양하기 때문에 클라이언트의 특성이나 원하는 장소를 선정하여 편하게 면접을 하는 것이 필요하다.

면접 장소는 소란을 방지하고 조용한 분위기와 자유로운 공간을 제공해 줄 수 있는 곳이 적합하다. 특히 실내 면접 장소는 공간 넓이, 조명, 색채, 책상이나 의자의 배치, 기타 내부장치 등이 배려되어야 한다.

면접 시간은 클라이언트와 면접할 날짜, 시간 등을 사전에 약속하는 것을 말한다. 즉, 상호 간의 약속은 면접 시간을 유효하게 사용할 수 있다. 면접 시간을 사회복지사와 클라이언트가 서로 주어진 시간에 자신들이 목적하는 바를 이룰 수 있고, 보다 적극적인 공동참여와 노력을 집중시킬 수 있다. 대개 면접 시간은 목적에 따라 달라지지만 보통 한 클라이언트에 대해

1주일에 1회로 하며, 40~50분 정도가 적절하다. 물론 클라이언트의 주의 집중력, 의사소통능력 등에 따라 조정할 수 있지만, 1시간이 넘어가면 지루해지고 집중력이 떨어져 효과가 낮아질 수 있기 때문이다.

2 면접의 종류와 기술

1) 면접의 종류

면접의 종류는 목적에 따라 다양하지만 가장 많이 이루어지는 면접의 종류는 정보를 얻기 위한 면접, 사정을 위한 면접, 치료를 위한 면접 등으로 구분할 수 있다. 면접의 종류를 구체적으로 살펴보면 다음과 같다.

(1) 정보를 얻기 위한 면접

정보수집 면접은 클라이언트의 개인적, 사회적 문제와 관련된 사회적 배경이나 개인의 성장 발달사에 관한 정보를 얻기 위한 것이다. 이 면접의 목적은 클라이언트의 배경을 파악함으로써 문제를 더 잘 이해하고, 클라이언트가 어떤 서비스를 받아야 하는지를 정확히 결정하기 위한 것이다. 따라서 클라이언트의 유형, 문제영역, 기관의 성격에 따라 정보수집 면접의 초점이 달라질 수 있다.

면접에서 사회복지사는 클라이언트에 관한 객관적 사실과 그의 주관적 감정 그리고 태도를 파악해야 한다. 또한 클라이언트 외에 부모, 친구, 친척, 고용인, 이전에 클라이언트가 접촉한 기관과의 접촉이나 면접이 필요하다(권구영 외, 2008).

정보를 수집할 때 파악해야 할 항목은 다음과 같다(Zastraw, 1995).

① 일반적 사항: 나이, 성별, 학력, 결혼상태, 주소 등
② 현재 문제: 현재 문제상황, 현재 문제와 관련된 과거력 등
③ 가족력: 클라이언트와 원가족과의 관계, 부모·형제관계, 부부관계, 자녀관계 등
④ 개인력: 아동기 성장과정, 발달단계상의 문제, 학교생활, 교우관계, 직장생활, 결혼생활
⑤ 사회적 · 직업적 기능: 클라이언트의 사회적, 직업적 기능 정도 등

(2) 사정을 위한 면접

사정(assessment)은 문제가 무엇인지, 어떤 원인 때문이지 그리고 그 문제를 해결하거나 줄이기 위해 무엇이 변화되어야 하는지에 대해 답하는 사회복지실천과정의 핵심적 단계이다. 사정 혹은 의사결정 면접은 어떤 서비스를 제공할지 의사를 결정하는 면접으로써, 정보수집 면접보다는 목적지향적인 특성이 있다. 즉, 사정면접은 어떤 치료를 할 것인가를 결정하기 위한 것이다.

예를 들어, 정신장애인의 경우 사정면담을 통해 어떤 치료방법을 사용할 것인지를 결정하게 된다. 이러한 결정을 위해서는 장애가 어느 정도 심각한지, 정신장애의 유형과 진단은 무엇인지, 약물치료의 효과와 재활치료의 효과는 어느 정도로 예측되는지를 판단하고, 정신장애인과 가족 그리고 지역사회 기존의 자원과 능력 등을 평가한다(양옥경 외, 2006). 따라서 클라이언트가 처해 있는 현재 문제상황, 문제해결 목표, 목표를 달성하기 위해 어떤 개입방법을 선택해야 할지 결정하게 된다.

(3) 치료를 위한 면접

치료를 위한 면접은 클라이언트를 도와서 그 자신이 변하게 하거나 클라이언트의 기능을 향상시키기 위해서 사회적 환경을 변화시키는 것이다. 즉, 클라이언트에게 자신감, 자기효율성을 강화하고, 필요한 기술을 훈련하며,

문제를 해결할 수 있는 능력을 키우는 것 등이 목적이다. 환경을 바꿀 목적으로 면접하는 경우도 있다.

예를 들어, 부부관계가 원만하지 못한 경우 관계 개선을 위한 면접으로 부부치료를 받도록 유도하고, 자녀의 양육문제로 고민하는 부모라면 부모역할 훈련과정에 참여하도록 한다. 또한 사회적 환경을 바꾸는 경우로 음주문제를 가지고 있는 클라이언트의 배우자는 어떻게 자신의 배우자가 금주를 하고 술과 분리되어 의미 있는 삶을 살아가도록 하기 위해서 면접을 한다.

이렇듯 치료적 변화가 필요한 사람이 도움을 요청할 경우 사회복지사는 클라이언트의 삶에 있어서 중요한 사람들과 면접을 한다. 치료를 위한 면접은 클라이언트가 선호하는 사회적 환경에 중심을 두고 변화시키는 것이다. 이를 위해 클라이언트와 관련이 있는 중요한 사람들 혹은 클라이언트의 이익과 권리를 옹호하고 대변할 수 있는 사회복지기관, 지역사회, 공공기관, 관련 공무원 등과 면접한다.

2) 면접의 기술

면접의 기술이란 상담과정에서 클라이언트의 의도를 올바르게 파악하고 상담을 성공적으로 이끌어줄 수 있는 방법, 즉 상담자가 클라이언트의 관계 속에서 지니고 있어야 할 의사소통 기술이라 할 수 있다. 면접의 기술을 구체적으로 살펴보면 다음과 같다.

(1) 관찰 기술

관찰 기술은 클라이언트가 말하고 행동하는 것에 주의를 기울여 그를 이해하는 것이다. 관찰은 초기면접 이전에 클라이언트가 대기실에서 기다리고 있는 상황에서부터 시작된다. 클라이언트의 대기실에서의 태도는 개입에 대한 태도와 평소 불안함과 두려움을 어떻게 다루어왔는지를 알 수 있게 한다.

면접 중에는 클라이언트의 언어적 표현뿐 아니라 비언어적 표현에도 민감해야 한다. 일반적으로 의사소통은 언어적 표현보다는 비언어적 표현을 더 적극적으로 활용하여 이루어진다. 신체적 행동, 얼굴표정, 몸의 자세, 손 놀림, 눈맞춤, 얼굴 붉힘, 손과 발의 움직임, 옷차림 등으로 쉴 새 없이 의사소통을 한다. 사회복지사의 말에 웃거나, 눈동자를 굴리거나, 시선을 돌리거나, 의자에 푹 늘어져 있거나 한숨을 쉬거나, 팔짱을 끼거나, 다리를 꼬거나, 어조를 바꾸거나 하는 비언어적 표현을 통해 마치 말을 하는 것과 같은 의사소통을 하고 있는 것이다. 그러므로 클라이언트의 비언어적 표현을 관찰하는 것은 면접에서 매우 중요한 정보의 근원이 되므로 사회복지사의 주의가 필요하다(한국전문대학사회복지교육협의회, 2005).

표 8-1 의사소통의 과정

출처 : 백은령 외(2009). 사회복지실천론. p.228.

비언어적 표현은 언어적 표현과 상반된 메시지를 전달하기도 하고, 진실된 정보를 더 많이 주는 기능을 갖고 있어 클라이언트의 감정과 표현의 차이를 분명히 하고 클라이언트를 이해하는 데 비언어적 표현을 관찰하는 것이 매우 중요하다.

비언어적 표현을 관찰한 결과에 대한 판단은 사람에 따라 다를 수 있으므로 항상 신중해야 한다. 예를 들어, 클라이언트가 고개를 숙이고 손가락을 만지작거리는 모습이 사람에 따라서는 불안한 것으로 보이기도 하고 혹은 면담에 대한 거부반응으로 보일 수도 있기 때문이다. 따라서 사회복지사는 항상 자신의 관찰이 완벽하다고 생각해서는 안 되며, 쉽게 속단하지 않도록 관찰 기술을 통해 얻은 정보나 다른 정보와 일치되는지를 판단하여 사용해야 한다(양옥경, 2006).

(2) 경청 기술

경청 기술은 면접에서 가장 중요한 기술이다. 경청이란 사회복지사가 클라이언트의 말에 선택적으로 주목하는 것을 말한다. 즉, 클라이언트가 무엇을 말하는지, 면접자의 질문에 어떻게 반응하는지를 듣는 것이다. 이때 경청은 클라이언트의 어려움에 공감하고 그에게 필요한 반응을 해가면서 적극적으로 잘 듣는 것이다. 경험이 부족한 사회복지사의 공통된 실수는 자신이 이야기를 많이 하고 클라이언트가 말할 기회를 적게 주는 것이다. 이러한 태도는 전문적 관계형성을 방해할 뿐 아니라 클라이언트로 하여금 사회복지사의 신뢰감을 떨어뜨리게 한다.

효과적인 의사소통을 위한 중요한 관건은 상대적으로 더 비중을 두어야 할 클라이언트의 말과 행동을 선택하여 주목하는 것이다. 경청을 잘하기 위한 방법은 다음과 같다.

① 클라이언트가 말을 할 때 적절한 반응을 보여 준다. 예를 들어, 고개를 끄덕거린다든지, 단순한 "아", "예" 등과 같은 음성적 반응 등을 보여 준다.

② 사회복지사가 궁금하거나 내용을 잘 이해하기 위하여 적절한 질문을 하면, 클라이언트는 자신의 말을 경청하고 있다는 느낌을 받게 된다.

③ 클라이언트가 한 말에 대하여 반복과 환언을 실시한다. 반복과 환언을 통해 클라이언트의 말을 충분히 경청하고 있음을 표현할 수 있다.

(3) 질문 기술

대부분의 의사소통은 질문을 하지 않고는 대화가 이루어지지 않는다. 질문은 면접의 중심이 되는 기술이다. 면접자는 몇 마디의 질문으로 클라이언트에게 많은 이야기를 하도록 해야 한다. 특히 클라이언트의 보조에 맞춰서 질문을 해야 하고, 우회적이며 도움을 주기 위한 질문을 해야 한다.

질문을 하는 목적은 필요한 정보를 얻기 위해, 클라이언트의 마음을 탐색하기 위해, 클라이언트의 말을 정확하게 이해하기 위해, 대화의 실마리를 풀기 위해 질문을 한다. 그리고 치료의 개입수단으로 질문을 하게 된다. 질문에는 여러 가지 기술이 있다. 질문의 형태를 살펴보면 다음과 같다(백은령 외, 2009).

① 개방형 질문과 폐쇄형 질문

개방형 질문이란 자유로운 응답이 나올 수 있는 질문형태를 말한다. 반면 폐쇄형 질문이란 비교적 제한된 답이 나올 수 있는 질문의 형태를 말한다. 어떠한 질문의 형태가 좋다고 말할 수는 없지만, 클라이언트의 생각이나 감정이 어떠한지 폭넓게 들어보고 싶은 경우에는 개방형 질문이 좋다고 할 수 있겠다. 특히 폐쇄형 질문을 많이 할 경우에 클라이언트는 조사당한다는 느낌이 들 수 있으며, 불쾌할 수 있다.

- 개방형 질문: "오늘 기분이 어떠니?", "오늘 무엇을 느꼈니?"
- 폐쇄형 질문: "오늘 기분 좋으니?", "오늘 약속의 중요성을 느꼈지?"

② 간접 질문과 직접 질문

직접 질문은 문장의 형태가 의문문이고, 간접 질문은 서술문의 형태로 이루어진다. 간접 질문은 클라이언트 자신이 질문을 받는다는 느낌을 덜 받으며, 질문공세를 받는다는 느낌을 주지 않는다.

- 직접 질문: "이것, 네가 했지?"
- 간접 질문: "이것, 누가 했는지 모르겠네"

③ '왜' 질문

'왜'라는 질문은 면접과정에서 논란이 되고 있는 질문의 형태이다. 왜냐하면 책임추궁이나 비난·비판의 의미로 느껴지기 때문에 그 사용에 주의를 기울여야 한다. 그러나 클라이언트 행동의 이유 · 배경 · 원인 등을 알아보고자 할 때에는 '왜' 질문을 사용할 수 있다. 다만 책임추궁 · 비난의 의미로 받아들여지지 않을 수 있도록 주의해야 한다.

사회복지사가 너무 '왜'라는 질문을 억지로 피하려다 보면 대화가 자연스럽지 못할 수 있으므로 강박적으로 이것을 피하려고 할 필요는 없다. 중요한 것은 클라이언트가 어떻게 받아들이느냐 하는 것이다. '왜'라는 말을 피할 수 있는 방법은 '왜'라는 말 대신 '이유'라는 말을 사용하는 것이다. 예를 들어, "왜 그런 행동을 했지요?"보다는 "그러한 행동을 한 이유를 말해줄래요?"로 사용하는 것이다.

(4) 요약과 해석

요약은 면접 동안에 줄곧 사용할 수 있는 기술이며 각각의 클라이언트를 개별화하고 특별하게 다루는 데 필수적인 기술이다. 요약은 클라이언트의 생각, 행동, 감정들을 사회복지사의 언어로 정리해줌으로써 사회복지사가 클라이언트의 말을 주의 깊게 듣고 있다는 확신을 주고 또한 클라이언트의 말을 정확히 이해했음을 확인시켜 준다.

대개 클라이언트의 이야기는 많은 사고와 느낌이 혼합되어 있으므로 그동안 나눈 대화의 느낌과 사고들을 하나의 문장으로 정리해주는 것이다. 일반적으로 감정 요약보다는 내용 요약을 더 자주 사용한다.

사회복지사는 지금까지 행한 면접내용이나 지난번 면접내용을 요약한다. 사회복지사가 토의를 해온 것과 면접의 방향을 제시한 것을 간략히 반복한다. 요약은 토의해온 항목의 주제를 명확히 해주며, 사회복지사가 계속된 토의의 내용을 알고 주의 깊게 들었다는 것을 의미하는 것이 된다.

해석은 클라이언트가 말한 것을 명확하게 설명하는 것이다. 이 해석은 사회복지사가 클라이언트에게 그의 어떤 행동이나 사고, 감정이나 생각 등을 지적해주는 것이기도 하지만, 거기에 대해서 그런 생각이나 감정이 본인에게 어떤 의미를 지니는지 그 의미에 관한 사회복지사 나름의 추리를 제시해주는 것을 말하기도 한다.

해석은 면접자가 클라이언트의 현존 사태에 대해 이해하도록 인식시키는 데 있다. 면접자는 클라이언트가 직면한 문제상황에 대해 해석을 내리는 것이 중요하다. 해석을 사용하는 목적은 클라이언트의 통찰을 촉진시키고자 하는 것이다. 해석을 통하여 새로운 대안, 좀 더 기능적인 행동, 깊은 책임감을 갖도록 하는 데 도움을 준다. 즉, 클라이언트의 표현과 행동 상황 저변의 단서를 발견하고 그 요인들을 이해하여 클라이언트 스스로 자신의 문제를 해석하고 직면할 수 있도록 해주는 방법이다.

(5) 명료화와 재초점화 기술

명료화는 클라이언트가 말하는 것을 반영하는 것인데, 이해하기 쉽도록 보다 유사한 말로 바꾸어서 표현하는 것이다. 명료화는 가끔 주관적 현실을 객관적 현실과 구별하고 고려하기 위하여 여러 가지 선택을 제시하고, 상이한 선택의 결과에 관한 서술을 하는 데 관심을 가진다.

면접이 본질을 이탈하였을 때 사회복지사는 논의했던 주제로 되돌아가거나 필요한 다른 주제를 논의하면서 초점을 다시 맞추게 된다. 비록 면접의 초점을 다시 맞추는 동안이라도 사회복지사는 면접 내용의 본질이 이탈된 이유와 한 주제에서 다른 주제로 바꾼 이유를 이해하려고 노력한다 (Brown, 1992).

(6) 분위기 조성 기술

분위기 조성 기술은 면접을 위해 심리적으로 편안한 분위기를 만드는 기술이다. 이를 위해 서로에 대한 이해와 개방성을 촉진시킬 수 있는 방향으로 분위기를 조성해야 한다. 면접 분위기를 조성하기 위해서는 일단 자연스럽게 자신의 관심사에 대해 이야기할 수 있도록 가벼운 일상 대화로부터 시작하여 클라이언트의 관심사와 문제에 초점을 두어 진행하도록 한다.

분위기 조성의 중요한 요건은 공감, 진심, 온화함 등이 있다.

공감(empathy)은 동정과는 달리 클라이언트를 이해하면서 클라이언트가 느끼는 정서도 함께 느끼는 것을 말한다. 이는 클라이언트의 눈과 귀 심정을 느낄 수 있어야 한다. 공감은 클라이언트가 말하는 말 속에서 주요한 감정 · 태도 · 신념 · 가치기준을 포착하는 것과 내면적인 메시지도 이해하고 있다는 것을 클라이언트에게 전달해주는 의사소통의 과정도 포함한다. 이러한 공감적 이해를 하게 되면 클라이언트는 편안한 분위기 속에서 이해받고 있다고 생각할 수 있으며, 관계형성에도 많은 도움을 얻을 수 있다.

진심(genuineness)은 클라이언트에게 사회복지사가 믿을 만한 사람임을 전달하는 것이다. 이는 사회복지사의 언어적 표현과 비언어적 표현이 일치함으로써 전달된다.

온화함(warmth)은 친밀하고자 하는 욕구를 전달하는 것으로 이러한 친밀감 속에서 클라이언트는 긍정적 또는 부정적 감정을 표현할 수 있고 가치 있는 존재로 느낄 수 있게 된다. 이러한 온화함은 클라이언트에게 긍정적 존경과 친절을 보여줌으로써 그리고 클라이언트의 성장과 발전을 진심으로 기뻐함으로써 표현된다(양옥경 외, 2006).

3 면접의 과정

면접의 과정은 시작, 중간 및 종결 단계로 구성된다. 이들의 구조적 측면은 전체 원조과정뿐만 아니라 개별면접에서도 해당된다. 각 단계별로 살펴보면 다음과 같다.

1) 시작 단계

면접의 시작 단계는 만남의 목적, 계약의 이유, 해야 할 일 등에 대하여 이야기하고 그 면접이 연속적으로 이루어지는 면접 가운데 하나라면 지난

번에 이루어졌던 내용의 재검토에 대한 이야기를 한다. 시작 단계에서 클라이언트는 사회복지사에게 자신의 최근 상황을 말할 수 있고 사회복지사는 새롭거나 부가적인 정보를 클라이언트에게 제공할 수 있다. 일반적으로 면접의 시작에서 제시되는 자료는 클라이언트에게 감정적으로 덜 중요하나 익숙한 자료이며, 더욱 근래의 것이고, 일반적인 것들이다.

면접의 시작 단계는 면접 기간 동안 관여할 클라이언트에게 목적을 명백히 하고 클라이언트가 가지고 있는 욕구나 문제에 대해 표현하도록 격려하며, 사회복지사는 관심과 공감을 보여 줌으로써 신뢰관계를 형성한다(한국전문대학사회복지교육협의회, 2005).

실제적인 면접이 시작된 경우 사회복지사는 클라이언트의 이름을 부르면서 맞이할 수 있으면 좋다. 의자를 제공하며 때로는 상의를 받는 등 관심을 기울이게 되면 클라이언트는 안정감을 갖게 된다. 시작 단계에서는 특별히 공식적으로 정해진 역할이 있는 것이 아니고 일상적인 대화와의 상호작용에서 활용되는 양식이 적용된다. 초기의 준비를 위하여 기후, 물가 이야기, 교통문제, 식사, 스포츠 등에 관해 이야기할 수 있다.

사회복지실천 면접의 초기에는 클라이언트가 쉽게 반응할 수 있고 위협적이지 않은 질문을 하는 것이 좋다. 그리고 면접의 시작 단계에서는 면접에 참여하게 되는 목적을 명확히 해야 한다. 또한 시작 단계의 면접에서 사회복지사는 클라이언트가 충분히 말을 하도록 하되, 너무 많이 하게 하는 것은 바람직하지 않다. 그리고 사회복지사 자신도 충분한 질문을 할 필요가 있지만 너무 많은 질문을 해서는 안 된다.

2) 중간 단계

면접의 중간 단계에서는 사회복지사와 클라이언트가 문제해결과정에 적극적으로 참여한다. 클라이언트와 사회복지사는 클라이언트의 상황에 자신들의 모든 노력을 기울이고, 클라이언트와 사회복지사가 했던 것을 고려하여 사례의 목표를 성취할 수 있도록 최선을 다한다. 이 단계에서는 한 가지 이상의 해결방안이 제시되어 더 많은 업무를 추진할 수 있다. 클라이언트와 사회복지사는 만들어진 진행을 토론하거나 클라이언트의 상황이 개선될 수 있도록 클라이언트 자신의 결심을 강화하는 데 많은 노력을 한다. 중간 단계에서 사회복지사는 클라이언트가 변화과정에서 자신의 역할과 책임을 수행할 수 있도록 클라이언트 편에서 저항과 결핍에 역점을 두고 다룰 수 있도록 하는 것이 필요하다.

이들은 클라이언트의 상황에 관심과 에너지를 집중시키며 사회복지사와 클라이언트가 해야 할 것을 고려하고 업무의 목표가 성취될 수 있도록 처리해야 한다. 한편, 중간 단계에서는 장애가 파악되고 이 장애를 처리하는 방법이 논의되기도 한다.

3) 종결 단계

면접의 마지막 단계는 종결이다. 이 종결의 준비는 면접 초기에 이미 시작된다. 면접의 목적이 이미 성취되었을 때 그 면접을 종결해야 한다. 종결에서는 내용뿐만 아니라 감정 면에서도 종결에 대한 준비가 있어야 한다. 면접이 종결될 때 클라이언트는 정서적으로 안정되어야 한다. 그리고 면접은 참여자가 신체적 또는 정서적으로 피로하거나 면접 자체가 괴로움을 주는 것이 되기 전에 종결해야 한다. 일반적으로 한 시간이 경과하면 대부분의 참여자들에게 긴 시간이다. 유능한 사회복지사는 참여자가 면접이 언제 종결될 것이라는 것을 알게 하고, 할당된 시간에 맞추어 진행해 나간다.

클라이언트가 면접을 종결하는 시간을 의식하지 못하고 있으면 사회복지사는 상냥하게 종결 시간을 상기시킬 필요가 있다. 또한 면접이 종결될 때가 되었다는 것을 비언어적 자세를 취해 알릴 수 있다. 예를 들면, 사회복지사가 의자를 움직이며 무릎에 손을 올리고 일어날 준비를 한다든가 면접 중에 사용된 양식이나 서류를 정리하고 시계를 보기도 한다. 면접이 아무런 경고 없이 갑자기 끝나면 사회복지사는 클라이언트를 거절하고 실례를 하는 것이 된다. 약속시간이 다 되어도 클라이언트가 계속 면접을 하려고 하면 일어날 준비를 하든가 문을 열 준비를 할 수 있다. 종결 단계에서 사회복지사는 면접에서 취급했던 것, 결정을 할 것, 앞으로 해결되어야 할 것, 앞으로 취해야 할 단계 등을 간략히 반복한다.

이처럼 면접의 초기, 중간, 종결 단계에서 클라이언트는 항상 관심의 중심이다. 사회복지사의 중요한 업무는 기술적으로 질문을 하고, 정보를 제공하고, 변화의 과정에 클라이언트를 참여시킴으로써 동기를 유발하는 것이다. 사회복지실천의 지식, 기술, 가치를 통해 사회복지사는 클라이언트의 문제상황을 탐구하여 이해하고, 문제상황이 존재하는 이유를 규명하며, 목표성취를 위해서 필요한 행동을 수행하는 등의 클라이언트를 원조하는 것이다.

4 면접의 기록

1) 기록의 목적과 활용

(1) 기록의 목적

기록의 목적은 클라이언트의 욕구확인, 사례의 지속성 유지, 기관이 실시하는 서비스의 정당성 입증, 전문가 간 의사소통의 원활화, 클라이언트와의 정보 공유, 사례에 대한 지도 감독의 자료, 교육훈련의 자료, 행정적 과업을 위한 자료제공, 조사를 위한 자료제공 등으로 활용하는 데 있다. 이러한 목적 외에도 사회복지사가 자신의 사례를 철저히 기록함으로써 개입과정 중에 순간적으로 요구되는 아이디어의 발상과 사례 종결 이후에 사례발표를 위한 기초 자료로 활용하는 데 도움이 되고 있다.

아울러 기록의 목적은 책임성(accountability)이다. 사회복지사들은 자신이 제공한 서비스를 기록하고 설명하며 평가함으로써 클라이언트와 기관 및 사회에 대한 법적 · 윤리적 책임을 지게 된다(최선화, 2009 재인용).

(2) 기록의 활용

사회복지실천에서 기록은 그 쓰임새가 다양할 뿐 아니라 실천현장의 특성과 기관의 요구에 따라 다르게 나타난다. 기록의 다양한 활용도를 살펴보면 다음과 같다(홍순혜 · 한인영 역, 1997).

① 클라이언트의 욕구확인

클라이언트의 관심과 초점을 명확히 하고 세부적인 사항과 욕구를 확인할 수 있도록 해준다.

② 서비스 내용의 보고

진행된 상황에 대한 기록은 서비스가 클라이언트의 욕구에 적절한 것이었는지를 검토할 수 있는 자료로 활용된다.

③ 사례의 지속성 유지

다른 기관 혹은 다른 사회복지사에게 의뢰될 때, 클라이언트의 욕구, 개입의 목적, 진행과정을 검토할 수 있게 해주어 사례의 지속성을 유지해준다.

④ 전문가 간의 의사소통

다른 전문직과의 사례회의나 토론을 대신하여 의사소통 도구로 활용되고 집단적 의사결정을 도울 수 있다.

⑤ 클라이언트와 기록공유

실천개입방법에 따라 클라이언트와 기록을 공유하고 토론할 수 있다. 이런 기록공유를 찬성하는 이유는 정보의 잘못된 부분을 수정할 수 있고, 사회복지사와 클라이언트와의 관계를 효율적으로 활용하여 클라이언트의 참여를 유도할 수 있기 때문이다. 하지만 기록공유를 반대하는 입장에서는 클라이언트가 아닌 제3자로부터 얻은 정보에 대한 비밀보장을 할 수 없고, 클라이언트가 기록에 사용된 전문적 용어를 잘못 해석하여 오해를 일으킬 수 있다는 것이다.

⑥ 지도 감독, 자문, 동료 검토의 원활화

자신의 개입과정에 대해 지도 감독, 자문 등을 받는 데 활용한다.

⑦ 증명자료로 활용

서비스과정과 효과를 점검하는 증명자료로 활용된다.

⑧ 교육적 자료로 활용

학생 및 직원과 다른 전문직에게 사회복지실천기법과 기록방법을 가르치는 교육적 자료로 활용된다.

⑨ 행정적 과업을 위한 자료제공

클라이언트의 욕구, 서비스 유형, 직무관리, 자원 분배에 관한 행정적 결정을 위한 자료로 활용된다.

⑩ 기관의 정책과 사회복지실천방법에 관한 조사자료로 활용된다.

2) 기록의 유형

(1) 최소 기본기록

최소 기본기록(minimum basic recording)은 단순하고 경제적인 기록 양식이다. 이 기록 유형은 먼저 기본적인 신상 정보, 즉 클라이언트의 이름, 주소, 전화번호, 직업과 수입, 가족이나 친척의 주소와 전화번호를 포함한다. 그리고 면접 날짜와 주요한 클라이언트 문제, 목적, 개입 계획, 클라이언트의 반응, 탐색이 필요한 영역, 필요한 자원, 클라이언트를 위해 필요한 행동, 종결 상태를 기록한다.

(2) 과정기록

과정기록(process recording)은 원조과정이나 클라이언트와 사회복지사의 상호작용과정을 있는 그대로 기록하는 방법으로, 사회복지사 스스로 자신이 수행한 사회복지실천과정에서 결정한 내용들을 분석하고, 그 내용을 개념화하고 조직할 수 있는 장점이 있다. 그래서 개입의 목적을 명확하게 하고 기술능력을 향상하는 데 도움이 된다. 반면, 기록하는 시간이 너무 많이 소요되고, 실제 내용을 간접적이고 불완전하게 왜곡하여 기록할 수도 있다. 따라서 실습생이나 수련생이 교육목적으로 자신의 발전에 필요한 사례를 선택하여 사용하는 경우가 주가 된다.

즉, 과정기록방법은 면접내용을 클라이언트가 한 말을 그대로 옮겨 대화체로 기록하며, 옆 칸에는 사회복지사가 관찰한 클라이언트의 행동과 그때 사회복지사가 느낀 감정 등을 기록하는 것이다.

(3) 요약기록

요약기록(summary recording)은 일반적으로 사회복지기관에서 가장 많이 사용하는 기록형태로, 시간의 경과에 따라 변화된 상황, 개입활동, 중요한 정보 등을 요약하여 기록하는 것이다. 이 유형은 시간대별로 서술하거나 요약기록으로 할 수 있다. 시간대별 서술은 일지형식과 유사하여 사건이 있을 때마다 기록한다. 요약기록은 일정 기간별로 묶어서 서술하는 형태인데 일지기록을 바탕으로 작성한다.

대개 사회복지실천과정 단계에 따라 요약하는 것이 효과적이다. 요약의 내용에는 면접일시와 대상, 장소, 문제탐색, 표적문제와 개입전략의 요약 및 계약, 개입 단계에서는 클라이언트의 과업수행과정과 표적문제의 진행 상태, 사회복지사의 과업수행이 포함되고, 마지막으로 종결 단계의 문제 상태와 사후지도계획이 포함된다(엄명용 외, 2006). 요약기록은 사례가 장기간 지속될 경우나 클라이언트 상황과 서비스 교류의 특수한 본질을 반영할 수 있어 임상 실무를 기록하는 데 매우 유용하다.

(4) 문제중심기록

문제중심기록(problem-oriented record : POR)은 현재 제시된 문제를 중심으로 문제영역을 규명하고, 사정하고, 각 문제에 대해 무엇을 할 것인지 계획 내용을 기록한다. 의료 분야같이 다학문적으로 접근하는 실천현장에서 활용한다. 주로 SOAP 방식으로 기록한다.

① 주관적 정보(Subjective Information) : 클라이언트와 가족들이 주관적으로 기술하는 문제와 정보

② 객관적 정보(Objective Information) : 사회복지사가 관찰한 클라이언트에 대한 객관적 정보

③ 사정(Assessment) : 문제에 대한 견해, 해석, 사정

④ 계획(Plan) : 문제에 대한 계획이다. 전문가가 특정한 문제를 제기하거나 해결하는 방법으로 서로 다른 전문직 간에 의사소통 역할을 해 협조체계를 더 공고하게 하는 장점이 있다. 그리고 문서화된 문제를 중심으로 계획을 진행하고 추후 점검할 수 있어 책임감을 높인다. 단점은 문제에 초점을 두기 때문에 클라이언트의 장점이나 자원은 간과할 수

있으며, 개인과 환경의 상호작용을 문제를 중심으로 단순화할 가능성이 있다.

표 8-2 SOAP 기록의 예

S	허구한 날 술만 먹고 남편 구실을 해야지요. 돈 한 번 제대로 벌어 온 적이 없어요. 매일 잔소리 해봐야 먹히지도 않고, 죽는다, 헤어지자…… 그래도 들은 척도 안 해요. 정말 애들 때문에 살지…….
O	문제성 음주, 사회적 역할수행 기능 약화, 가족대응 지지 결핍
A	알코올 의존, 가족대처 기술의 결핍, 질병에 대한 이해 부족
P	주 1회 알코올 교육집단 참여, 가족교육(질병의 이해, 대처기술)

출처 : 손광훈(2009). 사회복지실천기술론. p.509

(5) 목표중심기록

목표중심기록(goal-oriented record : GOR)은 목표를 중심으로 기록하는 것이다. 목표중심기록은 과제 중심 모델이나 목표성취척도(goal attainment scaling)로부터 발전하게 되었다. 목표중심기록의 특징은 목표의 구체화와 클라이언트의 목표성취를 돕기 위한 과업이나 활동기록 등이 있다. 이 기록은 두 가지 강조점이 있는데, 문제에 대한 구체적 기록과 목적에 관해 구체적으로 기록하는 것이다(조휘일 외, 2005).

(6) 시계열적(단일사례) 기록

시계열적 기록(time-series record)은 사회복지 개입의 표적이 되는 행동, 태도 관계에 대한 측정을 시간의 흐름에 따라 되풀이해 기록하는 것이다. 클라이언트와 상황에 대한 사정과 그 후에 서비스의 목적이나 목표성취 활동에 대한 평가에 사용되며, 서비스의 목적 또는 목표가 설정되자마자 측정도구가 결정되고, 측정과정이 시작되며 기록하는 작업이 시작된다.

시계열적 기록은 측정 목적, 과정, 누가 측정하는가에 따라 다양성을 나타내며, 측정을 기록하는 것은 항상 동일한 원칙을 따른다. 즉, 무엇이 기록되고, 언제 기록되며, 누가 기록하느냐 등이 명시되어야 하며, 서비스 과정을 통하여 일관성이 있어야 한다(손광훈, 2009).

생각해 볼 문제

1. 사회복지 면접의 요소와 조건에서 중요한 것이 무엇인지 생각해 보시오.

2. 일반적인 면접과 사회복지실천 면접의 차이점이 무엇인지 생각해 보시오.

3. 사회복지실천 면접기술에 대해 알아보고, 현재 본인들의 문제나 사례를 가지고 면접기술을 적용해 보시오.

4. 사회복지실천 면접기술을 향상시키기 위해서 무엇을 해야 하는지 생각해 보시오.

5. 면접기록의 종류와 각각의 장·단점을 비교해 보시오.

C/H/A/P/T/E/R 09

사회복지실천과정 Ⅰ – 접수 및 자료수집

학/습/목/표

- 사회복지실천단계가 어떻게 구분되는지 이해한다.
- 사회복지실천과정의 초기 단계에서 접수에 관하여 이해한다.
- 사회복지실천과정의 자료수집 방법에 관하여 이해한다.
- 사회복지실천과정의 접수 단계에서 사회복지사의 역할과 활동에 관하여 이해한다.

사회복지실천이란 도움이 필요한 개인과 가족 및 집단에 대해 전문적 지식과 기술을 갖춘 사회복지사가 계획된 원조를 제공하는 일련의 과정이다. 따라서 사회복지실천과정은 사회복지사가 클라이언트와 클라이언트를 둘러싼 다양한 환경 내의 체계들을 변화시키기 위해, 그의 전문적 가치와 지식에 기초하여 통합적 방법으로 개입하는 과정이다.

이러한 사회복지실천과정은 도움을 필요로 하는 사람을 처음 만나는 것을 시작으로, 그 사람이 가지고 있는 문제 혹은 서비스를 필요로 하는 내용을 파악 · 분류 · 사정하며, 문제의 해결 또는 구체적인 원조과정을 거쳐 서비스를 종결하게 되고 경우에 따라서는 사후관리의 과정을 거치게 된다.

일반적인 실천과정은 접수, 자료수집 및 사정 단계, 목표설정 및 계약 단계, 개입 단계, 평가 및 종결의 단계로 이루어져 있다.

1 접수 및 참여유도

사회복지사에게 도움을 청하게 되는 모든 경우에 그 사람은 일정한 형태의 문제 또는 욕구를 가지고 있으며, 사회복지사의 도움을 통해서 그 문제가 해결되고 욕구가 충족되기를 바란다. 따라서 사회복지사는 자신과 자신의 기관에 도움을 요청하는 사람에게 그가 필요로 하는 전문적인 서비스를 제공할 수 있어야 한다. 이때 사회복지사가 가장 먼저 고려해야 할 사항은 도움을 요청하는 사람의 문제 또는 욕구와 기관과 사회복지사가 제공하는 서비스 내용과의 일치 여부를 판단하는 일이다.

1) 접수의 개념 및 특성

(1) 접수의 개념

접수(Intake)란 문제를 가진 사람이 전문가의 도움을 받고자 사회복지기관을 찾아왔을 때 사회복지사가 그의 문제와 욕구를 확인하여 그것이 기관의 정책과 서비스가 부합되는지 여부를 판단하는 과정으로, 서비스 제공 여부를 결정하고 앞으로 진행될 전문적 관계의 양상을 결정하는 중요한 만남이다. 예를 들면, 사회복지사가 클라이언트와 처음으로 접촉하여 클라이언트의 욕구가 무엇이며, 그 기관에서 욕구를 충족시킬 수 있는지에 대하여 결정하는 사회복지실천과정이 시작되는 단계이다.

접수를 통해 그 기관에서 적합한 서비스를 줄 수 있다고 판단될 때, 사회복지사를 찾아온 사람은 클라이언트가 된다. 그 다음 실천과정인 자료수집, 사정의 단계를 거쳐 적절한 서비스를 받게 된다(양옥경 외, 2006).

접수는 원조과정의 최초 단계이며 기관의 서비스 수급 여부와 앞으로 진행될 전문적 관계의 양상을 결정하는 중요한 과정이므로, 전공에 대한 지식과 경험이 풍부한 사회복지사가 담당하는 것이 바람직하며, 기관에 따라 접수만을 담당하는 인테이크 사회복지사(Intake Social worker)를 따로 두기도 한다.

(2) 접수 단계의 과제

접수 단계에서 이루어지는 사회복지사의 주요 과제를 살펴보면 다음과 같다. 클라이언트와의 관계형성, 클라이언트의 문제와 기대 확인, 클라이언트의 동기화, 기관의 서비스에 대한 정보제공, 서비스 수혜 여부 결정, 의뢰, 원조과정에 대한 안내, 관련 서식 작성 등의 활동이 포함된다.

① 관계형성

사회복지기관을 찾는 클라이언트들이 일반적으로 보이는 두려움과 양가감정을 해소하기 위해 사회복지사와 상호 긍정적인 친화관계, 즉 라포(rapport)를 형성해야 한다. 라포를 통해 클라이언트는 사회복지사가 자신을 이해하고 자신의 복지에 진심으로 관심을 가지고 있다고 느끼게 되는 것이다(Hepworth & Larsen, 1997). 라포가 형성됨으로써 클라이언트와 사회복지사는 원조관계에 필요한 효과적인 의사소통을 할 수 있으며, 클라이언트는 좀 더 자신의 문제를 드러내고 앞으로의 개입과정에 참여하고자 하는 동기를 가지게 된다(양옥경 외, 2006). 관계형성은 다음과 같은 조건과 특성을 지닌다.

> **참고**
>
> 사회사업 사전에 의하면 라포(rapport)란 사회복지실천에서 사회복지사와 클라이언트 사이에 상호이해와 일하는 관계를 허용하는 조화롭고 일치하고 감정이입적인 상태를 말한다.

㉠ 감정이입(empathy)

감정이입이란 사회복지사가 클라이언트의 주관적인 경험과 감정을 정확하게 인지하는 능력이고, 클라이언트의 입장이 되는 것이며, 클라이언트처럼 보고 느끼는 것이다. 사회복지사는 클라이언트의 관점에서 나온 경험과 행동 그리고 감정들을 이해하는 의사소통의 방법으로 감정이입을 활용한다. 감정이입을 통해 클라이언트의 문제와 감정 상태를 조심스럽고 사려깊게 이해하려 할 때 클라이언트는 보다 솔직하게 마음을 열게 된다.

㉡ 긍정적 고려(positive regard)

긍정적 고려는 모든 클라이언트는 가치 있는 존재이며 외모나 행동, 환경에 관계없이 존엄하게 대우받아야 한다는 믿음을 의미한다. 즉, 클라이언트를 한 인간으로서의 내재된 가치를 인정하는 것이며 비심판적인 태도를 유지해야만 의사소통이 증진될 수 있다.

ⓒ 온화함(warmth)

온화함이란 사회복지사가 클라이언트로 하여금 편안해하고 수용되며, 이해되고 있다는 것을 사회복지사가 느끼도록 해주는 것이다. 온화함과 이해에 근거한 관계형성은 클라이언트가 성공적으로 변화할 수 있는 토대가 된다. 이러한 온화함은 언어뿐만 아니라 얼굴표정, 목소리, 자세, 눈 맞춤, 몸동작 등 비언어적으로 표현된다.

ⓔ 진실성(genuineness)

진실성이란 사회복지사가 클라이언트와의 의사소통에서 가식이 없고 방어적이지 않으며, 일치성 있고 솔직하게 드러내는 태도이다.

② 문제확인

문제확인이란 클라이언트가 놓여 있는 체계에 대한 심층적인 분석이 아니라 현재 명백하게 드러나 있는 문제를 확인하는 것이다. 여기서의 문제란 클라이언트가 기관에 찾아와서 호소하는 어려움을 의미한다. 심층적인 문제확인은 클라이언트와 사회복지사 간의 긍정적인 원조관계가 성립된 후 클라이언트 자신과 문제 및 처한 환경에 대한 자료수집이 완료된 시점에서 사정작업을 통해 이루어진다.

실제 근본적인 문제가 클라이언트가 호소하는 문제와 다른 경우도 있다. 문제의 성격을 판단하는 것은 필요한 서비스가 기관의 한계 내에 속하는 것인지를 결정하는 기본이 되므로 접수 단계에서 매우 중요한 작업이다. 문제확인 시에는 문제의 성질, 문제에 대한 클라이언트의 태도, 문제의 원인, 클라이언트의 문제해결 노력과 방법, 기관에 요구하는 해결책 등을 알아보아야 한다(엄명용 외, 2006).

③ 클라이언트의 동기화(enhancing motivation)

비자발적인 클라이언트의 경우에는 변화하려는 동기가 약하거나 거의 없으므로 원조관계에 어려움이 있다. 협조도 하지 않고 상황에 대해 분노하며 사회복지사에게는 부정적인 감정을 가지고 있다. 이런 경우 사회복지사는 자발성을 보일 때까지 인내심을 가지고 기다려야 하며, 오기 싫으면서도 상황을 더 악화시키지 않기 위해 억지로 참여한 그들의 노력을 격려해야 한다. 동시에 그들이 가지고 있는 거부감과 두려움을 인정해주며 자유롭게 말할 수 있도록 자극하고, 사소한 변화에도 깊은 관심과 의미를 부여해주어야 한다. 지나치게 낙심하고 지쳐 더 이상의 변화를 기대하지 않는 클라이언트의 경우 클라이언트의 고통을 이해하고 이제까지 견디어 왔던 의지를 격려해준다. 동시에 과거 비슷한 상황에서 보여 주었던 그의 능력을 회생시켜 스스로에게 능력이 있음을 인지시킨다.

원조활동의 성공은 변화에 대한 클라이언트의 동기에 달려 있으므로, 클라이언트를 변화과정에 적극적으로 참여시키기 위해 클라이언트를 동기화시키는 것이 초기 단계의 주요 과제이다(임은희, 2005).

④ 기관의 서비스에 대한 정보제공

사회복지사는 클라이언트에게 기관의 정책과 자원, 도움을 줄 수 있는 서비스의 내용과 절차에 대해 분명하게 설명함으로써 클라이언트에게 서비스를 선택할 수 있는 기회를 제공하여야 한다. 클라이언트는 기관 혹은 사회복지사에 대해서 비현실적인 기대를 하는 경우가 있다. 따라서 관계형성 단계에서 기관과 사회복지사가 제공할 수 있는 원조의 한계에 대해서 클라이언트가 현실적으로 이해할 수 있도록 도울 필요가 있다(백은령 외, 2009).

⑤ 서비스 수혜 여부 결정

클라이언트에게 서비스에 대한 충분한 정보를 제공함으로써 클라이언트가 서비스 수혜 여부를 결정하도록 하여야 한다. 또한 기관의 입장에서 클라이언트가 서비스를 받을 자격요건이 갖추어져 있는지의 여부를 검토하고 결정하여야 한다.

서비스 수혜 여부를 결정할 때 클라이언트의 자기결정권이 최대로 존중되어야 하며, 여건이 허용되는 범위 내에서 법적 강제규정 이외의 사항에 대해서는 다양한 선택권을 허용해야 한다(백은령 외, 2009).

⑥ 의뢰

클라이언트의 문제와 욕구를 확인해본 결과, 그 기관에서 문제를 해결할 수 없을 경우 혹은 문제해결에 더 적합한 기관이 있을 경우 다른 기관으로 클라이언트를 보내는 것을 의뢰라고 한다. 의뢰 시에는 반드시 클라이언트의 동의가 필요하므로 다른 기관에서 제공되는 서비스와 기관에 대해 클라이언트와 충분히 토론해야 하고, 클라이언트가 거부감을 느끼지 않도록 정서적으로 지지해주어야 하며 적절한 정보를 제공하여야 한다(이상호 외, 2010).

⑦ 원조과정에 대한 안내

클라이언트에 대한 서비스 수혜 여부가 결정된 후에 사회복지사는 클라이언트에게 서비스 수혜에 대한 자격, 원조순서 그리고 원조과정에서 사회복지사와 클라이언트의 역할 등에 대해 설명해주어야 한다. 필요시 서비스와 관련된 법규와 정책 및 클라이언트의 권리에 대해 설명해주어야 하며, 비밀보장의 한계에 대해서도 알려주어야 한다. 그리고 서비스에 관련된 세부사항들, 즉 서비스의 기간 · 시간 · 장소 · 빈도 · 비용 · 평가방법 등이 포함되어야 한다.

(3) 접수 시 사회복지사가 염두에 두어야 할 사항

① 클라이언트가 가지는 두려움, 긴장감 혹은 양가감정을 완화시키고, 비자발적인 클라이언트가 동기를 가질 수 있도록 도와주어야 한다.
② 클라이언트의 문제가 기관에서 다룰 수 있는 문제인지를 판단하여 서비스 제공 여부를 결정하고, 만약 문제가 기관에서 다루기 적합하지 않을 경우에는 적합한 기관으로의 의뢰를 결정해야 한다.
③ 클라이언트를 문제유형에 따라 "그런 클라이언트는 일반적으로 ~할 것이다."라는 식으로 정형화하지 말고, 모든 클라이언트를 개별화하여 그들이 가질 수 있는 양가감정과 두려움을 이해하고 클라이언트가 편안한 마음을 갖도록 관심과 존중을 보여주어야 한다.

2) 접수내용

사회복지사가 클라이언트와 초기 접수 단계에서 접수의 내용을 기록하는 양식을 초기 면접지라고 한다. 초기 면접지는 기관에 따라 클라이언트가 주어진 양식의 빈칸을 직접 작성하기도 하지만, 대부분 사회복지사가 접수면접을 한 후에 직접 기록하는 것이 일반적이다. 초기 면접지에는 다음과 같은 내용들이 포함되어야 한다.

(1) 신청자의 기본 정보

이름 성별, 나이, 주소, 연락처, 학력, 직업, 월소득, 결혼관계, 가족관계 등이 포함된다.

(2) 주요 문제

클라이언트가 기관을 찾아 접수하게 된 주요 원인인 문제이다. 클라이언트가 갖고 있는 주요 문제를 파악하는 것으로, 문제확인, 문제의 발생시기 및 원인, 문제의 지속과정 등이 기록되어야 한다.

기관에 오게 된 이유나 사회복지기관에 도움을 요청하게 된 문제는 어떤 것인지를 확인하는 것이 필요하고, 문제로 인하여 어떤 점들이 가장 힘들며 도와주어야 할 문제가 무엇인지를 파악하여야 한다.

(3) 기관에 오게 된 동기

클라이언트가 어떠한 경로를 통하여 기관을 알게 되었고, 어떠한 기대를 갖고 왔는지를 파악하는 것이다. 도움을 신청한 것이 자발적인 것인지, 홍보물, 타 기관에서의 의뢰, 지인의 소개로 왔는지에 대한 내용이 포함되어야 한다. 또 클라이언트가 스스로 온 것이 아니라 가족이나 다른 기관으로부터 의뢰받아 온 것이라면 의뢰이유를 파악하여야 한다.

(4) 의뢰이유

클라이언트가 스스로 온 것이 아니라 가족이나 다른 기관으로부터 의뢰받아 온 것이라면 의뢰한 이유가 여기에 해당된다.

(5) 이전의 사회복지서비스를 받은 경험의 여부와 내용

이전에 이 문제나 혹은 다른 문제로 사회복지기관을 방문한 적이 있는지, 있다면 어느 기관으로부터 어떤 서비스를 받았는지를 파악하여야 한다. 이는 클라이언트의 사회복지서비스에 대한 경험의 유무와 기존의 경험에서 긍정적이었는가 혹은 부정적이었는가가 클라이언트 문제에 접근하는 방식에 큰 영향을 미치기 때문이다.

(6) 기본적인 가족관계

현재 동거인 중 핵가족을 중심으로 각 가족원의 이름, 나이, 직업, 교육정도, 종교, 관계 등이 포함된다.

(7) 담당 사회복지사의 소견

인테이크 사회복지사는 신청자의 문제와 욕구가 기관의 기능이나 도움의 범주와 일치하는지를 의견으로 기록할 수 있다. 이러한 소견은 차후 클라이언트를 직접 도와줄 사회복지사에게 업무를 인계하는 데 도움이 될 수 있다(한국전문대학사회복지교육협의회, 2005).

3) 참여유도

사회복지사는 클라이언트를 원조과정에 적극적으로 참여시키기 위해 노력해야 한다. 초기 접수과정에서 사회복지사는 클라이언트가 자신의 문제해결이나 욕구충족을 위해 적극적으로 참여해야 한다는 점을 인식시켜야 한다. 이러한 클라이언트의 참여유도는 사회복지사와 클라이언트 간의 긍정적인 관계형성을 통하여 이루어진다.

그러나 사례에 따라서 초기 접수 단계에 클라이언트가 변화에 대해 양가감정을 가질 수 있으며, 때때로 저항으로 표출되기도 한다. 이러한 클라이언트의 저항을 다루기 위해서는 사회복지사가 클라이언트의 부정적인 감정을 민감하게 인식하고 감정이입이나 수용적 태도, 때로는 조심스러운 직면을 통하여 이를 해결해야 한다. 이와 더불어 성공적인 원조활동의 필수요소는 그 문제를 해결하기 위한 클라이언트의 동기화에 달려 있으므로, 클라이언트가 적극적으로 변화과정에 참여하도록 동기화하는 것이 무엇보다 중요하다(백은령 외, 2009).

서식-1 초기면접 상담기록지

초기면접 상담기록지

○접수번호 : ○접수일시 : 년 월 일

클라이언트		연령		성별	
연락처		주소			
가족구성원					
의뢰(참여) 경위					
주 호소문제					
사회복지사 소견					
상담결과	□ 서비스 계획 · 주 서비스 내용 : · 담당직원 :				
	□ 타 기관 의뢰 · 의뢰기관 : · 의뢰사유 :				
사회복지사 : (인) / 슈퍼바이저 : (인)					

○○ 종합사회복지관

2 자료수집

1) 자료수집의 개념

자료수집은 클라이언트의 문제를 이해하고, 분석하며, 문제를 해결하는 데 필요한 자료를 모으는 것을 말한다. 자료수집은 클라이언트 문제를 파악하고, 나아가 클라이언트의 강점과 잠재적 역량을 이해하는 데 매우 중요한 과정이다. 이렇게 수집된 자료를 바탕으로 사정(assessment)을 하게 되므로 자료수집이 사정에 선행되어 이루어져야 할 것으로 보이지만, 실제 자료수집과 사정은 거의 동시에 반복적으로 이루어진다. 즉, 사회복지사는 자료를 수집하면서 문제를 분석하고, 분석과정에서 필요한 정보를 수집한다.

2) 자료수집의 내용

사정을 위한 자료수집의 목적은 문제를 이해하고, 분석하여 개입을 계획하기 위한 것으로 그 내용은 다음과 같다.

(1) 접수 시 클라이언트에 대한 기본적인 정보

접수란 문제를 가진 사람이 사회복지기관을 찾아왔을 때 사회복지사가 그의 문제와 욕구를 확인하여 그것이 기관의 정책과 서비스가 부합되는지 여부를 판단하는 과정으로, 서비스 제공 여부를 결정하고 앞으로 진행될 전문적 관계의 양상을 결정하는 중요한 자료수집을 하게 되는 단계이다.

(2) 문제에 대한 깊이 있는 정보

접수할 때는 문제가 무엇인가에 초점을 두었다면, 이때는 문제에 영향을 미친 요인과 문제를 지속시키거나 악화시키는 요인에 대한 정보를 개인적, 환경적 측면에서 찾아본다.

(3) 개인력

클라이언트가 살아온 역사로 여기에는 영·유아기, 학령기, 청소년기, 성인기, 노년기 등 인간의 생활주기에 따른 인간관계, 생활사건, 클라이언트 감정 등이 포함된다.

(4) 가족력

원가족의 가족상황과 가족관계, 현재의 가족구성, 가족관계 등이 포함된다.

(5) 클라이언트의 기능

지적 기능, 정서적 기능, 신체적 기능, 행동적 기능, 대인관계 기능, 업무능력, 문제해결능력 등이 포함된다.

(6) 클라이언트의 자원

현재 이용하고 있는 서비스, 활용 가능한 자원 등이 포함된다.

(7) 클라이언트의 한계, 장점, 동기

문제를 해결하는 데 있어 클라이언트 개인 혹은 클라이언트를 둘러싼 환경 속에 있는 한계, 장점, 동기 등에 대한 정보가 포함된다.

3) 자료를 얻기 위한 주요 정보원

사회복지실천에서 가장 보편적으로 활용되는 자료의 출처에는 클라이언트의 진술, 비언어적 행동의 직접적 관찰, 클라이언트의 자기 모니터링, 부수적인 정보, 심리검사, 클라이언트와의 직접적 상호작용을 통해 얻은 사회복지사의 개인적 경험 등으로 유형화할 수 있다(Zastrow, 1995).

(1) 클라이언트의 진술

일반적으로 자료의 일차적인 출처는 문제를 제시하거나 문제를 가지고 있는 클라이언트 자신이다. 따라서 클라이언트와의 개별면접을 통하여 정보를 수집할 수 있다.

클라이언트의 문제에 대한 서술적 묘사, 문제에 대한 느낌, 문제를 해결하기 위한 개인적 자원, 문제를 해결하기 위한 노력, 문제의 역사, 문제 원인에 대한 견해 등에 대한 의견이 포함된다.

그러나 클라이언트의 이야기는 편견과 잘못된 인식, 강한 정서적 감정 등에 의해 왜곡되는 경우가 있으며, 기관이나 정부에서 제공하는 이득을 얻기 위해 거짓을 말할 수도 있다. 따라서 사회복지사는 클라이언트 이야기의 객관성과 타당성을 정확히 인지할 수 있어야 한다.

(2) 클라이언트의 비언어적 행동의 관찰

초기 단계에서 클라이언트는 직접적 구두보고와 더불어 사회복지사와 면접과정 자체에 대해 각 개인들 특유의 방식으로 행동하고 반응한다. 비언어적 행동에 대한 사회복지사의 직접적 관찰은 클라이언트의 정서적 상태와 반응에 대한 직접적 정보를 획득할 수 있는 출처이다. 클라이언트의 언어적 표현뿐만 아니라 비언어적 행동, 즉 클라이언트의 분노, 당혹, 두려움, 떨림, 몸짓, 자세, 얼굴표정, 옷차림과 외모, 손과 팔 등의 몸동작, 눈 맞춤, 목소리 톤 등은 경우에 따라 클라이언트의 사고와 감정을 더 정확하게 판단할 수 있기 때문에, 사회복지사는 세밀하게 관찰하고 클라이언트의 비언어적 행동까지도 읽을 수 있는 능력을 갖추어야 한다(이상호 외, 2010).

(3) 클라이언트의 자기 모니터링

클라이언트의 문제양상에 대한 자기인식을 돕기 위해서 또는 클라이언트가 자신의 문제를 명확하게 인지를 못 하는 경우, 문제행동 빈도와 문제행동 발생 시 감정 등을 스스로 점검해보도록 하는 것을 의미한다. 이러한 자기 모니터링은 자신의 문제해결에 적극적인 참여를 유도하는 효과를 가진다. 이는 클라이언트의 무력감을 감소시키고, 상황에 대한 통찰력을 증진시킬 수 있다(백은령 외, 2009).

(4) 부수적인 정보

클라이언트의 동의를 얻어 가족, 이웃, 친구, 친척, 다른 기관, 의사, 고용주, 학교 등으로 정보를 얻을 수 있다. 때로는 클라이언트가 문제에 대해 직접적으로 진술한 것과 상반된 정보가 있을 수 있는데, 각 정보의 정보제공자와 정보의 신뢰도를 염두에 두고 어떤 상호작용 속에서 이런 관점의 차이가 나타나는지 주목한다.

(5) 심리검사

심리검사는 객관적이고 표준화된 측정을 통해 인간의 내적·심리적 특성을 파악하는 과정으로, 클라이언트에 대한 과학적이고 객관적인 자료를 얻을 수 있다.

최근 임상사회복지사가 활용하는 검사로는 MBTI, MMPI, 사회성숙도, 결혼만족도, 가족관계의 친밀도, 자아존중감, 우울척도 등이 있다.

(6) 클라이언트가 작성한 양식

초기 면접지에 클라이언트가 직접 이름, 성별, 나이, 직업, 주소나 전화번호, 문제의 서술, 가족구성원 등을 작성하도록 한다. 이러한 정보는 종종 클라이언트로 하여금 일정한 양식에 기재함으로써 가장 효과적으로 수집될 수 있다.

(7) 중요한 사람과의 상호작용 및 가정방문

클라이언트와 그의 삶의 중요한 사람과의 상호작용을 관찰한다. 가족구성원이나 가까운 친척, 동료, 친구, 이웃 등 클라이언트의 생활에 유의미한 영향을 미치는 사람으로부터 많은 정보를 수집할 수 있다. 특히 가정방문 시에는 면접실에서 보이는 태도와 달리 자연스러운 클라이언트의 행동과 상호작용을 볼 수 있고, 그의 문제에 미친 환경적 영향을 더 잘 파악할 수 있게 된다.

(8) 직접 상호작용하면서 느끼는 사회복지사의 감정

클라이언트가 사회복지사와 상호작용하는 패턴은 그가 다른 사람과 어떻게 상호작용하는지에 대한 실마리를 제공한다. 따라서 평소 클라이언트의 대인관계 패턴과 의사소통 유형, 숨겨진 내면의 감정, 중요한 타인과의 관계에 대한 정보 등을 이를 통해 수집할 수 있다.

생각해 볼 문제

1. 비자발적인 클라이언트를 동기화시키기 위해 어떠한 방법이 있는지 토의하시오.

2. 초기 면접에서 포함되어야 하는 내용들은 무엇인가? 짝을 지어 사회복지사와 클라이언트의 역할을 정한 후 초기 면접을 실행하고 초기면접지를 작성해 보시오.

3. 사회복지실천과정 중 접수 단계에서 이루어지는 사회복지사의 주된 과업에 대해 설명해 보시오.

4. 사회복지실천현장마다 사용해야 할 접수양식지 및 필요한 기타 양식지에 대해 논의해 보시오.

5. 효과적인 사회복지실천 개입을 위해 자료수집은 매우 중요한데, 구체적으로 어떤 내용이 포함되며, 자료수집정보원으로 사용할 수 있는 것에는 어떤 것들이 있는지 설명해 보시오.

C/H/A/P/T/E/R 10

사회복지실천과정 II - 사정

학/습/목/표

- 사회복지실천과정의 초기 단계에서 사정에 관하여 이해한다.
- 사정의 개념 및 특성을 이해한다.
- 개인 및 가족대상 사정의 구체적인 내용을 이해한다.
- 사정에 유용한 도구의 종류 및 사정방법을 이해한다.

1 사정 단계의 개요

1) 사정의 개념

과거 전통적인 사회사업에서 사정은 진단(diagnosis)이라는 용어로 불렸다. 진단이란 용어는 의료모델에서 나온 것으로, 증상 · 질병 · 역기능과 같은 부정적인 의미를 내포하고 있다. 반면 사정은 클라이언트의 부정적인 부분들이 포함되기도 하지만 문제해결 · 성장 증진 · 기능향상 · 잠재력 실현 · 새로운 자원개발에 활용될 수 있는 강점 · 자원 · 건강한 기능과 같은 다른 긍정적 요인들을 평가하는 넓은 의미로 사용되고 있다.

사정(assessment)이란 클라이언트의 수집된 자료를 해석하고 자료로부터 문제를 추론하는 지적인 활동이다. 클라이언트의 문제와 상황을 이해하고 이것을 기반으로 개입을 위한 활동계획을 수립하기 위한 활동이다(백은령 외, 2007). 즉, 사정은 문제가 무엇인지, 어떤 원인 때문인지 그리고 그 문제를 해결하거나 줄이기 위해 무엇이 변화되어야 하는지에 대해 답하는 사회복지실천과정의 핵심적 단계이다. 즉, 사정을 통해 목표를 설정하고 개입하게 되므로 개입의 효과란 사정의 정확도에 달려 있다(Kirst-Ashman, & Hull, Jr., 1993).

> **참고**
>
> **사정(assessment)과 진단(diagnosis)의 차이점**
>
> 진단은 의료모델에서 나온 것으로 개인이나 가족, 집단에게 질병이나 역기능적인 것으로 보고 주로 '무엇이 잘못되었는가'에 초점을 두지만, 사회복지실천과정에서는 그들의 자원, 동기, 장점, 능력들을 모두 보기 때문에 '진단'보다는 '사정'이라는 용어를 더 많이 사용한다(양옥경 외, 2006).

2) 사정의 목적

사회복지실천의 목적이 클라이언트의 문제를 해결하는 것뿐만 아니라 클라이언트의 성장과 기능 및 잠재력을 향상시키며 새로운 자원을 개발하는 데 두는 강점 중심적 접근이 강조되고 있다.

사정의 목적은 클라이언트의 주요 문제를 클라이언트의 신체적·심리적·경제적·문화적인 요인과의 상호작용 측면에서 다각적으로 파악하는 것이다.

사정 단계의 첫 번째 목표는 클라이언트의 문제 혹은 욕구와 관련된 다양한 출처에서 제공된 많은 정보들을 의미 있게 만드는 것이다. 이를 위한 사회복지사의 과업은 자료정리와 해석이다. 사회복지사는 수집한 정보를 분류하고 새롭게 알게 된 사실들의 의미와 관련성에 대해 판단한다.

두 번째 목표는 다음 단계인 개입을 위한 계획을 수립하는 작업이다. 사회복지사는 다루어야 할 표적문제들을 선정하고, 구체적인 개입목표를 설정하며, 목표달성을 위한 개입활동을 구성하는 일이다, 개입목표는 클라이언트가 현재의 상황에서 변화되기 바라는 방향이 반영된 의미 있는 것이어야 하며, 클라이언트의 동기와 자원을 고려해서 성취 가능하고 현실적인 것이어야 한다(Timberlake, Farber, & Sabatino, 2002).

3) 사정의 특징

사정은 주어진 자료들을 연결하여 무엇이 문제인지 판단하여 그의 대한 개입개획을 세우게 된다. 개입의 효과는 사정의 정확성에 달려 있다.

존슨(Johnson, 1989)은 사정의 특징을 다음과 같이 10가지로 보았다.

① 사정은 지속적인 과정이다.

사정은 원조과정 전체를 통해 계속되는 활동이다. 클라이언트의 초기 접촉에서 가장 많은 정보가 발견되기도 하지만 돕는 과정이 진행되는 동안 새로운 정보가 발견되기도 하고, 새로운 이해가 생기기도 하므로 사정은 항상 계속되는 작업이다.

② 사정은 이중 초점을 가진다.

초기 과정에서 수집된 정보를 바탕으로 상황 속의 클라이언트를 이해하는 동시에 개입 계획과 행동을 위한 기초를 제공하는 이중 초점을 가진다.

③ 사정은 클라이언트와 사회복지사의 상호과정이다.

사정의 기본이 되는 자료수집이 사회복지사와 클라이언트의 상호과정 속에서 이루어지므로, 사정 역시 상호작용 속에서 클라이언트의 반응을 이해하며 진행된다.

클라이언트는 수동적 수혜자가 아닌 적극적 동반자로서 참여함으로써 클라이언트는 자기존중감을 경험하고, 이는 자신 및 환경의 강점과 능력을 깨닫게 하는 기초가 되어 권한부여(empowerment)의 효과를 가진다.

④ 사정에는 사고의 전개과정이 있다.

사정은 지속적으로 필요한 정보를 수집하고 수집된 정보들을 이용하여 클라이언트의 상황을 이해하며, 부분적인 이해를 모아 전체적인 맥락 속에서 통합하여 사고하는 전개과정이 포함된다.

⑤ 수평적, 수직적 탐색 모두가 중요하다.

초기 과정에서는 수평적인 정보, 즉 현재의 관계, 능력, 기능 등을 중심으로 클라이언트의 욕구를 발견하고 점차 시간이 지나면서 수직적인 탐색, 즉 과거력, 개인력, 문제의 역사 등의 정보를 수집한다. 사회복지사는 상황과 필요에 따라 수평적·수직적 탐색을 적절히 사용하는 기술이 필요하다.

⑥ 클라이언트를 이해하는 데는 지식기반이 활용된다.

개인에 대한 이해를 위해 인간발달 및 다양성에 대한 요인들이 고려되어야 하며, 가족관계, 집단 및 지역사회, 정책, 행정 등 사례에 따른 개별적인 지식이 필요하기도 하다.

⑦ 사정은 생활상황 속에서 욕구를 발견하고 문제를 정의하며 그 의미와 유형을 설명한다.

사정은 욕구를 발견하고 욕구만족을 방해하는 것이 무엇인지를 생활상황과 관련시켜 명확히 하는 과정이다.

⑧ 사정은 개별적으로 다루어진다.

인간의 상황이 같다는 것은 불가능하다. 사정은 각 클라이언트의 독특한 상황과 관련되어 있으므로 모두 다를 수밖에 없으며, 인간의 상황은 복잡하여 개별적이다.

⑨ 판단이 중요하다.

사정은 여러 가지를 결정해야 한다. 어떤 문제에 어떤 가설을 세워야 하는지, 어떤 부분을 고려해야 되는지, 어떻게 문제를 정의할 것인지, 어떤 부분을 고려하여 클라이언트와 어떻게 연결시킬 것인지 등의 결정을 해야 한다.

⑩ 클라이언트를 완전히 이해하는 데는 항상 한계가 있다.

어떤 사정도 완전할 수 없다. 어떤 상황에 대한 완전한 이해도 불가능하다. 또한 완전한 이해란 바람직하지도 않으므로 클라이언트를 완전히 이해하는 데는 한계성이 있다.

2 사정의 내용

사정이란 수집된 자료를 해석하고 의미를 부여함으로써 최종적으로 문제를 규정하여 실천의 방향을 결정하는 일이다. 자료수집이 클라이언트와 그의 문제를 이해하는 데 도움이 될 만한 많은 자료를 모으는 것이라면, 사정은 수집·정리된 자료를 분석하고 심사숙고하여 문제를 규정해 내는 작업이다. 문제가 규정되면 문제의 중요성과 변화의 시급성을 기준으로 표적문제(target problem)를 찾아내어 개입의 목표를 정한다(엄명용 외, 2006).

1) 클라이언트의 문제규정

사정의 첫 번째 작업은 문제를 규정하는 것이다. 이것은 접수 및 참여유도 단계에서의 문제확인보다는 좀 더 심층적으로 문제의 성격과 원인을 이해하는 것으로, 접수 및 참여유도 단계에서 문제의 확인이 주로 클라이언트 스스로가 말하는 문제에 기초한다면 문제규정 단계에서는 문제에 대한 사회복지사의 평가에 더 비중을 둔다. 또한 클라이언트가 제시한 문제에 초점을 두는데 이는 클라이언트가 시급하게 느끼고 있는 문제이며, 그것 때문에 그가 도움을 청하였고 사회복지사가 좀 더 깊이 탐색해야 할 영역이 어느 부분인지 알려주기도 한다. 즉, 문제규정은 클라이언트의 과업으로서 클라이언트 중심으로 그의 고유한 가치와 상황 속에서 정의되는 것이므로, 사회복지사는 문제에 대한 클라이언트의 이해를 존중하고 그가 문제를 잘 정의할 수 있도록 도와야 한다.

다음 15가지 질문은 문제사정에 유용한 지침이 된다(Zastrow, 1999).

① 구체적으로 무엇이 문제인가?

사정에서는 가능한 한 보다 구체적이고 정확하게 하기 위해 문제와 문제의 차원을 명료화하는 것이 중요하다.

② 클라이언트는 문제를 어떻게 보며 문제에 대한 정서적 반응은 어떠한가?

③ 문제체계에 누가 관여되어 있는가?

클라이언트가 제시한 문제에 따라 관여된 개인, 집단, 조직이 점차 확대되기도 한다.

④ 참여자들은 어떻게 관여하고 있는가?

선행사건-사고-행동의 과정에서 관여자들이 어떻게 상호작용하고 상대방의 행동을 어떻게 생각하느냐에 따라 문제행동이 유발될 수 있다.

⑤ 문제의 원인은 무엇인가?

⑥ 어디서 문제행동이 일어나는가?

문제행동을 보이는 장소와 보이지 않는 장소의 차이를 통해 어떤 종류의 불안, 긴장, 스트레스가 문제행동을 야기하는지 알 수 있다.

⑦ 언제 문제행동이 일어나는가?

문제행동이 일어나는 시기와 줄어드는 시기의 차이점을 통해 유발요인을 발견하여 그 요인에 관련된 사람들의 행동을 더 깊이 탐색해 나갈 수 있다.

⑧ 문제행동이 일어나는 빈도, 강도, 지속기간은 어느 정도인가?

문제행동이 얼마나 클라이언트의 전반적인 삶에 폭넓게 영향을 미치는지를 이해하는 데 도움을 준다.

⑨ 문제행동은 언제부터 있어 왔는가?

문제행동의 역사를 알아보는 것이다. 제일 처음 문제행동이 발생했던 상황에 대한 깊이 있는 탐색이 초기의 유발요인을 발견하는 데 도움을 준다. 뿐만 아니라 "왜 하필 지금 도움을 요청하는가"라는 주요한 질문과 연결될 수 있다.

⑩ 문제와 관련하여 채워지지 않는 욕구는 무엇인가?

클라이언트는 자신이 원하는 바를 피상적으로 이야기하기 쉽다. 그들의 욕구에 초점을 두는 것은 클라이언트의 변화 동기를 강화할 수 있다.

⑪ 클라이언트는 문제를 어떻게 보며 문제에 대한 정서적 반응은 어떠한가?

감정이 지나칠 경우 오히려 문제가 더 악화될 수 있고, 경우에 따라 행동보다 감정이 더 문제가 되어 감정을 일으킨 선행 문제행동의 중요성이 가려지기도 하기 때문에 매우 중요한 질문이다.

⑫ 클라이언트는 그동안 문제에 어떻게 대처해 왔으며 문제를 해결하는 데에는 어떤 기술이 필요한가?

클라이언트가 스트레스를 감당하는 수준과 그의 문제해결 및 대처기술의 정도를 파악하는 데 도움이 된다. 또한 과거 이와 유사한 어려움에 어떻게 대처해 왔는지 그리고 지금은 무엇 때문에 과거와 같은 대처를 하지 못하는지에 대한 실마리를 제공해준다.

⑬ 필요로 하는 외적 자원은 무엇인가?

클라이언트가 필요로 하는 자원을 얻을 수 있는 자격과 과정에 대한 정보를 제공하여 자원과 클라이언트를 연결해주는 매개자의 역할을 할 수 있다.

⑭ 클라이언트 자신의 자원, 기술, 강점은 무엇인가?

클라이언트가 자신에 대한 긍정적인 시각을 가짐으로써 스스로 문제해결의 주체가 되어 변화에 대한 강한 동기를 가질 수 있어 효과적이다.

⑮ 치료계획과 개입계획은 어떠한가?

2) 개인에 대한 사정

다음은 클라이언트의 문제와 욕구를 이해하기 위해 필요한 정보로서 개인에 대한 사정의 내용들이다(Hepworth & Larsen, 1997).

① 생리적 요소에 대한 사정

㉠ 생물학적 신체기능

신체적인 특성(외모, 체격, 자세, 얼굴표정, 걸음걸이, 기타 신체적으로 특이한 점 등), 클라이언트의 옷차림, 머리 모양, 손놀림, 자세 등은 가치관이나 생활방식, 변화동기, 긴장이나 불안, 우울의 정도와 같은 정서적인 상태의 이해에 도움이 된다.

㉡ 신체적 건강

신체적 건강상태는 신체적 증상뿐 아니라 우울, 불안, 주의력 집중장애에 영향을 미치고, 다른 어려움의 주요인이 되기도 한다. 건강상태에 대한 사정은 특히 의료혜택이 제한된 계층의 사람들에게 중요하다.

㉢ 약물과 알코올의 남용 여부

클라이언트가 정기적으로 복용하는 약물의 부작용 가능성과 약물의 과도한 복용에서 오는 부작용에 대한 사정이 필요하다. 또한 알코올 남용은 심한 건강문제를 유발하고, 가족생활을 파괴하거나 지역사회문제를 야기하며, 자살, 폭력, 배우자와 아동의 학대, 기형아나 장애아 출산에도 영향을 미치는 매우 중요한 사정요소이다.

② 정서 · 심리상태에 대한 사정

클라이언트의 심리상태는 지능, 동기화, 대처행동의 유형, 자기개념, 불안이나 우울의 정도, 일반적 인성의 통합 등을 표준화된 심리검사를 통해 파악할 수 있다. 예를 들어, MMPI는 가장 많이 사용되는 성격검사이며, 지능검사, 인지적 지체검사, DSM-Ⅳ 등이 사용된다.

③ 클라이언트의 강점 사정하기

사회복지사의 사정 중 중요한 작업은 클라이언트 체계 및 사회환경의 잠재적인 강점과 능력, 자원, 가능성을 규명하는 것이다. 강점의 규명은 문제해결에 활용 가능한 자원을 찾아내는 것으로, 클라이언트 체계의 능력, 기술, 자원, 가능성과 클라이언트가 갖고 있는 환경의 자원을 찾아내는 것을 의미한다. 강점 사정 영역에는 교육 정도와 취업 경험, 문제해결능력과 의사결정능력, 개인적 자질과 능력, 물리적 · 재정적 소유상태, 인생태도와 관점 등이 포함된다.

Hepworth와 Larsen(1990)은 클라이언트의 원조과정에서 전통적인 문제 중심 사정보다 강점 중심의 사정방법이 클라이언트에게 권한부여 · 잠재능력 개발 · 자신감 · 책임감 등을 갖게 해준다고 하였다.

사회복지사는 클라이언트가 스스로 보지 못하고 있는 장점도 찾아낼 수 있도록 돕고, 그가 갖고 있는 문제해결에 필요한 기술이 무엇인지 찾아내서 장점을 구체화하도록 한다.

④ 클라이언트의 참여 동기

클라이언트는 그의 문제를 인지해야 할 뿐만 아니라 문제해결 활동에 기꺼이 참여해야 한다. 이러한 동기가 없이는 원조노력이 실패하기 쉽다. 그러므로 클라이언트의 동기를 평가하고 강화시키는 것이 사정과정에서 취급할 중요한 사항이다. 이러한 클라이언트의 동기는 사회복지사와의 지속적인 상호작용에 의해 강하게 영향을 받는 일종의 역동적 힘이라고 할 수 있다. 그러므로 사회복지사는 초기 동기를 사정함과 더불어 앞으로 계속 동기를 유지, 강화시켜 나가야 할 책임이 있다.

⑤ 클라이언트의 대처능력

클라이언트가 무엇을 원하는지 탐구할 필요가 있다. 그리고 나서 이와 관련하여 기관이나 사회복지사가 무엇을 제공할 수 있을지에 대한 설명을 한다. 한편 서비스 제공에 대한 클라이언트의 반응, 긍정적, 부정적, 수동적, 포기, 양가감정 등에 대하여 도움을 주면서 개방적으로 의견을 교환할 필요가 있다.

3) 클라이언트의 가족에 대한 사정

클라이언트의 문제는 개인의 문제라기보다는 가족체계의 장애나 어려움으로 인해 발생하는 체계의 문제이다. 가족 중 한 사람에게 문제가 발생하게 되면, 그것은 가족 전체에게 영향을 미치게 된다. 사회복지실천에서 가족은 하나의 체계로서 클라이언트의 문제사정에 있어 매우 중요한 부분을 차지한다.

Hepworth와 Larsen(1990)은 가족사정의 영역으로 다음을 들고 있다.

① 가족체계와 경계선

가족은 하나의 체계이다. 그러므로 가족구조에 대해 체계 이론을 적용함으로써 가족을 사정할 수 있다. 가족을 체계의 개념으로 접근할 때 특히 도움이 되는 개념은 경계와 하위체계이다. 경계는 가족을 다른 가족환경과 구분시키는 가시적인 분계선으로 체계의 정체감을 보호하고, 누가 내부인이며, 누가 외부인인지를 결정해준다.

가족은 하나의 체계로서 여러 개의 부분으로 구성된 전체를 의미한다. 하위체계의 가장 대표적인 예는 부부체계와 형제자매의 하위체계이다. 건강한 가족은 하위체계 간 또는 외부체계와의 경계가 명확하면서 융통성 있는 것을 말하며, 지나치게 경직되어 있는 경계를 가진 가족은 문제가 발생하기 쉽다.

② 가족의 권력구조

가족에게서 권력이란 다른 가족원의 행동을 변화시킬 수 있는 능력을 말한다. 가족 내 권력구조가 어떻게 발달되어 있느냐에 따라 영향력의 행사와 의사결정의 참여방식이 결정되고, 권력구조에 의해 개인의 행동에 제한과 지도력이 결정된다.

③ 가족규칙

가족규범은 가족집단 내에서 무엇이 적절한 행동으로 받아들여지는가를 구체화하는 규칙이다. 가족규칙은 가족행동에 영향을 미치는데, 대부분 가장 강력한 규칙은 분명하지도 않고, 직접 말로 표현되지도 않는다. 오히려 가족규칙은 암묵적이거나 모든 가족구성원이 이해는 하지만 결코 논의하지 않는 반복된 가족 상호교류이다. 가족에게는 전체 가족과 각각의 가족구성원이 효과적이고 생산적으로 기능하도록 허용하는 규범을 수립하는 것이 중요하다.

④ 가족의 의사소통방식

건강한 가족은 변화에 대해 민감하고 적응적일 뿐 아니라, 의사소통체계가 분명하고 자기표현 및 감정의 교류가 원활히 이루어진다. 즉, 가족의 결속력과 적응력 및 의사소통이 가족의 기능수준을 결정하는 중요한 요소가 된다.

의사소통이란 언어적 혹은 비언어적 메시지를 통해 가족구성원 간에 정보를 교류하는 것으로서, 가족의 기능을 이해하는 핵심적인 개념 중의 하나이다. 의사소통의 패턴이나 구조 혹은 방식들은 개별 구성원뿐 아니라 전체 구성원의 가족생활과 사회생활 전반에 직접적 혹은 간접적인 영향을 미치므로 중요하다(성정현 외, 2004).

⑤ 가족생활주기

가족생활주기는 시간의 경과에 따른 가족 내의 발달적인 경향을 말한다. 가족생활주기가 사정과정에서 중요한 이유는 모든 가족이 가족생활주기의 단계를 거치는 과정에서 많은 스트레스를 경험할 수 있고, 이러한 스트레스가 심한 경우 가족문제의 근원이 될 수 있기 때문이다.

따라서 사회복지사가 가족을 사정할 때 반드시 그 가족이 생활주기의 단계들을 어떻게 거쳐 왔고, 현재는 어느 단계에 와 있으며, 그 적응상태는 어떠한지 등에 대한 평가가 이루어져야 한다(백은령 외, 2009).

4) 클라이언트의 사회적 환경에 대한 사정

일반적으로 사정에서는 클라이언트의 다양한 생활상황과 클라이언트의 독특한 욕구를 측정한다. 이러한 사정에 기초하여 개입전략은 클라이언트의 욕구와 환경적 자원 간을 적절히 결합시킬 수 있는 자원을 안내하는 데 목표를 두고 있다.

사회복지실천에서 클라이언트의 문제를 해결하기 위해 지역사회 자원들을 개발하여 활용하는 것이 중요한 비중을 차지하고 있다. 왜냐하면 클라이언트를 둘러싸고 있는 다양한 자원을 활용하여 개입할 경우 문제해결의 가능성과 효과성이 크기 때문이다. 따라서 사회복지사는 클라이언트의 환경이 문제해결에 적합한지 부적합한지, 긍정적으로 기능하는지 부정적으로 기능하는지, 보호요인과 위험요인은 무엇인지 등이 사정의 내용이 된다.

개인과 환경이 상호작용하며 서로 긴밀한 영향력을 주고받는다는 생태체계 이론을 고려하여 클라이언트를 둘러싸고 있는 다양한 체계들을 확인해야 한다. 클라이언트의 환경은 문제의 발생요인이면서 동시에 문제를 해결하는 자원이기도 하다. 그러므로 문제를 사정할 때와 마찬가지로 해결방안을 사정할 때도 환경적 측면을 고려하는 것이 필요하다(최금해 외, 2010).

3 사정에 유용한 도구

정확한 사정은 효과적인 개입을 위해 필요불가결한 조건이므로 전문적이고 체계적인 사정도구를 활용하여 사정하는 것이 요구된다. 사정도구를 사용하는 이유는 가족의 역동과 특성을 도식화함으로써 맥락을 이해하는 데 용이하기 때문이다. 또한 사정도구는 문제나 상호작용의 패턴을 파악함으로써 본질적인 해결의 실마리를 찾는 데 도움이 된다. 특히 클라이언트와 함께 도구를 사용하는 과정에서 클라이언트가 자신에 대한 통찰과 변화에 대한 의지를 불러일으킬 수 있다. 사정의 도구는 매우 다양한데 이것을 적재적소에 맞게 활용하는 것이 사회복지사의 기술이라고 할 수 있다.

1) 가계도(genogram)

가계도는 각 가족구성원이 2~3세대에 걸친 가족관계를 생물학적, 법적 그리고 정서적으로 어떻게 관련되어 있는지를 간단한 그림으로 표시하는 것으로 가족들 스스로가 세대 간 반복되는 관계 유형을 찾고 현재 제시된 문제의 근원을 찾는 데 매우 유용한 도구로써, 항상 사회복지사와 클라이언트가 함께 작성해야 하는 것이다.

가계도는 사회복지실천에서 가장 널리 사용되는 사정도구로, 가계도를 통해 가족구조에 대한 체계적인 이해, 가족 내에서 클라이언트의 위치, 가족사건에 대한 이해, 가족의 상호작용을 분석함으로써 문제를 사정하는 데 유용하다.

그림 10-1은 각자 원가족에서 부모 중 한 사람에 알코올중독 문제가 있고 본인은 가족 내에서 과중한 책임을 맡았던 자녀라는 공통점을 가진 부부의 가계도이다.

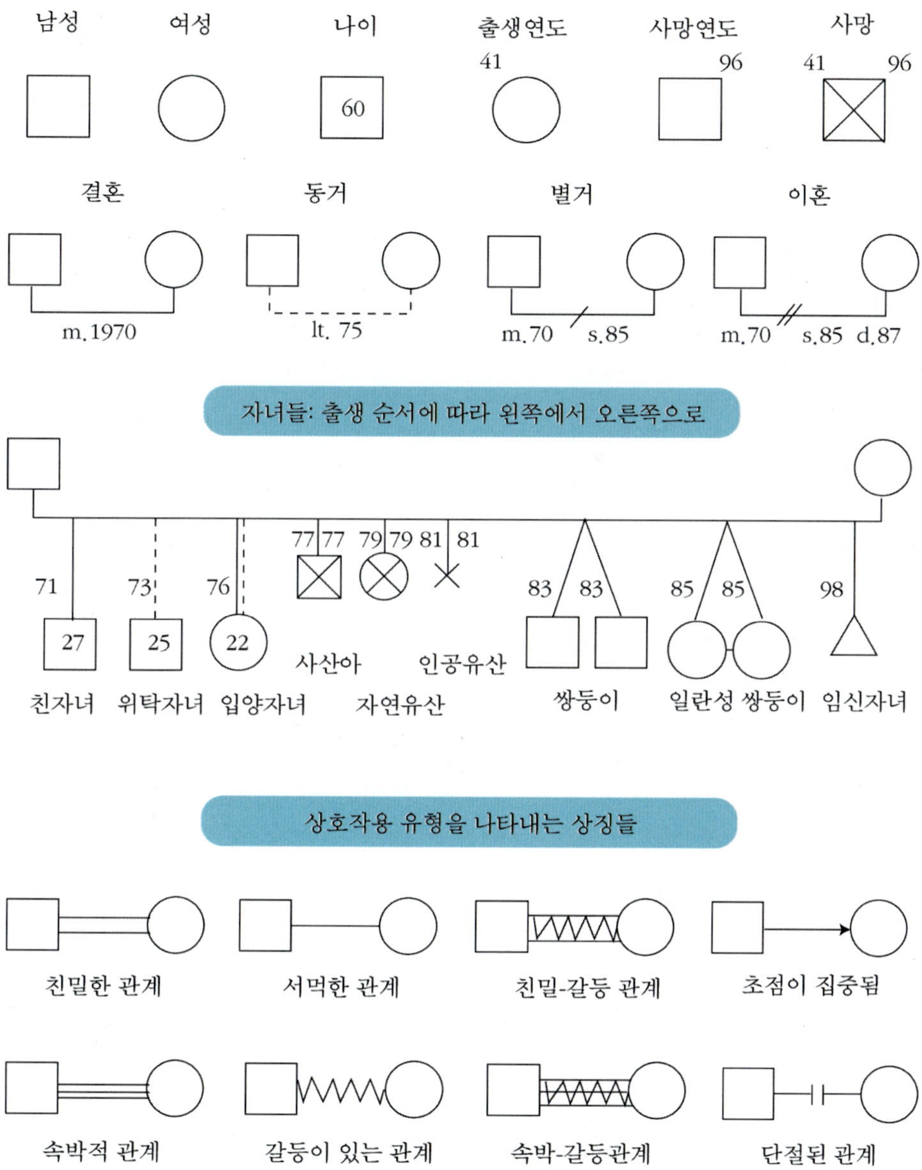

출처 : McGoldrick, Gerson, & Shellenberger(1999); 최해경(2010).

그림 10-1 가계도의 상징기호

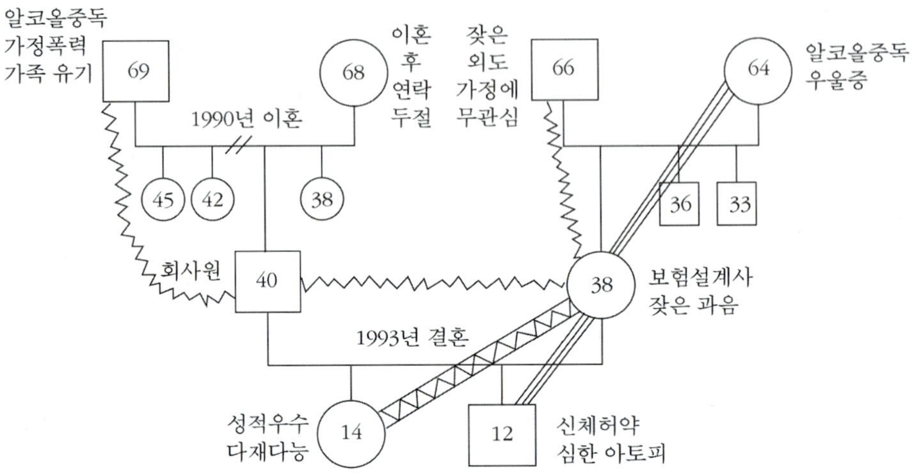

출처 : 최해경(2010).

그림 10-2 가계도의 예시

2) 생태도(ecomap)

생태도는 클라이언트 개인이나 가족이 외부 환경체계들과 어떻게 관련되어 있는지를 그림으로 나타낸 것으로, 사회복지사가 클라이언트와 환경과의 관계 또는 가족과 환경과의 관계에 대한 정보를 획득하도록 돕는 사정도구이다.

생태도는 클라이언트의 양육환경과 유지환경의 종류와 관계의 질 그리고 체계 사이의 에너지의 흐름을 보여 줌으로써 가족에 대한 현재 지역사회 자원이나 체계들의 영향과 상호작용의 변화를 보여 준다. 생태도는 가족이 지역사회에서 얼마나 많은 외부체계들과 관계를 맺고 있는지, 고립의 정도는 어떠한지, 관계의 질은 어떠한지를 보여 줌으로써 가족 내부에 대한 이해와 함께 외부와의 연결과 적응 정도를 파악할 수 있게 해준다(엄명용 외, 2006).

그리는 방법은 그림 10-3처럼 우선 클라이언트와 상황의 초점이 되는 가족도표가 원안에 표시된다. 그리고 다른 의미 있는 체계들과 가족들과의 관계를 선으로 표시한다(양옥경 외, 2006).

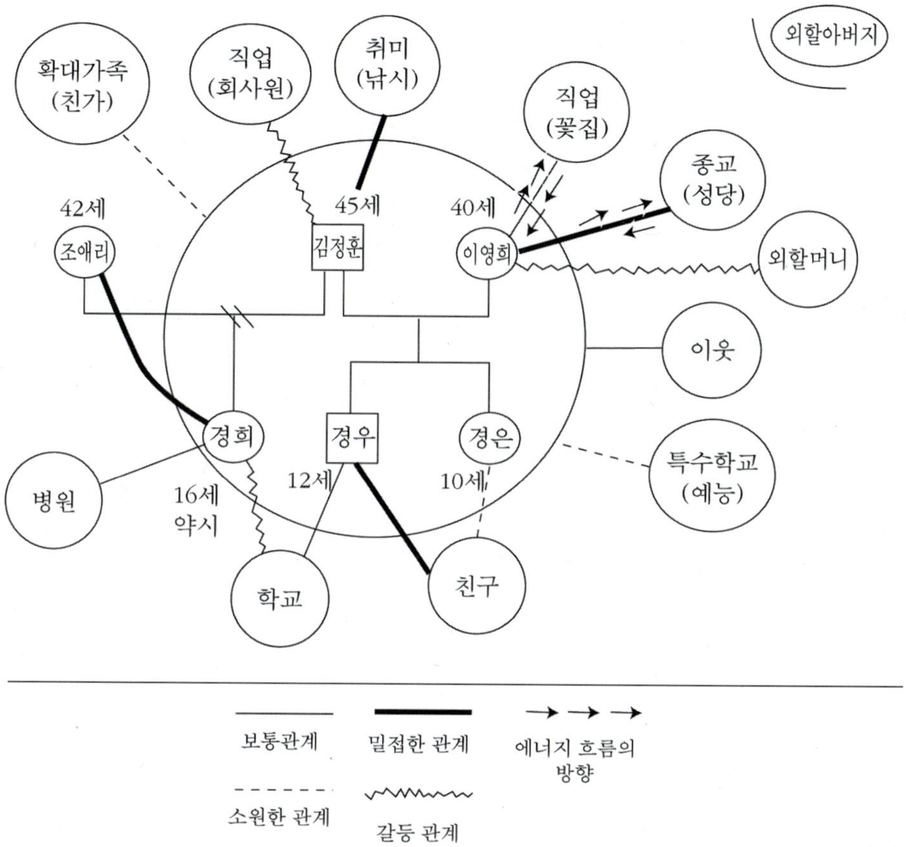

출처 : 엄명용 외(2006).

그림 10-3 생태도의 예시

생태도는 체계적이고 생태학적인 관점에서 가족을 보는 데 도움이 되며, 사회복지사들이 전통적인 케이스 기록 및 사회력을 보완하는 데 사용된다.

표 10-1 **생태도의 사례**

그림 10-3에 소개된 사례는 재혼가족이다. 아버지 김정훈은 첫 부인 조애리와의 사이에서 경희라는 딸을 두고 이혼한 후 현재의 부인 이영희와 결혼하여 아들(경우)과 딸(경은)을 각각 두고 있다. 가족구성원을 보면 큰딸 경희는 약시라는 신체적 장애를 가지고 있으며, 학교에 잘 적응하지 못하고 있고, 같이 살고 있는 새엄마 이영희보다 친모 조애리에게 집착하고 있는 사춘기 소녀이다. 경우는 친구관계나 학교생활이 모두 비교적 문제가 없는 데 반해 막내인 경은은 매우 우수한 아이로 특수학교에 다니면서 예능특기교육을 받고 있지만 친구가 별로 없다. 이 가족은 외부체계와의 관계를 보면 부모는 모두 직업 활동을 하고 있고, 아버지는 낚시, 어머니는 성당이라고 하는 심리적 의존처가 있으나 양가의 확대가족은 모두 별 도움이 되지 못하고 있다. 아버지의 확대가족은 이 가족 전체와 관계가 소원하고, 이영희는 아버지와는 관계가 단절되었고, 어머니와는 갈등관계에 있다. 이영희는 성당으로부터 상당한 지지를 받고 있으며 꽃집 경영에 힘을 쏟고 있는 동시에 도움도 받고 있다. 아버지는 현재 자기 직업에 대해 갈등을 느끼고 있다(엄명용 외, 2006).

3) 사회도(sociogram)

사회도는 상징을 사용하여 집단 내 구성원들 간의 상호작용을 표현하는 그림으로, 구성원 간의 개인적 수용과 거부 및 집단 내의 대인관계를 평가하는 데 사용하는 기법이다.

사회도는 사회복지실천과정에서 주로 집단개입에서 집단구성원들의 변화과정을 측정할 때 활용되며, 사회도를 여러 번 그려서 비교해 봄으로써 집단의 특징적 상호작용과 대인관계 유형의 변화를 파악할 수 있다(김봉순 외, 2010). 또한 사회도는 주로 집단과 일하는 사회복지사가 집단 내의 소외자, 2인군, 3인군, 결탁, 경쟁관계, 하위집단, 연합 등을 파악할 수 있는 유용한 도구이다.

4) 사회적 지지망 그리드(social support network grid)

가족이 주거하는 이웃과 지역사회를 포함하여 외부의 사회체계들은 지속적으로 가족과 상호작용하며 영향을 주고받는다. 따라서 사회복지사는 이웃관계 등 가족 외부의 사회체계들과의 상호작용을 평가해야 한다.

사회적 지지망이란 클라이언트의 환경범위에 있으면서 영향을 미치는 중요한 사람들 또는 체계를 말한다. 즉, 필요할 때 의지할 수 있는 사람 등을 의미한다. 가족들은 이러한 사회적 관계망을 통하여 사회적 지지를 받는다.

표 10-2 사회적 관계망 그리드

성명	생활 영역	물질 지지	정서 지지	정보 조언	비판	도움 방향	친밀도	접속 빈도	알고 지낸 기간
	1. 가족 2. 친척 3. 직장/학교 4. 조직 5. 친구 6. 이웃 7. 전문가	1. 가끔 제공 2. 자주 제공 3. 항상 제공	1. 가끔 제공 2. 자주 제공 3. 항상 제공	1. 가끔 제공 2. 자주 제공 3. 항상 제공	1. 가끔 제공 2. 자주 제공 3. 항상 제공	1. 양방향 2. 내가 그에게 3. 그가 나에게	1. 양방향 2. 내가 그에게 3. 그가 나에게	0. 보지 못함 1. 1년 몇 번 2. 한 달 한 번 3. 1주일 한 번 4. 매일	1. 1년 미만 2. 1~5년 3. 5년 이상
1									
2									
3									
4									
5									

출처 : 이원숙(2008); Tracy and Whittaker(1990) 재편집.

사회적 지지망은 클라이언트의 사회적 관계망 속의 주요 인물, 지지가 있는 생활 영역, 각 개인이 제공하는 지지의 구체적 유형, 지지 제공자의 중요도, 지지가 상호적인지 일방적인지 여부, 개인적 친밀도, 접촉 빈도, 관계 기간 등의 정보가 포함된다(최해경, 2010).

5) 생활력 조사

생활력 조사는 모든 사회사업실천에서 공통적으로 쓰이는 방법인데, 클라이언트의 생애 동안 발생한 사건이나 문제의 발전과정을 사정하는 데 요긴하다. 생활력 조사는 출생부터 개입시점까지 클라이언트 시간별로 클라이언트의 가족문제, 건강문제, 대인관계문제 등 클라이언트의 삶의 다양한 시기에 여러 특징들을 조사하여 구체적으로 기록해봄으로써 클라이언트의 현재 문제상황을 사정할 수 있게 된다.

표 10-3 생활력표 예시

연도	연령	지역	가족	학교	건강	활동	문제
1990	1990 3.25 출생	경기도 고양군	어머니 21 외할머니 50 외할아버지 54		8개월 조산아		인큐베이터 3주간
1991	1				심한 아토피		
1992	2						
1993	3	경기도 수원시	어머니 취업	어린이집	수두 2일 입원		분리불안 심함
1994	4			〃	천식 3일 입원		
1995	5		외조부 사망	〃	폐렴 4일 입원		
1996	6	경기도 양평	어머니 전근	〃			외톨이임
1997	7		어머니 재혼해서 떠남	초 1			학교 싫어하고 자주 아픔
1998	8			초 2			학교에서 자주 싸움
1999	9			초 3			학업성적 떨어짐
2000	10	수원시	할머니 병환	초 4	복통 자주 호소		
2001	11		이모네와 합침	초 5 전학	천식, 재발	축구	할머니와 자주 다툼
2002	12		어머니 재혼 사실 알게 됨	초 6 무단결석			흡연
2003	13			중 1 성적 부진		금연학교	흡연, 음주
2004	14			중 2 폭력	팔골절	불량서클 가입	학교에서 패싸움 가담
2005	15		생모 찾아가나 박대받음	중 3 무단결석			가출
2006	16			고 1 학업성적 저하			비행서클 가입

서식 10-1 **개인대상 사정기록지**

개인 사정기록지			
사례번호		담당사회복지사	
클라이언트명		사례접수일	년 월 일

1. 클라이언트 및 가족현황

클라이언트	성별	□남 □여	나이	세
	학력	□초등졸 □중중퇴 □중졸 □고중퇴 □고졸 □대졸 이상		
	종교	□기독교 □천주교 □불교 □종교 없음 □기타( )		
동거가족	□부 □모 □계부 □계모 □(외)조부 □(외)조모 □형제(명) □자매(명) □기타( )			
	· 특기사항 :			
주거 및 경제상황	주거형태	□단독주택 □연립주택 □임대아파트 □일반 아파트 □기타( )		
		□방(개) □화장실(개) □주방(유/무)		
	소유형태	□자가 □전세 □월세 □기타( )		
	총수입	월 ________ 원 (수급액 원 + 가족수입 원 + 기타 원)		

2. 개인력/가족력/가족관계

1) 개인력

2) 가족력

3) 가족관계

3. 사회적 자원
1) 공식적 자원 2) 비공식적 자원
4. 클라이언트가 제시한 문제(우선순위 및 내용)
5. 클라이언트의 강점 및 약점
1) 강점 2) 약점
6. 클라이언트의 욕구
7. 서비스 계획(클라이언트의 문제/서비스 목표)

○○ 종합사회복지관

Johnson과 Yanca(2007)는 가족의 구조와 기능, 발달 측면을 일반사회복지 관점에서 포괄적으로 사정하는 가족단위 사회력 전개틀을 제안하고 있는데, 그 내용을 소개하면 다음과 같다.

서식 10-2 가족단위의 사정틀 : Johnson과 Yanca의 사회력 전개틀

A. 가족구조

1. 가족체계 내에서 기능하고 있는 모든 사람 규명
   (체계의 일부로 기능한다면 확대가족과 혈연가족이 아닌 사람도 포함)
2. 하위체계 : 부부, 형제, 부모-자녀 하위체계나 그 외 하위체계의 기능과 관계 기술
3. 가족결속력 : 가족이 그 체계, 경계, 관계를 유지하는 방법 기술. 가족구성원 사이의 결속과 분리의 이슈, 가족규칙과 규범, 정서적인 분위기 포함
4. 가족환경
   1) 생활상태
   2) 사회경제적 지위
   3) 지역사회나 이웃의 특징 및 그 가족과 지역사회나 이웃과의 관계
      가족에게 중요한 지역사회조직과 기관, 이들과의 관계의 특성 포함
      지역사회와 이웃자원과 이 지역사회에서 가족을 위한 책임과 영향력 기술
   4) 확대가족 · 친척 · 확대가족 내 중요한 사람; 이 가족체계의 영향에서의
      강점 · 자원 · 책임 · 그것으로부터의 영향력

B. 가족기능

1. 의사소통 패턴
2. 의사결정 패턴
3. 역할수행
   1) 일과 가사의 기준과 설치
   2) 부모 역할과 자녀양육의 기준과 실천
   3) 체계 구성원 지지 : 성장, 격려, 돌봄, 관심
4. 가족이 습관적으로 채택하고 대처하는 메커니즘
5. 가족의 생태도

C. 가족발달

1. 뿌리, 문화집단과 이전 세대가 가족체계에 미친 영향
2. 가족생애에 중요한 사건
3. 가족의 발달단계
4. 가계도 구성

출처 : Johnson & Yanca(2004). 사회력 전개틀 중 '체계로서의 가족'에 관한 부분만 인용.

생각해 볼 문제

1. 자신을 중심으로 3대까지의 가계도를 그려 보고 주요 문제나 강점을 사정해 보시오.

2. 자신을 중심으로 생태도를 그려 보고 주요 문제나 강점을 사정해 보시오.

3. 사정을 함에 있어서 과거 병리 관점의 접근방식과 강점 관점의 접근방식은 어떤 차이가 있는지 서로 토의해 보시오.

4. 현재 자신이 해결하고 싶은 문제에 대해 상대방과 토의하고 문제 사정을 함께 해 보시오.

5. 내가 속한 조를 대상으로 소시오그램을 완성해보고, 소외자, 2인군, 3인군, 결탁, 경쟁관계, 하위집단, 연합 등을 설명해 보시오.

C/H/A/P/T/E/R **11**

사회복지실천과정 Ⅲ-계획수립

학/습/목/표

- 사회복지실천과정의 계획 단계에서 목표설정에 관하여 이해한다.
- 계획수립에서 목표설정의 지침을 이해한다.
- 사회복지실천과정의 계획 단계에서 계약유형과 내용을 이해한다.
- 계약의 의의 및 종류를 이해한다.

계획수립 단계는 클라이언트와 사회복지사가 자료를 수집하고 클라이언트의 문제나 상황에 대한 초기 사정에 동의하게 되면 사정결과를 토대로 사회복지사의 구체적인 개입 방안을 세우는 실질적인 문제해결과정이 시작되는 단계이다. 계획수립 단계에서 사회복지사와 클라이언트는 표적문제를 선정하며 개입목표설정과 계약에 이르게 된다. 특히 개입대상이 되는 문제와 개입방법을 설정하는 단계이므로 사회복지사와 클라이언트 사이에 의견 불일치는 문제해결에 미치는 영향이 크므로 사소한 견해차라도 개입단계로 도달하기 전에 충분한 토의를 거쳐 합의점을 찾도록 해야 한다(임은희, 2005).

1 개입목표설정

개입의 목표란 클라이언트가 현 상황을 벗어나기 위한 바람직한 변화의 방향이다. 개입계획에서 목표설정이 중요한 이유는 사회복지사와 클라이언트에게 개입과정의 방향을 명확하게 제시해 혼란 없이 진행할 수 있도록 도와주고, 개입이 끝난 후 그 결과를 효과적으로 평가할 수 있게 해주며, 목표설정을 위해 사회복지사와 클라이언트 간에 합의과정이 이루어져야 하기 때문이다(Johnson & Yanca, 2004).

1) 목표의 정의

사회복지실천과정의 궁극적인 목적(objective)은 클라이언트의 '삶의 질 향상'이라고 할 수 있다. 이러한 목적은 단기적인 개입목표(goal)들이 달성됨으로써 이루어질 수 있다. 목표란 '문제가 해결된 상태' 혹은 '개입을 통해 일어나기 바라는 변화'를 의미하며, 본질적으로 개입과정의 바람직한 결과 혹은 기대를 말한다. 또한 목표는 개입의 본질에 영향을 미치고 변화과정에 사회복지사와 클라이언트가 수행하는 역할, 바람직한 목표에 따라 이행되는 활동 유형에도 영향을 미친다.

목표는 개입과정의 방향을 제시해주고 변화과정에 클라이언트를 적극적으로 참여하게 하는 수단으로 제공된다. 즉, 목표를 통해 클라이언트는 자기결정 혹은 자기 주도적 활동에 집중할 수 있다(임은희, 2005).

2) 목표설정의 기능

원조과정에서 명시된 목표는 다음과 같은 기능을 한다(Hepworth et al., 2006).

① 사회복지사와 클라이언트는 달성해야 할 목표에 대해 사회복지사와 클라이언트가 동의하였음을 확실하게 해준다.
② 원조과정의 방향과 초점, 계속성을 제공하며 불필요한 방향을 예방한다.
③ 적절한 전략과 개입을 선정하고 발전시키는 것을 용이하게 한다.
④ 사회복지사와 클라이언트가 그들의 진행상황을 조절하는 것을 돕는다.
⑤ 구체적인 개입과 원조과정의 효과성 및 효율성을 평가하는 척도로 활용된다.

3) 목표설정의 선정 지침

목표설정이 위와 같이 중요한 기능을 하기 때문에 신중하게 목표를 선택하고 결정하는 것이 중요하다. 목표를 설정할 때는 몇 가지 지침이 필요한데, 예를 들면 다음과 같다(Hepworth et al., 2006).

① 목표는 반드시 클라이언트가 바라는 결과와 연결되어야 한다.

목표 속에 클라이언트가 추구하고 바라는 결과가 반영되어야 클라이언트가 동기를 가지고 목표를 달성하고자 하는 노력을 하게 될 것이다.

② 목표는 명백하게 측정 가능한 용어로 정의되어야 한다.

원조과정이 방향성을 갖기 위해서는 계획된 목표가 구체적으로 정의되어야 하며, 모든 참여자들이 달성해야 할 변화에 대한 분명한 이해가 있어야 한다. 변화하고자 하는 바가 무엇인지 분명할 때에만 그 결과를 객관적 관찰에 의해 평가할 수 있기 때문이다.

③ 목표는 실현 가능해야 한다.

클라이언트는 대부분의 노력이 실패하여 좌절된 상태에서 사회복지사를 찾아오게 된다. 목표는 작더라도 달성 가능할 수 있도록 해야 하며, 목표달성에 대한 클라이언트의 능력과 목표달성을 방해할 수 있는 환경적 제약들이 고려되어야 한다. 클라이언트의 개인적 능력을 벗어난 목표나 한정된 기간 동안 달성하기 어려운 과다한 목표설정은 피해야 한다.

④ 목표는 사회복지사의 지식과 기술에 상응하는 것이어야 한다.

사회복지사 자신의 실천범위와 능력을 벗어난 개입은 하지 않는 것이 클라이언트와 사회복지전문직에 대한 윤리적 책임이다. 따라서 사회복지사의 지식과 기술 내에서 목표달성이 가능해야 한다. 그렇지 않으면 자격이 되는 다른 전문가에게 의뢰해야 한다.

⑤ 목표는 성장을 강조하는 긍정적 형태여야 한다.

목표는 목표달성의 결과로 클라이언트가 얻게 될 혜택이나 이득을 강조하면서 성장에 중점을 두어야 한다.

'…… 하기'로 진술되어야 한다. '……를 하지 않는 것'은 문제행동의 상실을 의미하지만 '……를 하는 것'은 긍정적 행동을 얻는 것을 의미한다.

⑥ 사회복지사는 윤리나 법, 사회복지사의 중요한 권리나 가치에 맞지 않는다면 목표에 동의하지 않아야 한다.

사회복지사가 클라이언트 자신이나 다른 사람의 신체적·정서적 복지에 유해할 수 있는 클라이언트 목표를 유보하는 것은 정당화될 수 있다.

⑦ 목표는 반드시 기관의 기능과 일치해야 한다.

클라이언트의 문제와 욕구가 때로 기관의 기능이나 프로그램의 목표와 양립할 수 없는 변화에 대한 기대가 드러날 수 있다. 만약 일치되지 않을 경우 클라이언트를 다른 기관으로 의뢰하여 필요한 서비스를 받도록 원조하는 것이 적절하다.

목표를 설정하기 위한 전략으로는 우선 표적문제를 찾아야 한다. 개입목표가 이러한 지침대로 잘 설정되었다 하더라도 목표가 여러 가지인 경우 우선순위를 정할 필요가 있다. 우선순위를 정할 때 사용하는 기준은 다음과 같다.

㉠ 클라이언트의 가장 시급한 문제
㉡ 가장 단기간에 달성할 수 있어 성취감을 느낄 수 있는 것
㉢ 클라이언트가 다른 목표에 도전할 수 있도록 강한 동기를 제공할 수 있는 것
㉣ 사회복지사의 능력, 기관의 기능상 무리 없이 달성 가능한 것 등이다.

개입목표가 많은 경우 클라이언트와 의논하여 목표를 2~3개로 줄인 뒤 이것을 다시 우선순위로 나열하여 우선되는 것부터 초점을 두어 개입한다. 그러나 순위를 정하였다 하더라도 경우에 따라서는 두세 가지를 동시에 목표로 삼기도 한다. 따라서 목표들 중 우선순위를 정하는 것은 개입 시 목표의 중요성을 상기시키고, 어느 것이 더 시급한 것인지를 인식하여 정확한 개입방향을 설정하기 위한 것이다.

2 계 약

1) 계약의 개념 및 기능

표적문제와 목표가 설정되면 클라이언트와 사회복지사의 의무와 과업, 구체적인 실천활동을 상호 약속하는 단계인 계약 단계로 들어간다. 사회복지실천을 위한 계약은 사회복지실천 개입의 표적문제, 개입의 목표와 전략 그리고 참여자들의 역할과 과업에 관하여 사회복지사와 클라이언트 간에 명백하게 동의를 하는 것이다. 계약 내용 속에는 개입활동과 그에 따른 클라이언트와 사회복지사 각각의 역할을 명확히 하여 가능한 클라이언트의 참여를 높여야 한다.

계약은 목표와 과업을 설정하는 데 있어, 원조활동의 책임을 지는 데 영향을 미친다. 더욱이 계약은 서비스의 결과를 평가하고 서비스 방향을 설정하는 기초가 될 수 있다. 그리고 계약은 모호성과 미지의 두려움, 관련된 불안을 감소시키며 원조활동의 초점을 맞추는 데 도움을 준다.

2) 계약의 형식

사회복지실천계획에 대한 계약의 형태는 서면계약, 구두계약, 묵시적 계약 등으로 구분할 수 있다.

(1) 서면계약

계약을 공식적으로 서면화하여 구체적인 목표와 사회복지사와 클라이언트의 과업, 시간적 조건, 비용 등을 명확히 기재한다. 서면계약의 장점은 클라이언트의 참여의지를 확고히 할 수 있고, 언제라도 계약의 내용을 검토할 수 있으며, 오해의 가능성을 최소화할 수 있다.

(2) 구두계약

구두계약은 서면계약과 근본적으로 다를 바 없지만 서면 대신 구두로 계약한다는 점에서 차이가 있다. 서면계약과 비교하여 신속하고 쉽게 할 수 있으며, 특히 클라이언트가 저항하거나 불신할 때 유용하다. 그러나 합의한 내용을 잊어버리거나 부정할 수 있기 때문에 계약 내용을 간략하게 기록해 두는 것이 좋다(Kirst-Ashman, & Hull, 2009).

(3) 묵시적 계약

묵시적 계약이란 실제로 서면화하거나 구두로 하지 않았어도 암묵적으로 합의한 계약을 의미한다.

3) 계약의 내용

(1) 클라이언트와 사회복지사의 역할 명료화

클라이언트의 역할은 자신의 감정이나 욕구 그리고 자신이 바라는 바와 개입과정에 대한 기대를 사회복지사에게 분명히 표현하는 것이다. 또한 문제를 해결하는 주체가 사회복지사가 아니라 클라이언트 자신임을 인식하고 문제해결에 사회복지사가 파트너로 참석하여 도울 수 있도록 변화를 위한 적극적인 태도를 가져야 한다.

사회복지사의 역할은 클라이언트가 자신의 감정을 솔직하게 표현하도록 돕고 만약 제대로 표현하지 않을 경우 표현할 수 있도록 유도해야 한다. 문제해결의 파트너로 조언할 뿐 문제해결은 클라이언트 스스로 하는 것임을 분명히 해야 한다.

(2) 개입기법

사정 시 해결되어야 할 문제와 욕구가 분명히 정의되고 그 치료적 대안들이 명백하다면 초기 계약과정에서 개입기법을 구체적으로 제시할 수 있을 것이다.

예를 들어, 긴장해소법, 분노조절기법, 우울감정을 극복하기 위한 인지의 재구조 역할극과 행동연습 등의 기법을 제시하고 계약할 수 있다. 구체적인 기법까지 제시하기 어렵다면 대략적인 개별개입, 집단개입 혹은 위기개입 등의 개입방법을 제시하고 계약하게 될 것이다.

(3) 시간적 조건

여기에는 개입기간, 세션의 빈도와 시간 등이 포함된다. 개입기간을 시작할 때 그 기간을 미리 정하는 형태와 정하지 않는 형태가 있다.

시간 제한적인 개입은 단기간에 정해진 목표를 달성하므로 사회복지사에 대한 신뢰도가 높아질 수 있고, 비용, 시간 측면에서도 효과적이다. 또한 많은 문제가 야기되는 종결 단계를 처음부터 분명히 함으로써 효과적인 종결을 도모할 수 있다.

그러나 시간 내에 달성하지 못한 목표가 있을 수 있고 인간의 상황은 항상 변화하므로 예기치 못한 변수로서 개입기간의 변화가 있을 수 있으므로 이에 대한 대책이 필요하다.

이러한 계약은 특히 구조화된 환경에 적응하지 못하는 클라이언트에게 유용하다.

4) 계약서 내용

계약서에 포함되어야 할 내용은 계약 당사자에 대한 인적사항, 문제 목록, 성취할 목표, 개입계획, 사용되는 개입기법, 시간적 조건, 장소, 비용, 평가방법, 클라이언트와 사회복지사의 역할, 서명날인 등으로 구성되어 있다. 다음은 계약서의 한 예이다.

계 약 서

1. 계약자(사례번호)
   · 클라이언트 이름, 주소 등 신상정보
   · 사회복지사 이름, 기관명

2. 문제 목록

3. 목적 및 목표

4. 개입계획 및 개입의 구조
   – 활용될 개입기법
   – 시간적 조건(기간, 시간)
   – 장소
   – 비용
   – 평가방법

5. 클라이언트와 관련 체계의 역할과 과업

6. 사회복지사의 역할과 과업

년 월 일

클라이언트 ○ ○ ○ (서명)
사회복지사 ○ ○ ○ (서명)

C/H/A/P/T/E/R **12**

사회복지실천과정 Ⅳ-개입

학/습/목/표

- 사회복지실천과정 중에 직접적 개입부분에서 개인수준의 개입, 가족수준의 개입, 집단수준의 개입에 대해 이해한다.
- 사회복지실천과정에서 개입의 단계에서 직접적 개입과 간접적 개입의 개념과 사회복지사의 활동에 관하여 이해한다.
- 개입과정에서 활용되는 직접적인 실천기법들을 이해한다.
- 직접적 개입에서 문제해결과정, 사회기술, 인지 재구조화의 과정에 대해 이해한다.
- 간접적 개입 시 사회복지사의 활동에 대하여 사회적 지지체계의 개발, 서비스 조정, 프로그램 개발, 클라이언트체계 옹호활동으로 나누어 개입과정에 관하여 이해한다.

초기 활동인 사정과 계약이 이루어지면 사회복지사와 클라이언트는 상호 합의한 목표를 달성하고, 문제를 해결하기 위한 구체적인 행동을 실천하는 개입 단계로 들어가게 된다. 이 단계는 사회복지사가 클라이언트에게 영향력을 행사하며 의도적인 변화를 일으키는 과정이고, 결과적으로 클라이언트는 자신이 직면한 문제를 해결하거나 자신의 능력과 잠재력을 개발하는 것이 핵심적인 내용이다.

개입을 성공적으로 시행하기 위해서는 적절한 개입의 선택이 우선시 되어야 하며, 이 과정에서 사회복지사는 개입의 계획에 있어 인간발달 단계 및 가족발달 단계를 신중하게 고려해야 한다.

1 개입의 개념

1) 개입의 개념 및 특징

개입(intervention)은 사회복지사와 클라이언트가 합의한 목표를 달성하고 문제를 해결하기 위한 계획을 실천하는 것이다. 구체적인 행동을 통해 클라이언트와 주변 환경에 변화가 일어날 수 있도록 지원하는 단계로 사회복지실천과정에서 가장 핵심적인 부분이다.

개입은 목표가 확인되고 개입이 진행되어 종결과정이 시작될 때까지 계속되며, 사회복지사는 초기 계획대로 문제해결과정이 진행되고 있는지를 끊임없이 점검(monitoring)하면서 문제가 해결될 수 있도록 도와주며 지지와 환류(feedback)를 제공하여야 한다.

개입방법에는 직접적 개입방법과 간접적 개입방법이 있다. 직접적 개입방법에는 개인, 집단, 가족을 대상으로 클라이언트에게 직접 개입하는 기법이며, 간접적 개입방법은 클라이언트의 욕구에 반응하도록 환경을 변화시키는 실천방법을 의미한다.

2) 개입 단계의 목표와 사회복지사의 과업

(1) 개입 단계의 목표

개입은 문제해결을 위해 목표를 달성하려는 일련의 전문적 실천활동이다. 클라이언트가 자신의 문제행동과 상황 그리고 환경과의 관계를 변화시키는 방향으로 노력하도록 도와주는 과정인 것이다. 개입 단계의 목표는 다음과 같다(엄명용 외, 2006).

첫째, 문제해결을 위한 구체적인 변화전략의 수립

둘째, 개입, 원조, 교육, 동기유발, 자원연결, 행동변화 등을 통한 변화의 창출

셋째, 지속적인 점검(monitoring)을 통한 변화 정도의 유지와 평가

(2) 개입 단계에서의 사회복지사의 과업

클라이언트의 목표달성을 위한 사회복지사의 개입 역할은 중개자, 조력자, 옹호자, 중재자, 사회행동가, 임상가, 새로운 정보제공과 대인적 행동유형의 모델링을 가르쳐 주고, 기술을 숙련하도록 지도해주는 교사 등의 역할을 한다.

사회복지사는 문제를 해결하려는 클라이언트의 변화 노력을 지원하기 위한 개입활동의 핵심으로 상담, 지역사회의 자원 연계, 새로운 자원의 개발, 사회적 지지의 활용, 교육 등의 역할을 수행한다(최해경, 2010).

2 개인수준의 개입

개별사회사업은 일대일 관계를 기반으로 개인적이고 사회적인 문제들을 해결할 수 있도록 돕는 것으로, 개인수준에서 클라이언트의 문제해결을 위해 치료적 면담과 상담기술을 사용한다.

치료적 면담은 클라이언트가 변화하도록 돕거나, 사회적 환경이 클라이언트의 필요에 맞도록 변화하게 돕는 것이다.

1) 개인의 변화

개인의 변화는 정서적 영역, 행동적 영역, 인지적 영역으로 구분하여 볼 수 있다.

모든 요소를 동시에 변화시키려는 개입방법은 너무나 복잡하기 때문에 어느 한 요소를 중심으로 변화를 일으키며, 다른 요소가 따라서 변화하도록 하는 전략을 사용하는 것이 일반적이다.

(1) 정서변화를 목표로 하는 개입

정서적 안정이란 낙담, 좌절, 의기소침과 무력감, 자신감 결여 등의 심적 상태를 건강하고 자신감 있는 상태로 회복시키고, 불안, 분노, 죄의식 등의 불합리하고 불건전한 정서를 적절히 해소하도록 도와 자아기능을 회복시키는 것을 말한다.

① 감정적 표현 촉진과 자기인식 확장을 통한 정서적 변화

감정표현은 그 자체만으로 감정의 정화요소가 있다. 공감적 경청과 반영을 통하여 그리고 의도된 감정표현과 통제된 정서적 관여를 통해 클라이언트가 감정을 표현하도록 돕는다.

클라이언트의 감정표현을 적절히 통제하며, 감정표현 이후 그런 감정의 배경이나 원인에 대해 이해하고, 클라이언트에게 문제가 되던 감정과 정서를 수용하도록 도와야 한다.

② 인지수정을 통한 정서의 변화

우리가 상황을 어떻게 인식하고 해석하느냐에 따라 정서와 행동반응이 다르다.

정서적 반응은 어떤 사건이나 상황에 직면했을 때 떠오르는 생각과 감정은 각자의 고유한 경험에 의한 매우 주관적인 자기중심적 해석에 따라 나타난 반응이다.

따라서 클라이언트로 하여금 자신의 정서를 알게 하고 이러한 정서가 어떤 결과를 가져왔는지 알게 하며, 그러한 감정의 결과가 타당한 것인지 판단해 보게 함으로써 적절한 행동을 선택하도록 도울 수 있다.

③ 행동체험을 통한 정서의 변화

가장 전형적인 행동치료에서는 공포대상이나 상황에 의해서 생긴 불안상황을 직면 또는 상상하게 하고, 긴장이완훈련을 통해 새기는 이완반응을 동시에 일으켜서 결국 긴장이완이 불안반응을 극복하도록 한다. 대인적 불안이나 열등감에도 여러 가지 가상적인 상황을 설정하여 반복 연습한 후 실제 상황에서 적용하도록 격려한다.

④ 사회복지사가 사용할 수 있는 기술

㉠ 격려(encouragement)

격려는 어려운 과업에 직면해 있거나 자신감이 약화되어 있고 불안한 상황과 위기에 처해 있는 사람들에게 유용하게 활용될 수 있는 방법이다.

격려는 클라이언트의 행동, 태도, 감정을 칭찬하거나 인정해주는 사회복지사의 언어적 표현이다.

㉡ 재보증(reassurance)

재보증이란 클라이언트가 초기에 불안해 할 때 안심시키는 것으로, 클라이언트의 능력에 대해 사회복지사가 신뢰를 표현하여 자신감을 주는 기술이다.

㉢ 일반화(universalization)

클라이언트가 자기만이 이런 문제가 있다고 괴로워하는 것에 대해 비슷한 상황에 있는 사람들이 일반적으로 그런 경험을 겪는다든지 또는 특별하게 자신만이 가지고 있다고 생각하는 사고, 감정, 행동에 대해 대개 사람들이 공통적으로 겪는 것임을 지적해 줌으로써, 클라이언트가 자기 자신을 다른 사람들로부터 소외시키거나 일탈감을 갖는 것을 막아주는 기법이다.

㉣ 환기법(ventilation)

클라이언트의 억압되어 있는 감정, 특히 부정적인 감정인 분노, 증오, 슬픔, 죄의식, 불안 등이 문제해결을 방해하거나 감정 자체가 문제가 되는 경우 이를 표출하도록 함으로써 감정의 강도를 약화시키거나 해소시키려고 하는 기법이다(엄명용 외, 2006).

(2) 행동변화를 목표로 하는 개입

클라이언트의 행동을 변화시키는 것이 목적일 때 사용하는 기법들은 주로 행동 이론에 기초하고 있다. 행동수정 이론은 인간의 행동은 그 행동을 발현하게 하는 선행조건과 행동 그리고 그 행동의 결과에 영향을 받는다고 보기 때문에 선행조건과 결과에 조작을 가함으로써 표적행동 자체를 변화시킬 수 있다는 가정에서 출발한다. 행동결과의 조작기법은 바람직한 행동을 새로 형성하고자 하는 경우에는 강화가, 문제행동을 제거하고자 하는 경우에는 벌 또는 소거가 대표적이다.

인간의 문제들 중에는 행동의 변화가 없이는 문제가 해결되었다고 보기 어려운 문제들이 있다. 즉, 음주, 도박, 반복적 비행, 거짓말로 인한 품행장애, 폭력과 행동 등은 인지나 정서적인 차원에서 변화되었다고 하여 문제가 해결된 것으로 보기는 어렵다.

① 사회복지사가 사용할 수 있는 기술

㉠ 강화(reinforcement)

특정한 행동이 보상을 받으면 그 행동이 다시 일어나기 쉽다는 원리에서 사용하는 것이다. 강화는 표적행동을 증가시키기 위해 클라이언트가 선호하는 조건을 추가하거나 제공해 주는 정적 강화와 클라이언트가 싫어하거나 불쾌해하는 조건을 감소시키거나 제거하는 부적 강화가 있다.

㉡ 처벌(punishment)

처벌은 특정한 행동이 불유쾌한 결과를 초래하면 그 행동은 약화되거나 없어진다는 원리로서, 표적행동을 억제하거나 감소시키는 효과가 있는 고통스럽고 불쾌한 자극을 주는 기법이다.

㉢ 소거(extinction)

소거는 바람직하지 않은 행동을 없애기 위해 벌을 사용하는 대신 특정 행동에 대해 무시를 함으로써 자연히 그 행동이 소멸되도록 하는 것을 의미한다.

㉣ 모델링(modeling)

바람직한 행동을 타인이 하는 것을 보고 그대로 모방함으로써 행동을 변화시키려는 것으로, 복잡하거나 새로운 행동을 가르치는 기술로써, 클라이언트에게 이 기법을 적용하여 의도하는 행동을 학습시키기 위해 비디오테이프 같은 자료를 사용하기도 한다.

ⓜ 타임아웃(time-out)

문제행동이 어떠한 상황으로 인해 강화되는 경우 행위자를 상황으로부터 격리시켜 문제행동을 감소시키거나 제거하려는 방법이다. 타임아웃기술은 아이들의 나쁜 행동을 수정 또는 변화시킬 때 아이에게 그 행동으로 받을 수 있는 모든 자극을 차단시켜 주는 방법으로 사용된다.

ⓑ 행동계약

두 사람 이상이 어떤 행동을 하면 어떤 강화물을 받는가, 누가 그 강화물을 전달하는가에 대해서 명확하게 진술하여 계획, 약속하는 것을 말한다.

ⓢ 행동시연

행동시연은 주어진 문제상황을 어떻게 다룰지 반복적으로 미리 연습하는 것을 말한다. 클라이언트가 특정 상황에 놓이게 되는 경우 그 상황에 맞추어 다른 사람의 상호작용에서 적절한 행동을 할 수 있도록 미리 준비하여 연습시키는 기법이다(김혜영 외, 2010).

(3) 인지변화를 목표로 하는 개입

인지변화를 위한 개입은 개인이 가지고 있는 잘못된 신념이나 인지패턴을 수정하여 행동의 변화로 인도하는 원조방법이다. 클라이언트의 인지와 행동기술을 향상시킴으로써 기능적인 삶을 살 수 있도록 돕는 것이다.

사회복지실천에서 인지치료는 범죄자나 학대부모의 우울문제에 주요 치료적 개입 모델로 활용되고 있고, 학대자들의 분노조절 프로그램에 주로 사용되고 있다. 또한 아내 구타자들의 구타행동을 중단시키는 데 활용되고 있으며, 청소년 문제에 대한 개입에도 자주 활용되고 있다.

① 인지변화를 꾀하는 사회복지사는 오류에 의한 왜곡된 사고에 논박이나 교육과 같은 인지적인 방법과 인지적 과제의 부여와 같은 지식적인 방법 등을 적극적으로 사용하게 된다.

인지치료과정에서 클라이언트는 다음과 같은 것들을 배우게 된다.

㉠ 부정적, 자동적 사고를 점검하기
㉡ 인지, 행동, 정서 간의 관련성 인식하기
㉢ 왜곡된 자동적 사고의 증거와 반대증거를 검토하기
㉣ 이러한 편파된 인지를 보다 더 현실지향적인 해석으로 대체하기
㉤ 경험을 왜곡하는 요인으로 작용하는 역기능적 신념을 파악하고 수정하기

② 인지치료의 주요 원리

㉠ 사회복지사는 먼저 클라이언트의 감정과 사고를 분명하게 구별하도록 돕기 위해서는, 그 차이를 여러 가지 예를 들어 설명을 반복하여 해주어야 한다.
㉡ 과거는 단지 잘못된 사고의 원천을 찾아내기 위해서만 중요하다는 것이다. 행동을 동기화하는 것은 과거의 생각이 아니라 현재의 잘못된 생각이다. 나아가서 사고의 새로운 패턴은 학습될 수 있고 잘못된 사고의 원천을 결정짓지 않고도 문제는 해결될 수 있다.
㉢ 건설적 변화를 가져오기 위해서 사람들은 자신의 잘못된 신념을 만들어 내고 기여하는 많은 자신들의 문제를 자각하고, 이러한 잘못된 신념을 수정하는 책임이 자신에게 있다고 생각해야 한다는 것이다.

③ 사회복지사가 사용할 수 있는 기술

㉠ 초점화(focusing)

클라이언트가 자기문제를 언어로 표현할 때 혼란되고 산만하게 느끼는 것을 점검해줌으로써, 클라이언트의 말 속에 숨겨진 선입견, 가정, 혼란을 드러내어 자신의 사고과정을 명확히 볼 수 있도록 해주는 기법이다.

㉡ 직면(confrontation)

직면은 클라이언트가 자신의 문제를 부정하거나 회피하고 합리화하여 변화를 거부하고 개입을 피하려고 할 때 사용되는 기법으로, 클라이언트에게 직시하는 것을 말한다. 직면은 클라이언트의 방어적 반응을 최소화하는 방식으로 사용되어야 하며, 신뢰관계(rapport)가 충분히 형성된 후에 직면기법을 사용하는 것이 유용하다.

㉢ 격려(encouragement)

격려란 클라이언트의 가능성에 대한 확신을 표현하는 사회복지사의 진술형태를 띠고 있으며, 클라이언트의 강점을 인정하고 지지하는 수단이 된다. 클라이언트의 행동, 태도, 감정을 칭찬해주거나 인정해주는 언어적 표현이다(김혜영, 2010).

㉣ 인지재구조화(reframing)

인지재구조화란 재명명(relabeling) 또는 재정의(redefining)라고도 하며, 어떤 문제에 대해 클라이언트가 부여하는 의미를 수정해줌으로써 클라이언트의 시각을 긍정적인 방향으로 변화시키려는 전략이다.

클라이언트의 왜곡되거나 부정적인 사고구조를 변화시키고, 문제를 다른 시각으로 이해하도록 돕는 것으로서 자신과 상황을 좀 더 현실적으로 인식하도록 돕는 것이다.

㉤ 조언(advice)

조언은 클라이언트가 해야 할 것을 추천하거나 제안하는 사회복지사의 진술을 말한다. 사회복지사가 클라이언트의 잠재적 강점을 무시한 채 조언을 사용한다면 부정적인 효과를 낳을 수 있으므로, 조언은 클라이언트의 요구가 있을 때 이득을 얻을 수 있다(엄명용 외, 2006).

2) 관계의 변화

사회복지실천현장에서 만나게 되는 많은 클라이언트는 관계의 문제 때문에 사회적 욕구가 충족되지 않아 고통을 받는 경우가 많다. 이러한 관계의 문제는 주로 가족, 동료, 친구, 직장 등 클라이언트가 속한 환경체계에서 일어난다.

인간관계의 문제를 가지고 찾아온 클라이언트의 관계변화를 돕기 위해서는 자신에 대한 이해를 확장시키는 것을 도우면서 의사소통을 효과적으로 할 수 있는 방법을 제시해주는 것이 필요하다.

(1) 효과적인 의사소통기술의 향상

Hepworth와 Larsen(1997)은 의사소통이 언어적 수준과 비언어적 수준, 상황적 수준의 세 가지 수준을 고려하여야 하며, 이들 수준의 일치성이 높을수록 건강하고 기능적인 의사소통을 하는 것이라고 하였다. 의사소통의 일치성을 높이기 위해서는 의사소통의 표현기술로 의사전달을 명확하게 하는 것이 중요하다.

의사소통의 효과적인 기술로는 '나 – 전달법(I-Message)'이 있다. 이는 상대방의 행동으로 인해 내 자신이 어떻게 느끼고 있는지를 객관적으로 전달하는 것이다. 상대방에 대한 비난을 하지 않으므로 상대의 저항을 일으키지 않고 상대방의 행동이나 말로 인해 자신이 어떻게 영향을 받고 있는지 효과적으로 알리는 방법이다.

나-전달법은 다음과 같이 세 가지로 구성된다.

① 행동 · 상황 : 상대방의 특정 행동에 대한 간결하고 분명한 묘사
② 결과 : 그 특정 행동으로 인한 나의 감정 경험 묘사
③ 감정 · 반응 : 그 행동이 나에게 미친 영향에 대한 명백한 묘사

3) 문제상황에 대한 대처방식 변화

(1) 문제해결기술 향상

인간의 삶은 복잡한 문제들의 연속이므로 우리는 의식적으로 혹은 무의식적으로 나름대로 끊임없이 문제해결을 한다. 문제해결기술은 일상생활에 직면한 문제에 대처하는 능력이 적절하지 못하여 어려움을 겪고 있는 클라이언트에게 당면한 문제의 해결뿐 아니라 클라이언트의 문제해결기술능력을 향상시켜 다른 문제에 대한 대처능력도 향상시키고자 하는 개입을 하게 된다.

클라이언트는 자신의 문제해결을 위해 체계적으로 접근하는 방법을 배우는 과정에서 사회복지사와의 관계를 통해 타인의 욕구에 반응하고, 타인의 입장을 이해하며 그들과 협력하는 과정을 배우게 된다. 뿐만 아니라 문제해결을 돕는 원조과정에서 합리적인 의사결정 방법을 익혀 충동적이거나 비합리적인 결정을 내리지 않고 해결되지 못한 문제로 인한 스트레스나 역기능적 행동을 감소시킬 수 있게 된다(Hepworth & Larsen, 1986).

① 문제해결 단계

문제해결기술을 향상시키기 위한 개입을 Hepworth와 Larsen은 다음과 같이 여섯 단계로 제시했다(Hepworth & Larsen, 1986).

㉠ 1단계 : 문제를 규명하기

다루고자 하는 문제가 무엇인지 그리고 현재는 그 문제가 작아 보여도

그냥 두면 악화되어 심각해질 수 있음을 인식시킨다.

ⓛ 2단계 : 문제분석과 참여자들의 요구발견

문제에 관여되어 있는 각 사람들의 입장에서 문제상황을 솔직하게 이야기하고, 이를 통해 문제의 원인을 밝힌 뒤 각 상황에서 그들의 요구를 파악한다.

ⓒ 3단계 : 가능한 해결책을 위한 브레인스토밍

브레인스토밍은 창의성에 제한을 주지 않고 비현실적이거나 엉뚱한 생각들도 하나의 대인으로 수용될 수 있다. 이를 통해 참여자들은 긍정적 피드백을 주고받으며 타인들의 생각을 비판 없이 수용하는 법을 배우게 된다. 이때 모든 대안들을 빠짐없이 기록한다.

ⓡ 4단계 : 참여자들의 요구를 고려한 대안 평가

대안을 평가하여 가장 가능한 대안을 선택하는 것으로, 이 선택에서 무언가를 잃은 사람을 방지하기 위하여 참여자들은 각 대안에 찬성이면 '+'를 반대면 '−'를 표시하고 중간 입장이면 '0'을 표시하여 그것을 기록으로 남긴다.

ⓜ 5단계 : 선택된 대안 실행

선택된 대안의 실행은 참여자들의 욕구를 고려해서 결정한 것으로, 서로간의 협력하에 실시해야 하며 한 사람이 제대로 수행하지 않을 경우 전체가 실패하게 된다. 따라서 참여자들은 서로에게 대안실행에 대한 압력을 가할 수 있다.

ⓑ 6단계 : 문제해결노력에 대한 결과 평가

대안실행 후 문제가 해결되었는지, 해결되지 않았다면 왜 해결되지 않았는지를 평가한다. 만약 실패할 경우 다시 두 번째 단계로 돌아가 욕구를 파악하고 대안을 정하는 과정을 밟게 된다.

(2) 스트레스 관리 기술

스트레스란 자기에게 부과된 요구수준과 이 요구에 부응할 수 있는 자신의 능력 간의 어떤 불균형감이 지각될 때 일어나는 생리적 반응이다. 사회복지실천과정에서의 스트레스는 부정적인 것으로 신체적 질병과 정신적 고통, 부적응의 원인이 되는 것들이다.

스트레스 관리는 삶의 문제와 연관하여 긴장이나 스트레스를 받는 사람들에게 광범위하게 사용되는 방법이다.

긴장이완훈련은 생리적 측면을 다룬 기법이지만 클라이언트의 불안감을 완화시키고, 정서적 상태를 일정 수준으로 유지시키기 위한 개입으로 사회복지현장에서 종종 사용된다(방미진 외, 2011).

3 가족수준의 개입 : 가족치료

현대사회에서의 가족은 사회의 연속성과 안전성에 매우 핵심적인 역할을 담당한다. Zastrow(1995)는 가족의 중요한 기능을 재생산, 보호, 사회화, 성행동의 규제, 애정 제공으로 보았다. 이러한 가족의 기능을 도와 긍정적으로 가족구성원들이 적절한 사회적 역할을 수행할 수 있도록 돕는 것이 가족개입 혹은 가족치료이다.

가족치료는 개인의 문제가 가족과 밀접하게 연관되어 있어서 가족이 변하지 않고서는 개인의 문제가 해결될 수 없다는 전제에서 출발한다. 가족치료가 한국의 사회복지실천에 적용되고 연구된 시기는 1980년대 중반 이후이며, 최근에 가족치료의 활용이 활발해지고 다양한 가족문제를 해결하는 데 있어서 치료의 효과가 입증되면서 가족치료에 대한 관심이 급증하는 추세이다. 가족치료는 개인과 가족의 심리적이고 다양한 대상을 치료한다.

1) 가족대상 사회복지실천의 이해

(1) 가족치료의 개념

가족치료는 가족구성원이 보이는 문제행동을 그 개인의 문제로 보지 않고, 개인을 둘러싼 가족이라는 맥락 속에서 이해하려는 시도이다. 가족치료자는 문제행동 자체보다는 문제행동을 둘러싼 가족 상호작용에 관심을 갖는다. 그러므로 가족치료는 개인을 둘러싼 환경 요소 중에서도 특히 가족을 치료적 매개로 사용하는 기법이라고 정의할 수 있다(권진숙 외, 2006).

(2) 기능적 가족과 역기능적 가족

사회복지사가 기능적 가족과 역기능적 가족에 대하여 이해하는 것은 가족에 대한 개입 시 가족문제에 대한 사정과 개입의 초점을 결정하는 데 매우 중요한 관점을 제공한다. Goldenberg와 Goldenberg(1980)는 기능적 가족과 역기능적 가족에 대하여 다음과 같이 설명하고 있다.

기능적 가족은 가족구성원들 간의 분명한 경계와 자율성이 있고 서로 염려하고 깊이 신뢰하는 분위기가 형성된다. 또한 의사소통이 공감적이고 개방적이며 가족의 규칙은 가족발달에 맞고 유연성이 있다. 그러나 역기능적인 가족은 폐쇄적이고 가족의 규칙에 융통성이 없고 위협적이며 서로에게 집착하는 정도가 심하거나, 지나치게 무관심하여 적절한 가족의 기능을 수행하지 못하게 된다(최경화 외, 2010).

기능적 가족과 역기능적 가족의 특성은 표 12-1과 같다.

표 12-1 **기능적 가족과 역기능적 가족**

구 분	기능적 가족	역기능적 가족
경계	• 하위체계의 경계선이 명확하며, 하위체계 간 경계가 개방되어 에너지 교류가 자유롭다.	• 하위체계의 경계선이 경직되거나 혼란되어 있으며, 변화하지 않는다. • 지나치게 독립적이거나 지나치게 융해되어 있어서 적절한 분화가 어렵다.
가족규칙	• 가족규칙은 명확하며 공평하게 이루어진다. 또한 규칙은 가족상황에 따라 융통성 있게 변화할 수 있다.	• 가족의 행동에 대한 규칙을 가지고 있지 않거나 가족규칙이 명확하지 않으며, 경직되어 있다.
권력구조	• 가족 내의 권력구조가 부부가 연합되어 있고 위계질서가 명확하다. • 가족구성원은 자신들의 역할을 명확히 이해하고 자신에 대하여 수용적이며 다른 가족구성원과 협조적이다.	• 가족 내의 권력구조가 불안정한 부모 하위체계를 형성하고 부부의 권력이 위계적이지 못하고 혼란되어 있다. • 역할은 경직되거나 명확하지 않아서 역할연습으로 자아정체감 혼란이 있거나, 반대로 자신에게 요구되는 기대가 무엇인지 잘 알지 못한다.
의사소통	• 의사소통은 언어적 · 비언어적으로 일치적 의사소통을 한다. • 가족구성원이 자신의 사고, 감정에 대하여 자유롭고 명확하며 직접적으로 표현할 수 있다.	• 의사소통은 애매하고 간접적이고 권위적이다. • 가족구성원은 감정과 생각을 자유롭게 표현하지 못하고 방어적이거나 회피적이다.
체계의 개방성	• 가족체계가 외부체계와 개방체계로서 에너지 교환이 원활하고 변화에 대하여 적응적이다.	• 가족체계가 폐쇄적이며 고립되어 있어 체계 내의 혼란과 증상이 악화된다. • 변화에 대하여 부적응적이다.

출처 : 양정남 · 최선령(2008).

(3) 구조적 가족치료 모형

① 주요 개념

Minuchin에 의하여 개발된 구조적 가족치료(structural model)는 가족을 재구조화함으로써 가족이 적절한 기능을 수행할 수 있도록 돕는 방법이다. 가족 내에서 발생되는 견고하고 반복적인 상호작용 패턴을 가족의 구조라 하며, 그 패턴을 재조직하거나 새로운 구조와 상호작용 형태로 대체시키는 작업이 가족을 재구조화하는 가족치료라고 하였다(Minuchin, 1974).

가족을 하나의 체계로 보고 가족은 서로가 영향을 미치는 집단이며, 가족 안에서 일어나는 복잡한 상호작용들은 때로는 예측할 수 없는 방향으로 문제를 야기한다. 따라서 가족치료자는 가족이 경직된 습관들로부터 벗어날 수 있도록 새로운 구조들을 고안하고 가족 상호작용의 과정을 분석하는 지속적인 치료의 전략과 구체적인 기술들을 제공한다.

② 치료목적

구조적 가족치료에서는 일차 목표를 가족구조의 재구조화에 두고 부차적 목표를 문제해결과 증상완화에 둔다. 따라서 역기능적 경계선을 기능적이고 구조적인 위계질서를 회복하도록 재조정하고, 가족규칙을 재조정하여 하위체계 간 위계질서를 회복하는 데 초점을 둔다. 가족 간의 명확한 경계를 강조하고, 특히 하위체계 간에 개방되고 명확한 경계를 수립하는 것을 치료의 목적으로 삼는다.

③ 치료기법

가족을 재구조화하기 위해 가족구조에 도전하고 직면시키는 치료적 개입을 한다.

㉠ 상호교류 유형의 실연(enactment)

가족갈등을 치료 상황으로 가져와 구성원들이 어떻게 갈등을 처리하는지 보고 그 상호작용을 수정하고 구조화하는 것이다. 이때 전문가는 "내가 없는 것처럼 직접 상대방에게 말하십시오"라고 요구한다(양옥경 외, 2006).

㉡ 경계 만들기

가족 내 하위체계들 간의 경계가 지나치게 유리되거나 밀착된 경우에, 유리된 경계는 보다 가깝게 하며, 밀착된 경계는 어느 정도 거리를 두도록 개입하는 것이다(권진숙 외, 2006).

㉢ 긴장의 고조

가족 내의 긴장을 고조시킴으로써 대안적인 갈등해결방법을 사용하도록 돕는다.

㉣ 과제부여

가족이 시도해 볼 필요가 있는 상호작용을 개발하도록 과제를 주는 것이다.

(4) 경험적 가족치료 모형

① 주요 개념

경험적 가족치료는 가족 내 의사소통의 명확화를 강조한다. Satir는 문제가 있는 가정의 의사소통은 모호하며, 간접적이라고 지적하면서 이러한 의사소통은 가족구성원의 낮은 자존감에서 기인된다고 하였다.

경험적 가족치료자들은 정서적으로 메마른 가족들의 내면에 숨겨진 자신의 감정을 느끼도록 하며, 그러한 감정을 솔직히 표현하도록 도와줌으로써 좀 더 성숙한 인간이 되도록 돕는 것으로 경험적 가족치료는 치료적이며 성장지향적 모델이다.

Satir는 가족 내의 의사소통 유형을 주로 언어적 표현과 비언어적 표현이 서로 일치하는 경우와 불일치하는 경우로 나누었다. 일치하는 경우는 건강한 의사소통이라 하고, 불일치하는 경우는 역기능적인 의사소통이라 하며, 역기능적인 의사소통 유형을 회유형, 비난형, 초이성형, 산만형으로 나누었다.

② 치료목표

경험적 가족치료의 목표는 안정이 아니라 성장이다. 가족과 그 구성원의 성장을 위한 창의력 증진과 그 가족이 갖고 있는 특별한 문제를 해결해 나갈 수 있도록 돕는 데 목적을 둔다. 또한 자기존중감 향상, 가족규칙의 명확화와 융통성 확립, 의사소통 수준 향상도 목적에 포함된다.

③ 치료기법

가족 내의 의사소통을 분명히 하고 직접적이며 비언어적 표현과 일치되도록 도와 인간으로서 잠재력을 충분히 증진시키고 성숙하도록 하는 것이다.

㉠ 가족조각

가족조각(family sculpting)은 집단 세션 내에서 클라이언트나 그 가족이 가족행동의 중요한 측면을 재연하여 완화시키도록 돕기 위해 고안되었으며, 치료뿐만 아니라 사정의 도구도 된다.

가족구성원들로 하여금 거리감이나 밀착된 몸짓, 자세를 통해 의사소통과 관계형태를 표현하도록 요구하는 것으로, 가족구조를 시각적으로 묘사하는 기법이다.

㉡ 가족그림

경험주의 모델의 기법으로서 가족원들에게 자신이 느끼는 대로 자유롭게 가족관계에 대해 그림을 그리도록 하는 기법이다. 그림을 통해 가족구성원들이 서로에 대해 어떻게 느끼는지, 가족에 대해 어떠한 문제가 있는지 이해할 수 있다(권진숙 외, 2006).

㉢ 역할극

가족구성원들이 자기 자신이나 다른 사람의 생활을 단막극으로 표현하는 것이다. 이때 참여자들은 역할 바꾸기를 하여 다른 사람의 내면에 대한 이해를 높일 수 있다.

㉣ 재구성

문제가 되는 행동과 반응을 재구성하고 긍정적인 의미를 부여하여 가족구성원들의 행동에 대한 지각을 변화시킴으로써 좀 더 바람직하게 상호작용하도록 돕는 것이다(양옥경 외, 2006).

(5) 전략적 가족치료 모형

① 주요 개념

'전략적'이라 표현한 이유는 인간 행동의 원인에는 관심이 없으며 단지 행동의 변화와 증상의 제거에만 관심을 가지기 때문이다. 반복되는 행동의 연쇄과정과 행동패턴에 초점을 두며, 문제행동에 대한 분석은 체계 이론에 근거하나 개입은 전략(strategy)을 사용하여 매우 실용적이고 계획된 방법을 지향한다. 즉, 문제행동을 변화시키기 위한 다양한 전략에 그 초점이 있다.

② 치료목표

치료의 목표는 현존하는 문제를 제거하는 것이다. 치료는 규명된 문제와 관련되는 사회적 상호작용에서 작은 체계적 변화를 만들려는 것이다.

③ 치료기법

Haley의 주된 치료기법에는 역설적 개입, 지시, 시련기법 등이 있다.

㉠ 역설적 개입

치료적 목적을 위해 변화하지 말고 증상을 계속 유지하라고 주문하는 전문가에게 저항하도록 유도하여 가족 스스로가 변화하도록 돕는 것이다. 여기에는 증상을 없애기 위해서 증상을 지속하게 하거나 증상을 과장 혹은 심지어 자발적으로 증상을 일으키라고 처방하는 증상처방과 가족 스스로가 저항의 심리로 일어난 변화에 대해 전문가는 재발을 걱정하면서 변화속도를 통제하도록 요구하는 변화제지가 있다.

ⓒ 지시적 기법

전문가가 클라이언트나 가족에게 특정 행동을 하도록 혹은 특정 행동을 하지 않고 다른 행동을 하도록 지시하는 것이다. 지시는 작고 쉽게 실천할 수 있는 것이어야 하고, 실천하는 저항 없이 받아들여질 수 있는 적합한 것이어야 한다.

ⓒ 시련기법

변화를 원하는 사람에게 증상보다 더 고된 체험을 하도록 과제를 주어 증상을 포기하도록 하는 것이다. 이때의 체험은 증상을 잊을 정도로 고통스러운 것이어야 한다. 이 체험과정에는 2인 이상이 참여하도록 하고 클라이언트에게 도움이 되고 실천 가능하며 구체적인 체험을 제시하여야 한다 (양옥경 외, 2006).

ⓔ 긍정적 의미부여

가족의 응집을 향상시키고 치료에 대한 저항을 줄이기 위한 목적으로 가족의 문제나 행동을 가족 내에서 긍정적 기능을 하는 것으로 보도록 재해석하는 기법이다.

(6) 해결 중심적 가족치료

① 주요 개념

해결 중심적 가족치료는 기존의 관점과는 다른 입장에서 문제해결을 시도하였다. 그들은 문제가 무엇인가를 파악하기보다는 가족이 원하는 해결이 무엇인가에 초점을 두어 가족을 도우려 하였다. 전략적 가족치료자는 주로 가족이나 개인을 둘러싼 문제의 결과에 초점을 맞춘다. 따라서 문제를 둘러싼 일련의 순서에 대하여 가족에게 질문한다. 그러나 해결 중심적 가족치료자는 가족이 가진 예외적인 해결에 초점을 맞춘다. 따라서 그들은 문제보다는 가족이 적용해 왔던, 또는 적용 가능한 해결책을 질문하게 된다(권진숙 외, 2006).

② 치료목표

해결 중심치료의 목표는 작고 간단하며 현실적으로 성취 가능한 것이어야 하며, 부정적이고 바람직하지 않은 행동을 없애는 것보다 긍정적인 행동을 증가시키는 것에 초점을 둔다. 이때의 변화는 클라이언트에게 의미 있고 클라이언트가 원하는 것이어야 한다.

③ 해결 중심으로 이끄는 질문

㉠ 면담 전 변화에 대한 질문

치료자는 치료를 약속하고 오기까지 발생한 변화에 대하여 질문하여 스스로 노력한 것과 해결능력을 인정하고 그러한 사실을 강화하고 확대할 수 있도록 격려한다.

㉡ 예외질문

클라이언트가 일상생활에서 문제가 발생한 상황이 아닌, 성공했던 경험을 발견하고 의도적으로 성공했던 행동을 하도록 강화시키는 전략이다.

㉢ 기적질문

기적질문은 문제가 해결된 상태를 상상해 보고, 해결하기를 원하는 것들을 구체화하고 명료화하며, 치료목표를 현실적이며 구체적으로 설정하기 위한 질문기법이다.

㉣ 척도질문

클라이언트에게 자신의 문제, 우선순위, 성공, 정서적 관계, 자아존중감, 문제해결의 가능성에 대한 확신, 변화를 위해 투자할 수 있는 노력, 변화를 위한 동기, 진행에 관한 평가 등의 수준을 수치로 표현하도록 하는 질문이다.

ⓜ 대처질문

대처질문은 클라이언트에게 경험을 활용하게 하고 새로운 힘을 갖게 하며, 클라이언트가 자신의 자원과 강점을 발견하도록 하는 데 도움이 된다.

(7) Bowen의 체계적 가족치료

가족은 항상 우리 안에 남아 있어 우리는 해결되지 않은 부모에 대한 정서적 반응을 가지고 있어 새로운 깊은 관계를 형성할 때 과거의 유형을 반복한다. 따라서 건강하고 성숙한 인격을 형성하기 위해서는 가족에 대한 해결되지 않은 정서적 애착을 수동적으로 수용하거나 거부하기보다는 적극적으로 해결하여야 한다.

① 주요 개념

㉠ 자아분화(differentiation of self)

자아정체감이 낮고 불안정한 상태는 정서적 융합의 정도가 높아 자아분화의 정도가 낮은 것이며, 자아정체감이 강하고 자율적인 상태는 자아분화의 정도가 높은 것이다.

㉡ 삼각관계(triangles)

두 사람의 불안수준이 높아질 때 체계의 균형유지를 위하여 제삼자를 끌어들이는 삼각관계가 모든 정서체계의 기본적 장애가 된다.

㉢ 가족투사(family projection)

가족투사란 부모가 자신의 미분화를 자녀에게 전달하는 과정이며, 분화

수준이 낮은 가정일수록 투사경향이 심하다. 부부간의 낮은 자아분화 수준은 미분화에서 오는 불안상태에서의 긴장을 해결하기 위해 모자간의 공생관계를 형성하게 되고, 미분화된 자기문제를 자녀에게 투사함으로써 정서적 융합을 이루게 된다.

② 치료목표

Bowen의 가족치료 목표는 가족구성원의 불안을 감소시키고 자아분화 수준을 높이는 것이다. 가족의 주요 문제를 불안과 정서적 융합에 있다고 보고 일차적 치료목표를 불안을 감소시킴으로써 증상을 완화하고, 자아분화 수준의 향상을 통해 적응력을 향상시키는 데 둔다. 가족의 삼각관계적 정서체계를 수정하고 가족구성원들이 보다 높은 자아분화를 할 수 있도록 도와주는 것이며, 이때 치료자는 조정자로서의 역할을 수행한다.

③ 치료기법

㉠ 탈삼각화(detriangulation) 기법

탈삼각화란 두 가족구성원들의 감정영역에서 제3의 가족원을 분리시키는 기법이다. Bowen의 초점은 가족에 대한 감정적인 반동성을 조절하도록 하고, 자신과 가족을 객관적으로 관찰하도록 함으로써 궁극적으로 가족으로부터 탈삼각화되고 자신의 의견을 갖도록 돕는 데 있다(권진숙 외, 2006).

㉡ 코칭

치료자가 클라이언트에게 개방적이고 직접적으로 접근하여 가족의 정서적 과정들과 그 안에서 자신의 역할을 발견하도록 돕기 위해 고안된 순환적 질문을 함으로써 관계성 패턴을 수정하는 것을 돕는다.

ⓒ 자기입장 취하기

타인의 행동에 대한 이야기 대신에 자신의 느낌을 말함으로써 자기 유형을 취하도록 하여 정서적 반응의 악순환을 깨뜨리는 직접적인 방법이다.

4 집단수준의 개입

사회복지실천에서 초기 집단개입실천의 장으로 인보관을 들 수 있는데, 집단의 힘을 활용하여 도시빈민들을 교육·계몽하고 정체감을 가질 수 있도록 돕고 정서적 지지와 원조를 제공하며, 사회환경을 조직하고 개선하고자 하는 목적으로 발전되었다. 이러한 집단개입은 1960년대 이후에는 사회변화뿐 아니라 개인의 치료와 변화 목적으로 정신병동, 아동복지기관, 교도소, 학교 등에서 소그룹 활동이 활성화되면서 사회복지실천의 개입방법으로 성장하게 되었다.

1) 집단개입에 대한 이해

(1) 집단개입의 목적

집단개입의 목적은 개인의 사회화, 역기능의 예방, 치료, 재활 및 성장, 전체 집단의 성장과 변화, 사회행동, 사회적 위기의 제거를 통한 사회변화이다.

(2) 집단역동

집단구성원들과 집단지도자 사이에 일어나는 상호작용과 에너지 교환을 집단역동이라 한다. 집단역동은 상호작용을 통해 나오는 구성원들의 힘의 합 이상이다. 집단개입이 가능한 것은 바로 집단의 역동 때문이다.

Toseland와 Rivas(1995)는 집단역동의 네 가지 영역을 의사소통과 상호작용, 집단의 결속력, 사회통제역학, 집단문화로 나누어 보았다.

① 의사소통과 상호작용

집단구성원들이 언어적, 비언어적으로 의사소통하여 집단 내의 상호작용이 일어나게 된다. 상호작용은 집단중심일 수도 있고 리더중심일 수도 있다. 리더중심일 경우 구성원들 간의 자유로운 상호작용을 방해한다는 점에서 바람직하지 못하다. 반면 집단중심은 자유로운 상호작용을 통해 집단과정을 촉진시킬 수 있으나, 초점 없는 피상적인 이야기들로 인해 오히려 목표달성이 어려워질 수도 있다.

집단 내에서 이루어지는 사회적 상호작용은 힘의 역동적인 교환행동이다. 이 과정에 참여한 사람들 간의 접촉을 통하여 참여자의 사고, 감정, 행동 그리고 태도를 변화시키는 결과를 낳는다.

② 집단의 결속력

집단의 결속력은 집단구성원들로 하여금 집단에 머물도록 하는 데 영향을 미치는 요인들의 합이다. 집단에 대한 결속력은 집단에 대한 매력에서 나오는데 이는 집단을 통해 얻는 것이 잃는 것보다 많을 때 생기게 된다. 집단의 결속력이 강할수록 구성원들이 서로에게 미치는 영향력 또한 커진다.

③ 사회적 통제역학

집단이 질서 있게 기능하기 위하여 구성원들로 하여금 일정한 방식을 따르도록 하는 과정에서 통제력을 사용하게 된다. 사회적 통제에는 규범과 역할, 지위가 있다.

④ 집단문화

집단문화는 집단구성원들이 공통적으로 가지는 가치, 신념, 관습, 전통을 의미한다. 대부분의 집단구성원들은 자신의 경험과 인종, 종교 등으로부터 고유한 문화를 집단으로 가져오지만 이러한 가치들은 의사소통과 상호작용하는 과정에서 서로 섞이게 되고 결국 새로운 일련의 집단문화를 형성하게 된다(양옥경 외, 2006).

(3) 집단유형

Toseland와 Rivas(1995)는 집단이 추구하는 목적에 따라 치료집단(treatment group)과 과제집단(task group)으로 분류하였다.

치료집단은 집단구성원의 교육, 성장, 행동변화 또는 사회화에 대한 욕구를 충족시키기 위해 구성된 집단으로, 여기에는 지지집단, 교육집단, 성장집단, 치료집단, 사회화집단이 있다. 과제집단은 의무사항의 이해, 조직 또는 집단의 과업성취를 위해 구성된 집단으로 위원회, 행정집단, 협의회, 치료회의, 사회행동집단 등이 있다.

① 지지집단

지지집단에서 구성원들의 현재의 생활사건에 대처하고 앞으로의 생활사건에 효과적으로 대처할 수 있는 대처능력을 향상시키기 위해 지지개입 전략을 사용한다. 전문가는 집단과정에서 직접(대처기술능력 촉진) 또는 간접적(자문, 의뢰, 물질적 원조) 역할을 수행하는데 전문가가 간접적 역할을 수행하는 대표적인 지지집단이 자조집단이다.

자조집단은 과거 유사한 관심과 문제를 가지고 있었거나, 현재 가지고 있는 사람들이 집단을 활용하여 그들의 경험을 나누고 서로 정보와 지지를 제공하여 문제에 대한 대처능력을 향상시키고자 하는 것에 목적을 두고 있다.

② 교육집단

교육집단은 집단구성원에게 기술과 정보를 제공하는 것으로 주로 전문가의 강의와 교육이 중심이고 효과를 강화하기 위해 집단토론의 기회를 제공한다.

③ 성장집단

성장집단은 구성원들의 자기계발, 잠재력계발, 인간관계 개선 등을 목적으로 하므로 다른 집단에 비해 자기노출이 많은 편이다. 그러나 심리-사회적 질병을 치료하는 것이 아니라 심리-사회적 건강을 증진시킨다는 점에서 치료집단과 다르다. 성장집단의 초점은 인식을 증진시켜 행동과 태도의 변화를 일으킨다는 것이다.

④ 치료집단

치료집단은 행동을 변화시키거나 개인적 문제를 완화하기 위한 혹은 사회적, 의학적 충격 뒤에 재활하기 위한 목적으로 집단구성원을 돕는다.

치료자는 집단 내에서 일대일 치료적 관계를 맺고 권위적이고 변화 매개자로서 역할을 하게 되는데 집단구성원들의 자기노출 수준이 가장 높은 편이다.

⑤ 사회화집단

사회화집단은 집단구성원으로 하여금 사회에서 수용 가능한 태도와 행동을 습득하도록 돕는 것이다. 전문가는 사회적 관계망에서 역할을 학습할 기회가 적절하지 못했다는 전제하에 새로운 상황에서 변화된 역할과 상호작용을 수행해 볼 수 있는 기회를 제공해야 한다. 사회화집단은 행동함으로써 학습하는 접근방식을 사용하는데 사회적 기술훈련집단, 자치집단, 레크리에이션집단으로 나눌 수 있다.

2) 집단개입을 위한 고려사항

(1) 집단의 장소와 분위기

집단상담실의 위치, 크기 및 분위기는 집단구성원의 수, 연령, 주된 활동 프로그램에 따라 다를 수 있으나, 대체로 심리적인 안정감을 줄 수 있고 아늑하여 집단과정에 몰입하는 데 방해하지 않을 정도로 정돈되어 있고, 참여자들이 자유롭게 신체적 활동도 할 수 있을 정도로 넓어야 할 것이다.

(2) 집단의 크기

집단의 적절한 크기의 기준은 대체로 그 구성원의 성숙도, 사회복지사의 경험, 집단의 유형, 탐색할 문제나 관심의 범위 그리고 타인에 대하여 알고자 하는 집단구성원의 요구 등 여러 요인에 따라 다를 수 있다. 집단의 크기는 구성원의 만족도, 구성원 간의 상호작용, 집단개입 결과에 영향을 미친다.

(3) 집단의 구성

집단구성이란 구성원들을 동질적으로 구성하는 것이 더 좋으냐, 아니면 이질적으로 구성하는 것이 좋으냐 하는 문제에 해당된다. 사회적 성숙도, 성, 지적능력, 교육수준, 성격의 차이, 문제영역, 사회경제적 수준 등 여러 요인들이 이에 관련된다.

(4) 집단의 기간

집단의 기간을 결정할 때는 전체 세션 횟수와 각 세션의 시간에 대한 내용이 포함된다. 각 세션의 시간은 30분에서 120분까지 여러 가지로 정할 수 있으나, 보통 90분에서 120분 정도가 적당하다.

(5) 개방집단과 폐쇄집단

개방집단은 집단이 진행되는 중간에 기존의 집단구성원 이외의 새로운 구성원이 들어올 수 있도록 집단을 개방한 것으로 집단규범이 융통적일 수 있으나 불안정할 가능성도 있다. 폐쇄집단은 처음에 구성된 집단구성원이 일정한 틀 내에서 집단활동을 하기 때문에 매우 기능적일 수 있으나, 성원이 중도에 탈락할 경우 치명적이다.

3) 집단개입의 효과를 가져올 수 있는 치료적 요인

(1) 희망 여부

집단에서 구성원들은 자신보다 더 심한 문제를 가진 사람이 회복되는 것을 보면서 혹은 자신과 유사한 문제를 가진 사람이 효과적으로 문제에 대처하는 것을 보면서 희망을 갖게 된다.

(2) 보편성

다른 사람들의 문제가 자신과 비슷하다는 사실에 위로를 얻게 되고, '한 배를 탔다'는 느낌이 더 집단에 기여하게 한다.

(3) 통찰력

집단리더와 구성원들로부터 받게 되는 충고, 제안, 직접적인 안내 등은 많은 교훈적 역할을 하고 이렇게 정보를 주고받는 과정은 자신의 문제에 대한 통찰을 돕고 해결능력을 향상시키는 효과를 가져온다.

(4) 이타심

집단구성원들끼리 서로 도움을 주고받는 과정에서 누군가를 지지하거나 무언가를 제안, 충고함으로써 도움을 줄 수 있다는 것에 스스로를 가치 있는 존재라고 느끼게 된다.

(5) 교정적 가족관계의 회복

집단은 가족과 유사하여 각 구성원들은 리더나 다른 구성원들에게 가족과의 상호작용을 반복하게 된다(교정적 반복). 즉, 집단 내에서 정형화된 행동을 지적받고 현실에 비추어보며 다른 새로운 행동을 해보도록 끊임없이 격려받으므로 고정적 행동패턴을 수정하게 된다.

(6) 대인관계 및 사회기술의 개발

집단의 규칙으로 인해 구성원들은 부적응 혹은 비사회적 행동에 대한 피드백을 받음으로써 또 다른 구성원이나 리더의 행동을 모방하고 학습함으로써 사회적 기술과 대인관계 기술을 학습한다.

(7) 카타르시스

자신을 지지해준다고 믿는 집단에서의 강한 감정표현은 자유로움을 느낄 수 있고, 새로운 기분으로 자신의 문제에 대한 통찰력을 갖게 한다. 그러나 치명적인 경험을 한 구성원의 경우 감정의 표현에 대한 제한이 필요하다.

4) 집단개입방법

(1) 사회적 목표 모델

사회적 목표 모델은 초기 집단사회사업 목표성취의 기본적 모델이며, 민주주의를 유지, 발달시키려는 사회적 목표를 강조한다. 인보관, YMCA, YWCA, 보이스카우트와 같은 초기의 사회복지단체와 조직에서 인간관계의 의식적인 훈련, 지도력의 실험, 민주적 과정의 학습, 시민참여 등의 집단 활동을 통해서 사회적 의식, 사회적 책임의 목적을 달성하기 위하여 활동한 것은 사회적 목표 모델로 설명될 수 있다.

(2) 치료 모델

치료 모델은 시설보호아동의 치료에서 발전되었으며, 집단을 통해 개인기능과 사회기능을 육성하는 것으로, 집단은 개인의 치료를 위한 수단임과 동시에 상황으로 보고 있다. 그렇기 때문에 이 모델에서 사회복지사의 역할은 지시적이고 계획적이며 목표지향적인 변화촉진자, 전문가, 조력자, 중개자의 역할을 수행한다.

(3) 상호작용 모델

상호작용 모델에서 집단은 모든 집단구성원과 사회복지사가 이루는 하나의 체계로 보며, 각 체계 또는 집단은 그 자체가 유기체이므로 하나의 실체로서 이해된다.

사회복지사의 역할은 개인과 집단, 지역사회 사이의 상호관계 중개자, 매개자로서 활동하며 그 초점은 이들 삼자의 체계적 상호의존성에 둔다.

이 모델은 개입 모델, 인본주의 모델 등으로 불리며, 그 이론적 기초는 사회체계 이론과 장(場) 이론에 근거를 두고 있다.

5 간접적 개입

간접적 개입이란 사회복지사가 목표달성을 위하여 클라이언트와의 개별적 접촉이나 즉각적 개입을 하지 않는 행정, 연구조사, 정책개발, 교육 등과 같은 사회복지사의 활동이며, 간접적 치료는 클라이언트를 대신해서 환경을 변화시키는 개념이며, 조정 · 교육 · 옹호 그리고 자원개발 등을 포함한다.

클라이언트의 변화를 위해 사회복지사가 행하는 환경에 대한 개입활동은 사회적 지지체계의 개발, 서비스 조정, 프로그램 개발, 클라이언트 집단을 위한 옹호활동 등으로 나누어 살펴본다.

1) 사회적 지지체계의 개발과 강화

인간은 누구나 타인으로부터 자신의 행동과 판단, 사고 등에 대해 지지받기를 원한다. 이것이 사회적 지지이며 일반적으로 인간은 타인과의 관계속에서 타인의 행동을 통해 정서적 안정과 보호, 자신의 생각이 남과 크게 다르지 않다는 위로, 경제적, 물질적 도움이나 원조 그리고 자신의 과업수행과 사고방식이 옳다는 지지 등을 받는다고 지각하게 된다. 사회적 지지가 부족한 상황에서 많은 신체, 심리, 사회적 문제가 발생하므로 사회복지사는 클라이언트가 가지고 있는 기존의 사회적 지지체계를 활성화시키거나, 적절한 지지체계가 없다면 새로운 지지체계를 개발해주는 것이 필요하다.

(1) 자연적 지지체계의 활성화

전문가가 기존의 체계들이 클라이언트의 욕구에 맞게 적절히 기능하도록 돕는다.

자연적 지지체계는 가족, 친척, 친구, 이웃 사람, 종교단체 등이 포함된다. 특히 확대가족 친족 조직망은 클라이언트와 멀리 떨어져 생활하더라도 효과적인 유대관계를 가지고 지원할 수 있으며, 이 친족은 영속성을 가진 지지체계라 할 수 있다.

(2) 공식적 지지체계의 활용

지역사회의 다양한 공식적 기관들이 클라이언트의 문제를 해결하여 사회적 상호작용을 위한 기능을 수행할 수 있다. 클라이언트가 지역사회 내에 존재하는 다양한 기관 및 조직체 자원들에 접근하고, 이를 이용하도록 돕기 위해 사회복지사들은 활용 가능한 자원들에 대한 충분한 이해를 가져야 한다.

(3) 자원봉사자의 활용

자원봉사자의 활용은 클라이언트의 욕구를 만족시키기 위해 사회복지사가 활용하는 지지체계의 한 형태이다. 자원봉사자의 도움을 필요로 하는 클라이언트의 욕구에 부응하기 위한 자원봉사자를 모집, 선발, 훈련, 임무부여, 사후 지도한다.

2) 서비스 조정

여러 가지 문제를 가진 클라이언트에게 복합적인 서비스가 주어질 때 조정이 필요하다. 공동의 목적을 달성하기 위해 흩어져 있는 서비스들이 적절한 시기에 적절한 방법으로 클라이언트를 도울 수 있도록 조정하는 것을 의미한다.

Johnson(1998)은 조정의 형태를 다음과 같이 세 가지로 보았다.

(1) 서비스 연결

복합서비스를 제공하는 한 기관의 여러 전문가들이 특정한 클라이언트에게 관심을 가지고 서로 연결되는 것이다.

(2) 의뢰

의뢰체계를 통해서 서로 다른 기관의 전문가들이 연결되어 서비스를 제공하는데, 서비스가 제대로 전달되고 있는지 그리고 그 결과가 어떤지를 평가하는 것까지를 모두 포함한다.

(3) 사례관리

사례관리란 사회복지사가 클라이언트의 문제와 욕구를 평가하여 필요로 하는 서비스를 찾고, 필요한 서비스를 연결해주는 것이다. 전문가는 서비스 연결뿐만 아니라 직접적으로 서비스를 제공하기도 한다. 서비스 제공자들이 함께 일할 수 있도록 하기 위해 서로 의사소통을 할 수 있고, 전체의 목적에 서로가 기여한 바를 인정하고 존중할 수 있도록 도와야 한다.

(4) 서비스 조정을 위한 사회복지사의 역할

① 상황에 관련된 체계들이 적절하게 의사소통할 수 있도록 공통점과 상이점을 파악하는 기술
② 참여자들과 효과적으로 의사소통하는 기술
③ 조정과정에 참여하는 체계들이 각자가 조정서비스로부터 얻는 이득을 인식할 수 있도록 동기화시키고 격려하는 기술

3) 프로그램 개발

클라이언트의 욕구와 문제를 해결하기 위한 서비스가 지역사회 내에 없을 경우 사회복지사는 클라이언트의 욕구를 만족시킬 수 있는 프로그램 및 자원을 개발하여야 한다. 사회복지사는 지역 내의 영향력을 가진 사람들이 문제를 인식하도록 정보와 자문을 제공하고 지역주민들을 대상으로 욕구조사를 실시하여 그 문제의 심각성과 프로그램 개발의 필요성을 설득하고 요청하여야 한다.

4) 클라이언트 집단을 위한 옹호 활동

옹호란 클라이언트가 자원이나 서비스로부터 소외되었을 때 현존하는 정책이나 서비스가 클라이언트에게 불리한 영향을 미치고 있을 때 이를 수정하기 위해서 또는 필요한 자원이나 서비스를 위해 새로운 입법이나 정책의 입안이 필요할 때 클라이언트를 위해 클라이언트와 함께 하는 활동을 말한다.

사회복지사는 부적절한 혹은 불평등한 사회적, 법률적, 제도적 기능 및 사회복지기관으로 인해 욕구를 충족할 수 없는 클라이언트 개인이나 집단을 위해 옹호 활동을 하게 된다. 사회복지사가 옹호 활동을 하기 위해서는 불이익을 당하는 개인이나 집단의 참여가 절대적으로 필요할 뿐 아니라 이러한 문제를 인식하고 있는 전문가들의 참여 또한 중요하다.

생각해 볼 문제

1. 대상에 따른 개입방법을 개인, 가족, 집단, 지역사회의 수준의 차원에서 논의하시오.

2. 직접적 개입과 간접적 개입이 무엇인지 정의를 내리고 구체적인 사례를 들어 설명하시오.

3. 가족단위의 실천을 할 때 가족 내부관계의 변화를 가져오기 위해 실천할 수 있는 방법을 정리해 보시오.

4. 문제별과 대상별에 따른 집단역동의 장단점에 대해 논의하시오.

5. 각 대상별 실천기법을 사용할 때 어려운 점은 무엇인지 함께 토의하시오.

C/H/A/P/T/E/R 13

사회복지실천과정 V-평가 및 종결

학/습/목/표

- 사회복지실천과정의 종결 단계에서 평가의 중요성과 평가 유형을 이해한다.
- 단일사례설계의 단계와 유형을 이해한다.
- 과제달성척도, 만족도조사 등 다양한 평가기법을 이해한다.
- 사회복지실천과정의 종결 단계에서 종결의 유형과 사회복지사의 역할을 이해한다.
- 종결에 대한 클라이언트의 반응 및 종결기술에 대해 이해한다.

사회복지실천과정의 마지막 단계는 평가 및 종결 단계이다. 평가와 종결은 서로 연결되어 있다. 사회복지실천의 목적이 클라이언트의 문제해결 혹은 욕구충족에 초점이 있으므로 문제가 해결되거나 욕구가 충족되면 종결이 이루어진다. 목표달성과 문제해결, 욕구충족에 대한 결정은 평가를 통해 내려지기 때문에 평가는 종결을 위한 토대가 된다(최해경, 2010). 평가 단계는 실제 개입의 결과가 얼마나 안정되게 유지될 것인가를 결정하는 단계이고, 종결 단계는 클라이언트가 상실과 이별에 직면하여 보이는 다양하고 복잡한 감정과 태도 때문에 어느 단계보다 사회복지사의 민감한 반응과 기술적 접근이 필요한 단계이다.

1 평 가

1) 평가의 개념 및 목적

(1) 평가의 개념

평가란 개입의 효과성과 효율성을 측정하는 것으로, 효과성은 목표가 달성되었는지의 여부를, 효율성은 사용된 자원과 얻어진 성과 간의 비율을 말한다(Sheafor 외, 1991). 여기에는 개입의 목표가 달성되었는지 그리고 변화가 개입에 의한 것인지를 알아보는 과정이다. 평가는 개입의 전 과정에서 지속적으로 시행되지만 특히 개입이 끝날 때 더욱 중요하다.

평가를 통해 사회복지사와 클라이언트는 의도한 바대로 서비스계획을 이행했는가의 여부와 목적들이 성취되었는가를 결정짓고, 이를 토대로 문제나 목표, 서비스계획 등이 수정될 수 있으며 동일한 서비스계획을 다른 방식으로 수행할 수도 있다.

이러한 측면에서 평가는 사회복지실천의 과학성과 전문성을 강화해주고 클라이언트에 대한 책임성을 높여준다는 면에서 매우 중요한 의의가 있다고 할 수 있다.

(2) 평가의 목적

① 프로그램이 목적을 어떻게 효과적으로 충족시키는가를 확인해야 하기 때문이다.
② 프로그램을 재구성하거나 더욱 효과적으로 관리하기 위한 정보를 얻기 위해서이다.
③ 다른 사람들이 따라야 할 모델을 파악하거나 문제에 대한 이론이나 집근법을 시험해야 할 필요성이 있기 때문이다.
④ 효과성을 위해 스텝 구성원들이 무엇을 필요로 하는가를 발견하기 위해서이다.
⑤ 클라이언트의 관점에서 프로그램이 어떻게 잘 시행되고 있는가 그리고 더욱 효과적이 될 수 있는가에 대하여 확인해야 하기 때문이다.
⑥ 공공기관과의 관계 및 기금마련 노력을 개선하기 위해서이다.
⑦ 재원의 요구사항들을 만족시키기 위해서이다.

2) 평가의 유형

평가는 일반적으로 결과평가, 과정평가, 사회복지사평가, 프로그램평가로 구성된다.

참고

평가의 유형

- 실천대상 중심 : 개인수준에서의 평가, 가족수준에서의 평가, 집단수준에서의 평가, 지역사회수준에서의 평가
- 실천내용 중심 : 결과평가, 사정평가, 프로그램에 대한 평가, 특정한 활동이나 업무에 대한 평가

(1) 결과평가

결과평가란 설정된 목표에의 달성 여부를 사정하는 것을 의미한다. 설정했던 목표들이 얼마나 달성되었는지, 개입과정을 통해 원했던 변화가 일어났는지를 평가하게 된다. 결과를 사정하는 방법은 사정 단계 동안 사용된 방법에 의해 결정된다. 결과평가지에는 질문지 척도 사용이나 기초선을 비교하는 객관적 방법이 있다.

참고

- 기초선 : 개입 이전의 표적행동이 일어나는 빈도, 강도 그리고 기간 등을 말하는 것으로, 수일 또는 수주에 걸쳐 관찰하여 기록한 내용이 된다.

① 일반적 진전평가(general progress)

일반적 진전을 사정하기 위해서는 클라이언트들이 각자가 성취해야 할 진전 정도에 관하여 클라이언트의 의견을 유도해 내고 동의했던 목표를 참조하는 것이다. 이 방법은 클라이언트의 인식에 근거하므로 현명한 평가라고 할 수는 없지만, 클라이언트의 목표달성을 설명하는 실질적인 것이므로 클라이언트의 목표달성에 관한 의문을 줄일 수 있다.

참고

사회복지사가 클라이언트에게 목표달성의 정도를 질문하기 위해 사용하는 척도

5. 완전 성취했음. 4. 거의 성취했음. 3. 보통 정도 성취했음.
2. 어느 정도 성취했음. 1. 진전 없음.

② 사전, 사후 비교 방법(pretest-posttest)

개인이나 집단에 대한 평가로서 문제나 표적행동의 빈도를 측정할 수 있다면 최근의 측정치에 기초선을 비교하는 객관적인 방법인 사전-사후 비교 방법이 있다.

이 방법은 평가하고자 하는 문제와 그 측정도구를 개입하기 전에 문제가 어느 정도인지를 측정하고, 개입 후 다시 같은 방법으로 문제의 정도를 측정하여 그 변화를 개입의 결과로 보는 것이다.

③ 통제집단과 실험집단의 비교

개입을 한 집단과 개입을 하지 않은 집단을 비교하여 그 차이를 개입의 결과로 추정하는 것이다. 그러나 이 방법은 개입이 필요한 집단에 의도적으로 개입을 하지 않는다는 것이 사회복지윤리에 맞지 않고, 두 집단 간에 다른 변수의 영향은 거의 통제된다는 전제가 되어야 하는데, 실제 그런 집단을 설정하기가 현실적으로 어렵기 때문에 사전, 사후를 비교하는 것이 좋다.

(2) 과정평가

과정평가란 원조과정에 대한 클라이언트의 인식을 의미한다. 즉, 원조과정이 클라이언트에게 유용하였는지 또는 손해를 보게 했는지에 대한 클라이언트의 평가이다. 특히 사회복지사가 목표를 달성하기 위해 사용한 방법이나 기법, 어떤 기술이 진전을 시켰고 또 어떤 기술은 효과가 없었는지, 또 다른 기술은 문제를 제거했는지 그리고 어떤 특별한 구별된 기법을 사용했는지에 관한 클라이언트의 피드백이다.

(3) 사회복지사에 대한 평가

사회복지사에 대한 평가는 사회복지사 자신의 행동, 태도, 속성 등이 개입과정에 긍정적이거나 부정적인 영향을 받는 클라이언트 태도, 행동, 특질에 대한 피드백에서 보여 주는 평가이다. 부정적인 피드백은 비록 고통스럽지만 주의를 산만하게 하거나, 반치료적인 행동, 태도, 매너리즘을 알려준다는 점에서 역시 도움이 된다.

(4) 프로그램평가

① 욕구사정

프로그램 실행에 필요한 실행 가능성 혹은 타당성을 결정짓는다.

② 평가 가능성 사정

프로그램이 평가될 수 있는지를 결정한다. 프로그램에 요청되는 자원과 예측되는 프로그램 활동들 그리고 예견된 프로그램 결과들이 규정된다.

③ 과정분석

원조의 최종결과보다는 원조가 제공된 과정들에 초점을 둔다. 이는 사회복지사가 예측된 진전이 있었는가의 여부를 사정하는 데 도움을 준다.

④ 결과분석

프로그램 효과성에 대한 평가로서 프로그램 결과 측정이 이루어진다. 이는 프로그램 비용 측정과 병행되면서 프로그램 비용 효과성을 산출한다.

⑤ 프로그램 모니터링

자원, 활동 및 결과 등에 대한 프로그램 데이터를 지속적으로 수집하고 분석한다. 과정분석 및 결과분석은 한 번으로 이루어지는 평가임에 반해, 프로그램 모니터링은 여러 번에 걸쳐 이루어지는 특성을 가지고 있다.

3) 평가 기법

① 단일사례설계

한 사례의 클라이언트를 개입과정, 개입 후를 반복적으로 관찰하고 변화를 기록하는 것으로서, 목표가 달성되었는지, 개입의 결과가 어떠한지에 대해서 알아볼 수 있는 사회복지실천에서 가장 보편적으로 활용되고 있는 방식이다.

단일사례설계는 개입 이전의 상태와 개입 이후의 상태를 비교하는 것으로, 흔히 AB 설계라고도 한다. 여기에서 A는 개입 이전 상태, B는 개입상태를 말한다.

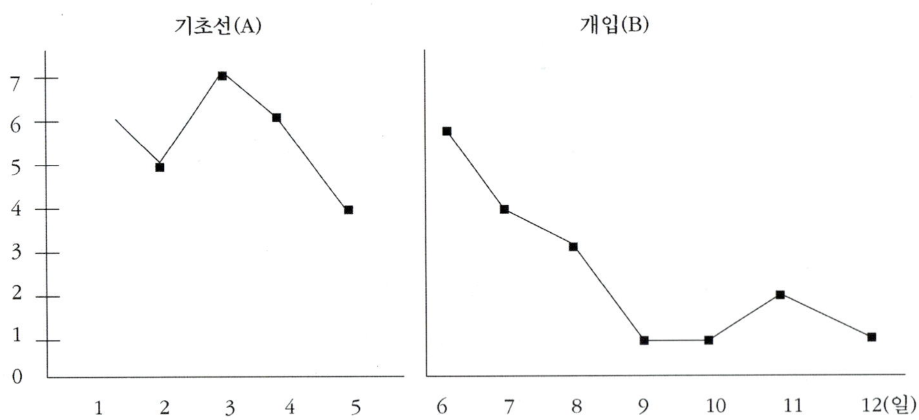

그림 13-1 단일사례설계(AB 설계)

② 목표달성평가

목표달성 척도에서는 목적달성을 결과 기준으로 사용한다. 이 방법은 클라이언트의 문제(예 : 실업)에 두는 것이 아니라 목표(예 : 취업)에 초점을 두고 있다는 점에서 긍정적이다. 단일사례설계로 클라이언트에 대한 개입을 평가하는 것이 적합하지 않을 때 이 방법을 사용할 수 있다.

③ 과제달성평가

과제달성평가는 사회복지사와 클라이언트가 합의한 과제를 완수하는 정도를 평가하게 되며, 전형적으로 5점 척도를 사용한다.

④ 클라이언트 만족도조사

클라이언트 만족도조사는 사회복지기관이 제공한 서비스에 관한 클라이언트의 의견을 구하는 것이다. 클라이언트에게 기관의 인상, 개입의 성공, 담당 사회복지사의 역량 등 원조과정의 중요한 측면들을 평가하도록 한다. 클라이언트 만족도조사는 개인뿐 아니라 집단 혹은 기관에서 서비스를 제공받고 있는 모든 사람에게 적용될 수 있으며, 직접적 서비스뿐 아니라 프로그램 전체를 평가하는 데 적용될 수 있다(나동석 외, 2009).

4) 조사절차 및 기법선택 시 사회복지사가 준수해야 할 사항

① 구체적 측정도구들은 반드시 타당성을 지녀야 한다.
② 선택된 도구들은 반드시 신뢰성을 지녀야 한다.
③ 측정절차는 클라이언트가 사용하기에 쉽고 간략해야 한다.
④ 측정절차는 변화유형의 차이점뿐만 아니라 다소 미미한 변화수준 또한 발견할 수 있어야 한다.
⑤ 측정절차는 비반응적이어야 하며 현재 측정되고 있는 현상을 변화시키거나 영향을 미치지 않으면서 차이점을 발견할 수 있어야 한다.

⑥ 단일체계 디자인을 사용할 경우 측정 디자인은 변화를 추적하고 모니터링하며 평가하는 데 적합해야 한다.

2 종 결

1) 종결의 개념 및 이유

(1) 종결의 개념

종결 단계는 사회복지사와 클라이언트 간의 개입과정 종결, 즉 원조과정의 해제를 위한 체계적 절차라 할 수 있다. 종결은 클라이언트와 사회복지사 모두에게 이별과 관련된 복잡한 감정을 갖게 된다. 이때 클라이언트가 보이는 반응은 사회복지사에 대한 애착 정도, 목표의 성취 정도 그리고 어린 시절 이별 경험에 따라 다양하게 나타날 수 있다. 그러나 일반적으로 클라이언트는 일정 기간 자신과 관련된 모든 이야기를 들어주고 자신을 수용하며 긍정적으로 돌보아 준 사회복지사와의 이별을 큰 상실과 슬픔으로 느낀다.

종결과정에서의 목표는 클라이언트를 도와서 그가 당면하고 있는 문제를 해결하는 것뿐만 아니라 앞으로 당면할 문제들을 극복할 수 있도록 클라이언트를 강화시키는 것이다.

(2) 종결의 이유

① 사회복지실천에서 일어날 수 있는 종결의 다양한 상황들

㉠ 사전에 동의된 목표들이 정해진 기간 내에 성취된 경우
㉡ 클라이언트가 그동안의 원조가 충분했다고 결정한 경우

ⓒ 사회복지사가 전근이나 이직 등으로 해당 지위를 떠나거나 클라이언트가 다른 지역으로 이사한 경우
ⓓ 법정요청이 만료되었을 경우
ⓔ 기관의 정책이 일정한 시간제한을 두었을 경우
ⓕ 자원의 한계 상황이 일어났을 경우
ⓖ 시간의 부족과 업무 부담감으로 인한 경우
ⓗ 슈퍼바이저로부터 충고가 있었을 경우
ⓘ 다른 기관들로부터의 영향력으로 인한 경우
ⓙ 클라이언트가 사망한 경우

2) 종결의 유형

(1) 계획된 종결

① 일정 기간만 제공되는 계획된 종결

종결은 미리 알려진 것이므로 클라이언트 입장에서는 갑작스럽게 종결을 맞는 것보다 충격이 적고, 그에 대한 대비를 할 수 있어 종결에 따른 감정을 해소할 충분한 시간을 갖게 된다. 그러나 그 기간 내에 문제가 해결되지 않았을 때 클라이언트는 진행 도중에 서비스가 중단되었다고 생각할 수 있고, 전문가는 종결에 대한 감정처리 이외에 남아 있는 문제를 해결하기 위해 다른 기관에 의뢰해야 하는 이중부담을 가지게 된다.

② 시간 제한적 종결

초기부터 사회복지사와 클라이언트가 개입의 시간을 미리 정하고 시작하는 것이다. 정서적 애착과 의존을 줄여주고 종결에 따른 상실감도 줄여주지만 나름대로 종결에 대한 반응은 나타난다.

전문가는 클라이언트가 개입을 통해 얻는 것을 분명히 하고, 지속적인 개입이 필요한 경우 또 다른 계획을 세우며, 개입 기간에 배운 바를 클라이

언트가 일상생활에 어떻게 적용할 것인지를 확인한다. 그리고 사후 세션을 계획한다.

③ 시간제한이 없는 종결

언제 종결할 것인가를 결정하는 것이 중요하다. 세션에서 얻는 이득이 점차 줄어들어 중요성이 없어질 때가 종결할 때라고 한다. 장기간의 개입과정에서 클라이언트의 의존심이 증가되고 전문적 관계를 통해 얻는 이득에 만족하는 경우 종결은 어려워진다.

(2) 계획되지 않은 종결

① 클라이언트에 의한 조기 및 일방적 종결

클라이언트가 갑자기 약속을 어기거나 이런저런 이유로 올 수 없음을 핑계 대고 더 이상 자신의 문제를 노출시키지 않으면서 종결을 원하는 경우, 대부분 해결되지 못한 저항 때문이거나 문제가 이미 해결되었다는 비현실적인 믿음 때문일 수 있으므로 직면하여 토론하는 것이 좋다. 조기 종결과 일방적인 종결은 종종 해결되지 않은 저항의 표현이므로 저항을 해결할 기회를 부여할 필요가 있다. 사회복지사는 클라이언트의 상황을 다양한 측면에서 탐구하여 클라이언트에 의한 조기 종결이 이루어지는 경우를 최소화하도록 노력해야 한다.

② 사회복지사의 사정으로 인한 종결

사회복지사가 직장을 바꾸거나 업무의 재담당으로 인해 클라이언트의 치료를 종결할 경우, 부모에 의해 거절된 경험이 있는 클라이언트는 특히 상처받기 쉽다. 시간이 허락하는 한 감정표현을 허용하고 다른 사회복지사에게 의뢰하는 것을 수용하도록 도와야 한다.

3) 종결의 반응

종결은 그 자체의 독특한 감정과 특성을 가지고 있다. 종결은 부정, 저항, 분노, 애도나 비탄 등의 반응을 동반할 수 있다. 사회복지사 또한 자신이 충분한 노력을 했는가에 대한 회의에서 오는 죄책감, 노력의 효과성에 대한 불확실성, 상실감 등 일종의 종결반응들을 보인다.

(1) 종결의 단계

종결의 단계를 다음과 같이 다섯 단계로 구분하기도 한다(Shulman, 1992).

① 부정의 단계

클라이언트는 종결에 직면했을 때 가끔 종결이 임박했다는 것을 부정하거나 그 경험이 가치 있었다는 것을 부정한다. 부정은 임박한 분리를 피하고 분리와 관련된 상실감과 불안을 피하려는 방어로써 작용한다. 클라이언트는 헤어질 준비가 되지 않았다거나 문제가 다른 어느 때보다 더 악화되었다고 저항을 하기도 한다. 사회복지사가 클라이언트에게 분리의 의미를 탐구하려고 할 때 주제를 바꾸기도 하고, 정해진 날짜를 잊어버리거나 자신이 준비가 되어 있지 않으므로 면접이 연장되어야 한다고 요청하기도 한다.

사회복지사와 클라이언트는 그들의 감정을 정리하고 이 단계를 생산적으로 활용하도록 준비할 수 있는 시간을 제공하는 것이 중요하다.

② 분노의 직접적 · 간접적 표현

분노의 감정과 슬픈 감정을 직접적으로 표현하는 경우가 있고, 종결에 대한 간접적인 단서에도 직접적으로 반응한다. 이러한 신호를 지각하는 사회복지사는 클라이언트에게 그 단계의 역동성을 지적해야 한다.

③ 애도의 기간

클라이언트가 표현하는 분노의 감정 저변에는 종종 슬픔의 감정이 있다. 적극적으로 참여하던 클라이언트도 갑자기 냉담하고 둔감해진다. 면접에서 침묵의 시간이 길고 소극적이며, 말의 시작이 느리고 끝맺는 것보다는 궤도를 잃게 되는 대화를 하는 것이 특징이다. 애도의 감정은 아동, 노인, 장애인 등과 같이 환경에 많이 의존할수록 더 강하다.

④ 시험을 해봄

클라이언트가 마지막 면접으로 이행해 감에 따라 사회복지사는 종종 독자적으로 일을 할 수 있는 클라이언트의 능력과 새로운 기술을 시험해 보려고 한다. 사회복지사는 클라이언트의 성취에 대한 긍정적 감정을 가지고 클라이언트를 신뢰하며, 혼자 힘으로 하는 클라이언트의 능력에 대하여 직접적으로 인정하는 것 등으로 구성되는 기술을 적용한다.

⑤ 고별파티 증후군

모든 치료에는 긍정적인 면과 부정적인 면을 가진다. 사회복지사는 지나치게 긍정적인 감정에 사로잡혀서 내용과 과정에 대한 정직한 분석을 소홀히 해서는 안 된다. 사회복지사는 고별파티에 도취되지 않도록 하기 위하여 부정적 평가에 관한 기술도 활용해야 한다.

(2) 종결의 반응(Levinson, 1977)

① 긍정적인 종결반응

일반적으로 클라이언트는 원조관계에서의 이점이 상실감보다 크기 때문에 긍정적인 감정을 경험한다. 원조관계에서 참여자들은 깊고 진실한 개인적 만남을 경험하면서 풍성함을 느끼고, 각 개인의 자아는 다른 사람들과 접촉하면서 성장한다.

② 부정적인 종결 반응

사회복지사에게 지나치게 의존적이었던 클라이언트는 사회복지사와의 이별이 누구와도 대체할 수 없는 사람을 상실한 것으로 경험한다.

㉠ 사회복지사에게 매달리는 반응

클라이언트에게 독립적으로 문제를 해결하는 것이 목표였음을 강조한다.

㉡ 과거 문제 재발

문제에 초점을 두지 않고 종결 이후의 삶에 대한 불확실성, 두려움에 초점을 두어 세션을 진행하며, 감정보다는 클라이언트가 세션을 통해 획득한 자원과 장점을 강조하여 자기효율성을 높여준다.

㉢ 새로운 문제 호소

종결 단계에 들어가 새로운 문제가 발생했다고 하거나 이제까지 말하지 않았던 비밀을 밝히는 경우가 있다. 사회복지사는 그 문제를 다루기 전에 먼저 종결에 따른 감정을 탐색해야 한다.

㉣ 사회복지사를 대치할 대상을 찾는 경우

사회복지사를 대신하고 그 상실을 보상해 줄 수 있는 대상을 찾는 것은 의존심을 지속시키고자 하는 욕구 때문이다. 클라이언트로 하여금 그 역할을 인식하도록 돕고 그 결과가 어떻게 될지 생각해보도록 한다.

③ 사회복지사가 떠날 때 발생하는 감정 다루기

사회복지사가 기관을 떠나면서 종결한다면 클라이언트는 종종 슬픔을 경험하기 전에 다른 반응을 표현한다. 클라이언트가 자기감정을 직면하도록 돕기 위해 사회복지사는 종결이라는 주제를 다시 거론하여 클라이언트가 자신이 떠난 후에도 목표를 달성하도록 계속 노력할 수 있게 돕고 싶다는 바람을 표현하는 것이 좋다.

또 사회복지사가 떠날 때 클라이언트가 흔히 경험하는 상처, 분노, 거절의 감정이 나타나는 것에 대한 이해를 구하는 감정이입적 의사소통이 필요하다.

4) 종결기술과 사회복지사의 역할

(1) 종결의 기술

① 종결을 지적한다.

종결 날짜를 처음부터 정해 두었거나 목표가 적절한 수준에 도달되었기 때문에 클라이언트와 사회복지사가 종결 날짜를 서로 동의 하에 결정했거나 더 이상 성취될 것이 없다든지 하는 경우 등에 종결이 이루어지는 바, 사회복지사는 마지막 면접이 언제 이루어질지 알게 된다.

② 간접적인 암시에 대한 직접적인 반응을 한다.

부정적인 감정이 있을 경우에 활용하는 것이 좋다. 클라이언트의 간접적인 암시는 종결의 현실이 인정되지만 거절의 형태로 지각되는 경우에 있을 수 있다. 따라서 사회복지사는 간접적으로 표현하는 클라이언트의 감정을 직접적으로 표현하도록 격려하며, 직접적인 표현을 수용하고 비방어적으로 대한다.

③ 클라이언트의 종결감정을 인정하고 사회복지사의 종결감정을 클라이언트와 공유하는 것이다.

(2) 사회복지사의 역할

종결과정에서 사회복지사의 역할은 다음과 같다(Kirst-Ashman & Hull, 2009).

첫째, 적절한 종결 시기를 결정하고, 둘째, 종결에 따르는 클라이언트와 사회복지사의 정서적 반응을 처리하고, 셋째, 개입의 목표달성 정도를 평가하고, 넷째, 개입을 통해 획득한 효과를 유지·강화하며, 다섯째, 필요한 경우 클라이언트를 다른 자원으로 의뢰(referrals)하는 것이다.

사회복지사는 클라이언트와 그의 상황에 관한 사정, 클라이언트의 성취도, 클라이언트가 생각하는 종결의 의미 등에 기초하여 활동계획을 수립하고, 다음과 같은 측면에 역점을 두어 개입을 한다(Northen. 1982).

① 진행의 평가

클라이언트의 문제해결과정과 현재 상황을 평가하는 데 기관 또는 사회복지사가 클라이언트에게 제공하는 서비스의 질과 클라이언트의 서비스 활용을 사정하게 된다.

서비스의 종결이 고려될 때에는 항상 목표의 성취에 대한 검토가 있어야 하며, 처음 설정한 목표가 변경되었는지, 목표가 어떻게 성취되었으며, 성취되지 못하였다면 왜 성취되지 못하였는가를 검토해야 한다.

② 양가성의 결과

종결에 대한 양가감정을 발산하도록 격려하는 것이 이 단계 동안에 사회복지사가 해야 할 주요 과업 중 하나이다. 양가감정이 잘 탐색되면 과업성취나 문제해결을 위한 클라이언트의 에너지가 더욱 방출되기 때문에, 클라이언트는 서비스 종결의 경험을 통하여 상실과 분리를 조정하는 방법을 배울 수 있다.

③ 진행과정의 검토

종결과정에서 사회복지사는 클라이언트가 증상이나 특별한 행동에 대하여 논의하도록 클라이언트에게 질의를 하고 변화에 대한 그의 아이디어를 표현하도록 한다.

마지막 면접에서 공통된 주제는 현재까지의 과정을 검토하고, 클라이언트가 느끼는 사항에 관한 평가를 하는 것이다. 사회복지사의 활동이 가장 중요한 부분은 진행되어 온 사항을 인식하고 변화를 가져온 구체적인 면을 클라이언트와 더불어 탐구하는 것이다.

④ 문제해결

사회복지사는 클라이언트가 근래에 획득한 지식과 기술을 테스트하고 활용하여 지역사회 내에서 새로운 역할을 발견하고 새로운 관계를 발전시키거나 강화하는 등 클라이언트의 노력을 지지한다.

⑤ 과도기의 처리

종결 단계는 과도기적 성격을 지니고 있는데 과도기에는 클라이언트와 밀접한 관련을 가지고 있는 사람과 어떤 상호작용이 있을 수 있다. 따라서 종결에서 클라이언트의 정서적 반응을 조절하기 위하여 사회복지사는 특히 다음과 같은 사항에 유의해야 한다.

㉠ 사회복지사가 떠날 때 유발되는 정서의 조절

사회복지사가 기관을 떠남으로 인해 종결될 경우 클라이언트는 슬픔을 경험하기에 앞서 다른 반응을 보인다. 자존심이 저하되어 있거나 거절의 경험을 가진 클라이언트는 거절감, 배신감, 분노, 원한 등의 감정이 더욱 민감하게 나타날 수 있다. 이 경우에 사회복지사는 이러한 감정들을 발산하는 데 역점을 둔다.

㉡ 비성공적인 결과를 초래한 종결

원조과정이 비성공적으로 끝날 경우, 더욱 좋은 결과를 성취하는 데 방해가 된 요인이 무엇이며, 장차 부가적인 원조를 요청하는 데 대한 클라이언트의 감정에 대하여 논의되어야 한다.

본질적으로 여기에 대한 정서적 반응을 조절하는 데는 감정이입적인 커뮤니케이션, 수용, 온정, 강점의 인정, 이해, 진실성 그리고 가벼운 직면 등이 활용된다.

⑥ 변화결과를 확고히 하기

개입과정에서 사회복지사의 마지막 활동은 진행되는 동안 달성한 결과를 안정시키고, 그것을 클라이언트의 일상생활에 일반화시키는 것이다. 이를 위해 사회복지사는 개입의 전 과정을 다시 한 번 클라이언트와 점검하면서 그 과정이 어떻게 진행되었는지를 클라이언트가 되새길 수 있도록 돕는다.

5) 사후관리

사후관리(follow-up)란 종결한 후 1개월에서 6개월이 지났을 때 클라이언트가 잘 적응하고 있는지를 점검하는 과정을 말한다. 사후관리는 사회복지사가 종결 이후에도 클라이언트에게 계속 관심을 가지고 있다는 것을 보여줌으로써 변화를 지속할 수 있는 동기를 제공한다. 방법으로는 직접 가정을 방문한다든지, 메일 및 전화로 확인하기도 하고 내방하여 면접을 할 수도 있다.

사후관리는 사회복지사가 클라이언트에게 종결 후에도 계속적으로 관심을 가지고 있음을 표현하는 수단이 되기도 하며, 클라이언트가 필요하다면 추가 서비스를 제공할 수도 있다.

생각해 볼 문제

1. 사회복지 분야에서 프로그램평가 및 과정평가가 갖는 사회복지적 함의에 대해 토의해 보시오.

2. 사회복지실천과정에 있어 종결과 평가 부분에서 가장 중요한 것에 대해 예를 들어 설명해 보시오.

3. 종결을 하게 되는 여러 가지 상황에 대해 토의해 보시오.

4. 종결과정에서 클라이언트가 사회복지사와 분리됨으로써 느낄 수 있는 감정들을 두 명씩 짝을 지어 역할 연습해 보고 토의해 보시오.

5. 아동의 문제행동을 수정하기에 적합한 단일사례설계를 선택하여 실행계획을 설계해 보시오.

C/H/A/P/T/E/R 14

사례관리

학/습/목/표

- 사회복지사의 중요한 도구 중 하나인 사례관리에 대하여 이해한다.
- 사례관리의 역사 및 사례관리 적용과정에 대하여 이해한다.
- 사례관리를 위한 지침들에 대하여 이해한다.

사례관리는 사회복지사의 중요한 도구 중 하나이다. 이 장에서는 이러한 사례관리를 정의하고, 사례관리의 역사, 사례관리활동과 이를 위한 지침들에 대하여 논의하고자 한다.

1 사회복지실천으로서의 사례관리

현재 사례관리는 일반적으로 받아들여지고 있는 용어로서, 개인, 가족, 집단을 비롯한 클라이언트들이 의료 · 법률 및 사회사업서비스와 적절한 보호를 받을 수 있도록 도움을 주는 활동을 지칭한다(Rubin, 1992). 일반적으로 사례관리라는 명칭으로 통용되고 있는 동 개념 및 과업은 경우에 따라서는 사례조정, 보호관리, 보호조정, 서비스조정, 서비스통합 또는 서비스관리라는 말로 불리기도 한다(Kane, 1990; Weil and Karls, 1985).

사례관리는 일회성 사건이 아니라 지속적으로 전개되는 과정이다. 사례관리자는 장기간에 걸쳐 서비스를 제공하는데, 그 접촉 빈도 및 강도는 클라이언트의 상황이나 요구에 따라서 다양하게 변한다(Intagliata, 1992). 사례관리는 클라이언트가 사회적 · 의료적으로 위기에 처해 있을 때 그리고 관계형성 초반에 집중적으로 제공된다. 클라이언트의 상황이 원만히 진행되고 있을 때에는 접촉의 빈도가 줄어들 수 있다.

사회복지의 많은 용어들이 그러하듯이, 사례관리라는 용어 또한 논란의 여지가 있었다. 사례관리와 관련된 제반활동은 '개인－중심 서비스 조정'이라는 용어로 불리는 것이 더 적절할 수도 있다. 사례관리는 원조를 필요로 하는 사람들을 통제하는 것이 아니다. 그보다 오히려 사례관리자는 자원이 필요한 사람들을 위해 제반서비스를 마련하고, 조정 · 개발 · 제공하며 감독하는 것이다. 사회복지사가 원조에 필요한 자원을 준비하고 조정하는 방식은 사례관리서비스를 요청한 클라이언트의 욕구에 근거한다.

사례관리 및 사례관리자라는 용어는 사회복지의 전문용어이지만 어떤 클라이언트에게는 거부감을 느끼게 할 수도 있다. 예를 들어, 발달장애를 가지고 있는 자녀의 부모들은 "나는 관리의 대상이 되고 싶은 생각이 없다."라고 말할 수 있다. 그러나 사회사업기관에서는 이 용어가 계속 사용되고 있는데, 왜냐하면 상당히 오랜 기간 동안 사회복지사들에게 특정 활동을 지칭하는 용어로 사용되어 왔기 때문이다.

클라이언트와 대화할 때 전문용어를 사용하는 것이 도움이 되지 못하는 경우가 있다. 앞서 언급한 바와 같이 클라이언트들은 사례관리자나 사례관리와 같은 용어의 사용으로 인하여 불쾌감을 느낄 수도 있다는 것이다. 예를 들어, 클라이언트가 사회복지사로부터 다음과 같은 말들을 들을 때 어떤 기분이 들겠는지 상상해보자. "저는 선생님을 사례관리 대상으로 등록하겠습니다.", "저는 여러분을 사정한 후에 계속 모니터링하겠습니다." 이와 같은 표현은 다음과 같이 바꾸어 표현하는 것이 좋다. "저는 선생님이 무슨 문제로 이곳에 왔는지에 관하여 잠시 동안 이야기를 나누고 싶습니다.", "선생님께 무엇이 도움이 될 수 있는지에 관하여 저에게 말해주실 수 있는지요.", "저는 선생님과 가족들에게 적절한 서비스를 제공하고자 하는데, 어떻게 생각하십니까?", "제가 가끔 전화해도 괜찮겠습니까?"

사례관리의 첫 번째 목표는 일시적으로 취약한 상태에 놓여 있는 클라이언트들에게 제공되는 서비스의 질(quality)을 보증하는 데 있다. 두 번째 목표는 적절한 서비스나 기관에 대한 연결을 촉진하는 것이다. 세 번째는 가능한 한 가장 비용-효과적인 방식으로 서비스를 제공하는 것이다(Kane, 1990; Weil and Karls, 1985).

그러나 상기한 목표들이 서로 모순되는 것처럼 보일 수도 있어 사례관리의 개념이 모호하게 생각될 수도 있을 것이다. 보호의 질을 높임과 동시에 비용을 생각해야 하는 것은 상반되는 개념으로 들릴 수도 있겠지만, 사례관리는 이러한 두 가지 관심사를 균형 있게 비교하여 볼 수 있는 수단이다. 사례관리의 궁극적인 목표는 자원의 희소성이라는 현실적 문제에 맞서 클라이언트의 욕구를 충족시키는 것이다(Kane, 1988).

사회복지 분야에서의 사례관리와 다른 영역에서 이 말을 사용하는 의미를 구분하는 것이 중요하다. 경우에 따라서 사례관리라는 말은 보험회사나 보건의료조직이 비용억제를 지칭하기 위하여 사용하기도 하는 용어이다. 예를 들어, 보험 분야에서의 사례관리자는 보험회사가 부담해야 하는 비용을 감소시키거나 또는 보건서비스에 불필요한 과도한 지출을 최소화하기 위해 특정 개인의 의료보호를 감시하고, 비용 지출을 제한하기 위해 사용된다. 이러한 의미로서 보통 '관리의료'라는 용어가 사용된다. 그러나 사회복지 차원에서 사례관리는 절대로 통제의 의미로서 '관리의료(managed care)'를 뜻하지는 않는다.

사회복지사에 의해 제공되는 사례관리는 기관이나 조직의 욕구보다는 클라이언트의 욕구를 충족시키기 위해 사용되어야 한다는 것을 이해하는 것이 중요하다. 진정한 사례관리는 체계 중심이 아닌 인간 중심이어야 한다.

때때로 사례관리는 병원에서 의사나 의료 관련 직원이 사용하기도 하는데, 이는 특별한 질병이나 증상을 관리하는 차원에서 의료적 조치들을 조정하기 위한 것이다. 사회복지 차원에서는 단지 의료적·생물학적 차원에서만이 아니라 개인의 생활환경의 모든 양상을 고려해 관리를 한다.

사회복지 분야에 있어서 사례관리는 클라이언트나 다른 전문직의 서비스 제공자들에게 다음과 같이 설명될 수 있을 것이다. 즉, "제가 특정한 방식으로 선생님을 관리하거나 또는 하나의 '사례'로 다룬다는 의미는 아닙니다. 선생님이 원하거나 필요로 하는 서비스를 찾는 데 있어 제가 할 수 있는 모든 활동을 할 것이라는 의미로 받아들이시면 될 것 같습니다."

다른 전문직종의 서비스 제공자에게 설명해야 할 경우도 있을 것이다. 예를 들어, 병원의 고위직에 있는 분이 "왜 사례관리가 우리 환자들에게 필요한지 모르겠다."라고 하면서 의사들도 사례관리를 한다고 하면, "여러분은 사회복지 분야에서 사례관리는 단지 의료적 보호뿐만 아니라 지역사회 자원을 동원하고 의뢰하는 역할도 한다."고 설명해야 한다. 만일 자신도 그렇게 할 수 있다고 반응한다면, 사회복지사는 "사회복지 분야에서 사례관리는 병원의 욕구나 보험회사, 의사의 욕구보다는 항상 환자의 입장에서 행동을 취하도록 훈련받았고, 지역사회 자원의 발견과 동원에 전문적인 훈련을 받은 사회복지사에 의해 제공된다."는 점을 지적할 수 있을 것이다. 이렇게 사회복지 분야에서 사례관리는 좀 더 가치 중심적이고 다른 견지를 가지고 있음을 부각시켜야 한다.

그리고 사례관리라는 용어는 몇 가지의 가능한 의미를 가질 수 있기 때문에, 사례관리자라고 하는 모든 사람들이 실제로 사회사업적 사례관리를 수행하고 있다고 가정할 수는 없다(Rubin, 1992). 모든 클라이언트들이 진정한 사례관리를 받는 것이 아닐 수 있다는 것이다. 여러분이 어떤 클라이언트의 문제를 다루고 있다면, 그 클라이언트가 실제적으로 포괄적인 서비스관리와 필요한 옹호를 적절하게 받고 있는지 검토하는 것이 중요하다.

사례관리자가 제공·수행하는 활동의 범위는 도움을 요청하고 있는 개인이 현재 필요로 하는 것 그리고 존재하고 있는 자원에 따라 좌우된다. 유능한 서비스관리자는 개인들과 현존하고 있는 자원들을 연계하고, 서비스 체계가 부적절하거나 효용성이 떨어질 경우 그들을 옹호하며, 서비스나 자원을 발견할 수 없는 경우에는 새로이 개발할 수도 있다(Rubin, 1992).

사례관리는 비밀보장의 원칙 하에 그리고 클라이언트의 동의를 얻어 제공되어야 한다. 이러한 동의는 서면으로 기록되는 것이 바람직하다. 사례관리는 취약하고, 자기 스스로를 변호하거나 서비스 전달의 복잡성을 이해하는 데 어려움을 겪고 있는 개인들이나 가족들에게 특히 중요한 서비스가 된다(Rothman, 1994; Rubin, 1992).

이러한 유형의 사람들은 지적장애인, 발달장애를 가진 사람들, 정신장애 및 일반장애인, 임종을 앞둔 사람들, 노인 등이다.

2 사례관리의 도입배경

사례관리라는 용어는 사회사업 분야에 있어서는 상대적으로 새로운 용어이다. 1960년대와 1970년대 사회사업서비스에 대한 정부의 후원이 많아지면서, 하나의 개념이자 사회사업서비스 활동인 사례관리라는 용어가 부각되었다. 이 기간 동안 전문화된 사회사업 프로그램이 성장하면서 클라이언트를 위한 서비스 및 보호를 조정·통합하고자 하는 시도가 나타났다. 서비스가 분화됨에 따라 서비스 체계가 복잡하게 되고, 위기에 처한 클라이언트들은 적절한 서비스를 찾기가 점차 어려워졌다(Rubin, 1992). 현재 사례관리는 1975년에 제정된 발달장애법(Developmental Disability Act)(PL94-103)으로 인하여 발달장애 분야에서 의무적으로 시행되고 있다. 1981년 제정된 Omnibus Budget Reconciliation Act는 지역사회 중심의 장기보호서비스를 마련했고, 노인이나 장애인에 대한 장기적 보호가 그들의 가정에서 제공될 수 있게 되었다. 이러한 일련의 입법안이 통과된 이후 가정에 기반을 둔 대부분의 보호 프로그램은 사례관리자를 활용하게 되었다(Kane, 1990). 사례관리는 이제 정신건강 및 보건 분야 그리고 기타 사회사업 분야에 있어서 일상적인 활동이 되고 있다.

3 사례관리의 원칙

다음과 같은 몇 가지 기본적인 원칙들이 사례관리의 기반이 되고 있다.

1) 참여, 임파워먼트 및 상호적 계획 수립

이 원칙의 목표는 개인, 부부 및 가족들, 즉 클라이언트가 자신에게 가장 잘 부합되는 목표와 보호 계획을 세울 수 있도록 그 과정에 참여시키는 것이다. 언제든지 이들에게 선택의 권한을 부여하여 통제력을 회복시킨다. 사례관리자는 보호서비스의 통제자가 아니라 파트너이다. 더욱이 사례관리자는 원조제공과정 전반에 걸쳐 클라이언트에게 서비스체계와 협상하는 법과 자신을 관리하는 방법에 대하여 교육하여야 한다.

2) 옹호

사례관리자의 목표는 다른 무엇보다도 먼저 클라이언트들의 욕구 및 선택을 옹호하는 것이다. 나중에 자세히 논의될 내용이지만, 사회복지사는 개인, 부부 및 가족들을 옹호하여야 하며(사례옹호) 힘이 없는 집단을 옹호하여야 한다(집단옹호).

3) 적절하고도 높은 질의 보호

원조를 요청하는 클라이언트들이 가지고 있는 현재와 미래의 욕구를 수용하여 적절하고, 효과적이며, 민감하게 반응해야 사회서비스 및 보건서비스의 전달을 촉진시킬 수 있다.

4) 보호의 연속성

이 목표는 지속적인 욕구의 변화에 따라 포괄적인 서비스를 제공함으로써 클라이언트가 한 기관에서 다른 기관으로 이동하거나 이들의 욕구가 변할 경우 힘든 상황에 빠지지 않도록 하는 데 있다.

5) 서비스에 대한 접근

서비스에 대한 접근은 가능한 한 쉽고 공정해야 한다. 가능하다면 언제든지 단일 통합체계를 두어 개인들이 여러 기관이나 여러 명의 사회복지사와 접촉할 필요가 없도록 하는 것이 좋다. 서비스를 요청한 개인들은 평등한 처우를 받아야 하며, 어떠한 편파성이나 차별도 있어서는 안 된다.

6) 서비스의 통합

많은 개인들은 복잡한 욕구를 가지고 있기 때문에 다양한 자원이 필요하다. 서비스 통합의 목표는 서비스가 잘 조정되어 중복되지 않고 적절하고 높은 질을 갖도록 하는 것이다.

7) 포괄적인 관점

사례관리의 한 가지 목표는 개인의 사회적 관계, 경제적 상황, 문화, 직업, 영성, 정서 그리고 정신 및 신체적 건강을 포함하여 한 개인의 삶을 이루고 있는 모든 측면을 고려하는 데 있다. 한 가지 중요한 과업은 비공식적 지원망(가족, 친구 및 자원봉사자)을 증대시키는 것이다(많은 사회복지사들은 비공식적 지원망을 배제하고 공식적 서비스만 계획하는 오류를 범하는 경우가 많다).

8) 평가 및 모니터링

사례관리자나 서비스 조정자는 계획의 적절성 및 서비스 전달체계가 계획대로 움직여 주는지, 클라이언트의 진전 상황, 욕구의 변화 등을 정기적으로 재사정·평가하면서, 반드시 지속적인 사후관리를 제공하여야 한다. 클라이언트 및 서비스 기관과의 지속적인 접촉을 통하여 사례관리자는 보호의 질 및 적절성을 모니터링해야 한다(Woodside and McClam, 1988).

4 사례관리의 요소 및 기능

사례관리를 구성하고 있는 요소에 관해서는 대부분 의견 일치를 보고 있다. 다음은 일반적인 사례관리의 구성요소들이다(Intagliata, 1992; Kane, 1990; Rothman, 1994; Weil, 1985; Weil and Karls, 1985).

1) 사례 또는 클라이언트의 확인과 발견

사람들은 다양한 방법을 통해서 기관에 찾아온다. 기관에서 공익광고나 안내책자를 통하여 홍보를 하기도 하며, 자원봉사자, 실습생들이 지역사회를 방문할 수도 있다(이러한 활동을 "outreach"라고 한다). 여타의 사회사업 및 의료기관이 클라이언트를 의뢰하기도 한다. 또한 사람들은 전화번호부, 안내전화나 전화상담서비스를 통해 또는 사람들끼리 서로 소개하여 프로그램에 참여하기도 한다(조미숙 외, 2006).

2) 심사, 접수상담 및 등록

기관에 원조를 요청한 개인은 적합성의 여부를 판정받기 위하여 심사를 받아야 한다. 만약 적합하다면 동의서에 서명하고 등록하게 된다. 사례관리자들은 적합성을 판단하고 그 기관이 적절하지 못하다면 다른 기관에 연계시켜 주어야 한다.

3) 개인 욕구에 대한 포괄적 사정

사정을 통해 개인, 부부 또는 가족으로부터 정보를 얻고, 충족되지 않고 있는 현재의 시급한 욕구와 우선순위를 결정한다. 앞서 설명한 바와 같이 '포괄적'이라는 말은 한 개인의 삶을 형성하고 있는 모든 측면 –즉, 사회적 · 생물학적 · 심리적 · 정서적 · 정신적 · 재정적 측면–이 고려되어야 한다는 점을 의미한다. 이때 클라이언트는 문제를 어떻게 보고 있는지, 또한 문제해결에 대해 어떤 생각을 가지고 있는지를 파악하는 것도 중요하다.

4) 위기개입

만약 누군가가 현재 커다란 정신적인 충격을 받고 균형을 잃었다면, 위기개입이 사례관리활동과 병행되어야 한다. 일단 현재의 위기가 해결되면 사례관리 빈도 또는 강도는 줄어든다.

5) 목표 설정 및 서비스 계획

클라이언트로부터 제공받은 정보를 바탕으로 필요한 서비스에 접근하기 위해 취해야 할 조치들을 결정한다. 클라이언트들이 고려하고 있는 서비스나 자원은 무엇인지 논의한다. 즉, 클라이언트들에게 가능한 한 모든 선택사항을 제시하고 자신들에게 가장 적합한 것을 선택할 수 있도록 도와준다. 그리고 달성 가능한 목표를 세우도록 한다. 실패할 가능성이 있는, 지나치게 높은 목표를 설정하는 것은 좋지 않다.

6) 서비스 전달

사례관리자는 전달되어야 할 서비스를 준비하고, 서비스를 조정하며, 자원을 파악하고, 의뢰를 하고, 보호계획을 집행한다. 만약 여러분이 속해 있는 외부기관의 프로그램이 필요하다면, 클라이언트를 외부기관에 의뢰하고 안내하여 다른 서비스 체계와의 연계를 촉진한다. 또한 사례관리자들은 서비스를 신청하는 데 도움을 줄 수도 있다. 다른 기관과 서비스를 조정하는 일은 서비스 중복을 피하고 클라이언트가 수혜 가능한 서비스 중 최상의 서비스를 받을 수 있도록 한다. 이 단계에서 사례관리자들은 클라이언트의 욕구에 민감하게 반응하지 못하는 체계들을 변화시키기 위하여 옹호자의 역할을 수행하게 된다. 현재 지역사회 내에서 제공되지 않는 특정한 유형의 서비스가 필요하다면, 이러한 서비스를 창출하고 그에 대한 재원을 마련하기 위해서 옹호자의 역할이 필요한 것이다(조미숙 외, 2006).

7) 옹호

사회복지 분야에는 사례옹호와 집단과 계층옹호라는 두 가지 옹호 유형이 존재한다. 사례옹호는 서비스 제공 내지 협상에 있어서 도움이 필요한 개인, 부부, 가족을 옹호하는 것이다. 좌절감을 느끼는 사람, 병에 걸린 사람 또는 상처받은 사람들의 입장에 서는 것은 서비스 조정의 중요한 구성요소이다. 때때로 사회복지 분야의 사례관리자는 위기상태나 결핍상태에 놓여 있는 개인들의 우방이 되기도 한다. 남편으로부터 구타를 당한 주부가 가정법원 출두에 대비하여 구금명령에 대한 법적 청구 준비를 원조하는 것, 암을 앓고 있는 한 남자가 행위무능력자 판정 결정에 대하여 상소하는 데 도움을 주는 것, 한 노인이 자의와 상관없이 요양원에 비자발적으로 위탁되는 데 대해 항변하는 데 도움을 주는 것, 약물사용으로부터 회복된 한 여성이 아동복지기관에 대하여 자신의 아이들을 데려가겠다고 청구하는 데 도움을 주는 것 등이 그 사례이다(조미숙 외, 2006).

8) 사후관리/점검

사례관리자는 서비스 및 대상자 의뢰가 적절했는가에 관하여 사후관리를 해야 하고, 서비스 전달 상황을 모니터링하게 된다. 모니터링이란 클라이언트나 가족 부양제공자에게 서비스 계획이 제대로 실행되고 있는지, 보호의 질은 높은지, 다른 기관과의 연계가 계획된 바대로 이루어지고 있는지를 정기적으로 체크하는 것이다. 클라이언트들에게 그들이 받고 있는 처우에 대해서 만족하고 있는지를 조사한다. 만약 다른 기관에 의뢰하였다면 클라이언트가 요청한 도움을 받았는지도 조사해야 한다. 또 사례관리에 있어서 모니터링을 실시하는 구체적인 시간 계획은 기관의 지시나 서비스 클라이언트들의 욕구에 따라 달라진다(조미숙 외, 2006).

9) 재사정

사례관리자는 욕구의 변화를 판단하기 위해서 정기적인 재사정을 수행해야 한다. 사람들이 처해 있는 상황은 정태적인 것이 아니라 늘 변화가 예상되는 것이다. 여러분은 매달 재사정 작업을 수행하여 서비스에 대한 욕구가 변했는지 판단해야 한다. '적극적으로 행동하라. 즉, 어떠한 위기나 도전이 야기될 수 있을 것인지를 예측하고 그에 대한 대비책을 마련하려고 노력하라.'

10) 종결

원조관계는 다양한 이유로 인하여 종결된다. 사례관리가 항상 마지막 단계까지 가지 않을 수도 있다. 클라이언트가 종결을 요청하거나 또는 클라이언트가 죽거나 이사를 가거나, 상태가 개선되어 더 이상 서비스를 필요로 하지 않을 때 종료될 수 있다. 어떤 사례는 서비스에 자금을 제공하는 기관에서 사례중단 지시로 인하여 종료되는 경우도 있다. 이러한 경우, 만약 클라이언트가 여전히 원조를 필요로 한다면, 다른 여타의 서비스와 연계할 수 있도록 최선을 다해 원조해야 한다.

사례관리자에 의해서 수행되는 제 기능은 업무를 수행하고 있는 환경에 따라 달라진다. 만약 어느 지역사회 안에 특정 사람들을 위해 활용 가능한 다양한 서비스가 존재하고 있다면, 그러한 서비스가 전달될 수 있도록 준비를 갖추고 다른 기관들과 서비스를 조정하는 데 시간을 보내면 된다. 반면 활용 가능한 서비스가 거의 없다면 새로운 서비스를 계획·창출하는 데 더욱 많은 시간을 보내야 할 것이다(Intagliata, 1992).

사례관리의 강도 또한 여건에 따라 다양하게 변화한다. 어떤 때에는 클라이언트가 처한 상황이 사례관리자와의 빈번한 접촉을 필요로 한다. 심각한 지적장애나 자폐증을 가진 사람들, 장애를 가진 사람들, 만성적인 혹은 난치성 질병을 앓고 있는 사람들, 약물사용 또는 신체적 학대 및 방임의 위험성이 높은 가족들이 그러한 예이다. 만약 특정 기관에서 충분한 재원을 확보하고 있다면 사례관리자들은 부담을 그다지 크게 느끼지 않을 것이며, 클라이언트들에게 큰 관심을 기울일 수 있을 것이다. 클라이언트들의 정서적·신체적 혹은 심리적 안녕 상태가 위험에 처해 있을 때는 강도 높은 사례관리가 필요하다고 볼 수 있다(Weil and Karls, 1985).

사례관리 프로그램의 진행과정 동안 다양한 수준에서 개인 또는 가족과의 접촉이 이루어진다. 사례관리의 강도를 결정할 수 있는 변수에는 특정 개인이 가지고 있는 기존의 사회적인 지지, 신체적·의료적 상태, 행정기관과의 관련성, 자기 스스로를 변호할 수 있는 능력, 욕구의 복잡성, 자원에 대한 지식 그리고 여타의 복잡한 문제 등이 포함된다(조미숙 외, 2006).

5 사례조정

사례관리자들은 흔히 자신이 속해 있는 조직의 다른 워커들이나 다른 조직의 워커들과 제반 활동을 조정한다. 사실 많은 사례관리자들이 팀으로 일하고 있다. 경우에 따라서는 팀에 내과의, 간호사, 심리학자, 사회복지사 및 성직자와 같은 여러 유형의 전문가들이 포함되기도 한다.

사례관리자는 단지 자신이 고용되어 있는 조직 내부의 서비스만을 제공하지는 않는다. 유능한 서비스관리자는 광범위한 서비스체계를 망라하여 서비스를 제공하기 위해 다른 기관과 밀접한 관계를 유지한다(Kane, 1990). 클라이언트를 위한 서비스를 순조롭게 준비할 수 있도록 여러분이 속해 있는 지역사회 내의 보건·사회복지 및 정신건강 분야를 통합하여 네트워크를 발전시키는 것이 중요하다. 사례관리는 조직 상호 간에 이루어지는 활동이다. 즉, 기관 사이의 의사소통, 비공식적인 공유, 협조 및 업무처리가 가능하여야 한다(Norman, 1985).

사례조정을 기관 내의 동료와 하든 다른 기관의 서비스 제공자들과 하든 관계없이, 다음 항목들은 관계형성을 위한 중요한 지침이다.

1) 외부와의 사례조정

기관에 소속되지 않은 워커들을 개인적으로나 팀 단위로 만나게 될 경우, 클라이언트의 권리 및 사생활 보호를 위하여 비밀유지 및 클라이언트의 동의를 얻는 규정을 지키는 것은 중요한 문제이다. 사례관리자가 다른 사회사업 업무 종사자에게 클라이언트가 동의하지 않은 상태에서 그에 대해 이야기하는 것은 비윤리적인 일이다. 심지어 동의를 얻은 경우라 할지라도 기관 상호 간에 정보를 공유함에 있어서는 될 수 있는 대로 본명과는 다른 별칭을 사용할 필요가 있다고 권고되고 있다. 만약 사례연구 자료가 배포될 경우 모임이 끝난 후 자료는 반드시 분쇄되어 폐기처분이 되어야 한다. 칠판에 기록이 이루어진 경우에도 모임이 종료된 후에는 반드시 깨끗하게 지워져야 한다.

여러 기관 간에 사례를 논의하는 이유는 여러 기관들이 한 개인 또는 한 가족을 동시에 담당하고 있어 그 보호활동을 조정하기 위한 것이다. 때로는 기관 간의 모임을 통해 광범위한 자원을 활용함으로써 어려운 상황에 대한 해결책을 모색하기도 한다. 기관 간 구성원들은 서로 존중할 수 있는 지침을 만드는 것이 좋다. 예를 들어, 기관 간의 알력을 위해서 모임에서 단지 서로를 비난하는 것은 도움이 되지 않는다. 이러한 모임의 목적은 건설적인 문제해결 및 자원의 공유이어야 한다.

2) 기관 내부에서의 사례조정

여러분이 속한 조직 내에서 팀 모임 또는 직원회의를 할 때, 비밀유지 문제는 외부와 사례조정의 경우와는 다르다. 클라이언트에 대한 정보가 당사자들의 허락 없이 조직 외부와 공유되어서는 안 되지만, 조직 내에서는 정보가 공유될 수 있음을 클라이언트에게 알리는 것이 좋다. 접수할 때 클라이언트에 대한 정보가 슈퍼바이저 또는 팀원들과 공유될 수 있다는 점을 알리는 것이 좋다. 물론 정보가 필요치 않은 사람에게는 절대 공개되지 않는다는 것도 설명해야 한다. 클라이언트들에게 정보가 남용되지 않는다는 사실을 인식시킬 필요가 있다.

기관의 내부에서는 사례 컨퍼런스가 이루어지는데, 이를 통해 팀에 속한 모든 구성원들이 클라이언트에 대한 정보를 서로 교환하게 된다. 또한 이러한 회의를 통해 동료들로부터 문제시되는 상황에 대한 조언을 구하고 필요할 경우 지원을 얻어내기도 한다. 이런 회의에서 제시되는 보고서는 핵심사항을 중심으로 간단명료하게 작성되어야 한다. 만약 여러분이 특정 클라이언트나 서비스 계획으로 곤란을 겪고 있다면 팀이나 슈퍼바이저와 함께 브레인스토밍 혹은 문제해결 모임을 요청할 수도 있을 것이다.

6 사례관리에 있어 문서화의 역할

사례에 대한 관리에는 클라이언트와 기관이 수행한 업무에 관한 정확한 문서기록을 해야 한다는 것이 포함된다. 대부분의 사회복지기관은 서비스 신청자가 서명한 동의서를 작성한다든지, 직접면담이나 전화 통화 시 면담 내용에 대한 간략한 내용을 기재한다든지, 클라이언트의 상황이 변할 때마다 파일을 갱신한다든지, 서류양식 보관순서를 마련해 둔다든지 하는, 사례기록을 위한 최소한의 기준을 가지고 있다. 문서화 작업은 다음과 같은 이유에서 중요하다(조미숙 외, 2006).

1) 의사소통 및 서비스 제공의 일관성

팀에 속해 있는 다른 사례관리자가 사례기록을 보고 서비스 계획에 대한 이해를 할 수 있으므로, 언제든지 클라이언트를 방문하거나 통화하게 되는 상황에서 일관되게 클라이언트를 대할 수 있다.

2) 평가보고서 및 자금지원 요청을 위한 자료

사회복지기관의 행정가들은 서비스에 관한 정확한 자료를 제공함으로써 계약 및 보조금 지급에 수반되는 요구사항을 반드시 충족시켜야 하고, 보조금에 대한 계획안을 개발하기 위해서는 정확한 정보가 있어야 한다.

3) 보호의 질에 대한 모니터링

슈퍼바이저는 사회복지사가 클라이언트의 요청에 가장 적절한 방식으로 대처하였는지 그리고 지역사회의 자원이 충분한지를 판단하기 위한 수단으로서 사례기록을 활용할 수 있다.

4) 진전 및 변화 사항의 추적

사례기록을 통해 시간 경과에 따른 특정 개인의 행동변화를 알 수 있고, 서비스 계획의 목표가 충족되고 있는지에 관한 정보를 알 수 있다.

5) 사례관리를 위한 일정관리

다음 방문이나 전화 통화가 언제 어느 시점에서 이루어져야 하는가를 기록함으로써 사례관리자들이 규칙적으로 클라이언트를 접촉할 수 있도록 돕는다. 이러한 관리체계는 컴퓨터 또는 색인 파일을 활용할 수 있다.

기관에서는 문서작업과 서비스 제공 업무 간의 균형을 맞추는 것이 중요하다. 일부 사회복지사들은 마치 사례기록 및 서류양식이 클라이언트들보다 중요한 것처럼 행동하는 우를 범하기도 한다. 사례기록 및 서류양식은 단지 활동과 과정을 문서화하고 기록하도록 고안된 사례관리의 도구에 불과하다. 반면, 기록하는 일을 무신경하게 등한시하는 것 또한 실수이다. 사회사업에서 기록이 없다면 실제로 일어난 일들을 증명할 수 없다. 유능한 사례관리자는 정확하면서도 간결한 기록을 통하여 업무를 문서화할 수 있으며, 클라이언트도 만족시킬 수 있어야 한다.

7 사례관리에 원조기술을 적용하기

다음과 같은 원조기술이 사례관리의 제공에 있어 중요하게 활용된다.

① 적극적 경청

② 임파워먼트 및 자기결정

1) 적극적 경청

비심판적이며 신중한 경청을 통하여 사회복지사는 클라이언트의 욕구와 소망을 알게 된다. 만약 여러분이 서비스 신청자나 클라이언트가 말하는 내용에 집중하지 않는다면 유능한 사례관리자가 된다는 것은 불가능한 일일 것이다. 앞서 논의한 바 있는 적극적 경청 및 면담기술 모두는 사례관리 과정에 적용 가능한 것이다.

2) 임파워먼트 및 자기결정

임파워먼트 및 자기결정 개념은 효과적인 사례관리의 제공에 있어 핵심적인 것이다(Rothman, 1994). 사례관리자는 기계 수리공이나 내과의사와 같이 모든 해답을 가지고 있는 사람이 아니다. 오히려 원조과정의 파트너로서 언제나 "우리가 당신과 함께 있다."라는 메시지를 전달해야 하는 것이다(Kisthardt and Rapp, 1992). 또한 서비스 계획을 세우는 단계에서 클라이언트가 내리는 선택은 존중되어야 한다. 즉, 서비스 계획은 각 개인의 독특함을 반드시 고려하여야 하며, 각 개인의 욕구나 강점에 따라 서비스 계획이 달라질 수 있다(Intagliata, 1985).

사람들이 도움을 요청한다고 해서 자신들의 삶에 대한 의사결정권을 포기한다는 것은 아니다. 상처를 받았다거나 서비스를 요청했다는 사실을 수치스럽게 느끼는 사람들이 있다면 이들을 존중하고 희망을 갖도록 해야 할 것이다. 사례관리는 개인의 독립성을 가능한 한 가장 높은 수준에서 유지할 수 있도록 하는 방식으로 전달되어야 한다(Intagliata, 1992). 그러나 모든 사람들이 완전한 독립을 달성할 수 있는 것은 아닐 것이다. 정신적으로나 신체적으로 깊은 손상을 받은 클라이언트들은 지속적인 지원을 필요로 할 수도 있다. 그러나 이러한 상황 속에 있는 사람들도 될 수 있는 대로 자신의 삶에 대한 통제력을 유지해야 할 필요가 있다(Weil and Karls, 1985).

Kisthardt와 Rapp(1992)은 사례관리자를 클라이언트가 요청하는 바가 무엇인지 경청하여, 그들이 가지고 있는 강점 및 내적 자원을 발견하도록 도움을 주며, 장애물이나 도전에 이겨낼 수 있는 계획과 실행방법을 찾아주는 자문가로서 서술하고 있다. 이러한 역할을 수행함에 있어서 중요한 것은 자문을 요청했던 사람들의 선택과 그들의 비전을 지지하는 것이다 (Kisthardt and Rapp, 1992).

8 사례관리 제공상의 장애 요소

사례관리자들이 주의하지 않는다면 자칫 몇 가지 함정에 빠질 수 있는데, 다음에 제시되는 항목들에 주의를 기울여야 한다(조미숙 외, 2006).

1) 편견에 치우친 서비스 계획

첫 번째 함정은 클라이언트를 여러분이 친숙한 서비스 또는 여러분 기관에서 제공하는 서비스와만 연계하려고 하는 것이다. 사례관리자는 가능한 모든 서비스 및 혜택을 제안하고 클라이언트로 하여금 스스로 선택하도록 하는 것이 중요하다. 자신이 싫어하는 기관의 서비스는 배제한다든지, 접촉하기 어렵거나 친숙하지 않은 서비스를 배제하는 것은 바람직하지 않다.

2) 서비스의 편파성

두 번째 실수는 서비스를 제공하는 데 있어 여러분이 좋아하는 사람이나 가깝게 느껴지는 사람들에게 더욱 많은 시간과 노력을 기울이고, 까다롭게 굴거나 대수롭지 않게 여기는 사람들에게는 그렇지 않게 행동하는 것이다. 접촉의 빈도에 대한 의사결정이 여러분의 의사대로 이루어지는 것이 아니라 클라이언트의 실제적인 욕구에 기반을 두어야 한다는 것은 극히 중요한 일이다. 훌륭한 사례관리자는 자신의 편의나 선호보다는 사람들의 욕구를 고려하면서 모든 사람들을 평등하게 대우하는 자이다.

3) 기관 이기주의

세 번째 보편적인 장애요소는 기관 간에 영역 다툼 등의 문제로 클라이언트에게 필요한 프로그램을 제공하지 못하는 상황에 이르게 되는 것이다. 타 전문직 또는 기관 간의 영역 분쟁은 서비스의 조정에 장애를 일으킨다(Kane, 1985). 유능한 사례관리자는 클라이언트에게 최상의 서비스를 전달할 수 있도록 서비스 전달과 관련된 이러한 문제들을 잘 운용해 나가야 한다.

4) 덤핑

여러분이 클라이언트의 욕구를 더 적절하게 충족시킬 수 있는 다른 조직과 연계해보려는 시도도 없이, 클라이언트를 되돌려 보내거나 단순히 특정 클라이언트와 함께 일하고 싶지 않다는 이유로 그 클라이언트를 다른 기관으로 의뢰하는 경우, 이러한 행위들을 '덤핑'이라고 한다. 이러한 덤핑이 윤리적인 행위가 아니라는 것은 분명하다. 즉, 서비스 신청자나 전화상담을 원하는 사람들이 다른 기관에서 원조를 얻을 수 있을 때까지 그들을 돌보아야 한다. 또한 다른 기관이 실제적인 책임과 도움을 줄 수 있는 자원을 보유하고 있으면서도 여러분의 기관으로 의뢰하는 것도 막아야 한다.

5) 클라이언트의 참여를 유도하지 않기

사례관리자가 개인이나 가족의 참여를 촉구하지 않고 그들에 대한 지식도 없이 문제를 해결하려고 하거나 서비스를 실행하려는 것은 상황을 악화시킨다. 만약 서비스 계획이 상호 호혜적인 방식으로 협상되거나 개발되지 않는다면, 시간만 허비하는 것이고 클라이언트들은 좌절하게 될 것이다.

6) 사례관리 능력 향상시키기

다음에 제시된 지침들은 보다 나은 사례관리 및 서비스 조정 기술을 개발하는 데 도움을 줄 것이다.

① 각 개인의 욕구를 충족시키기 위해 지역사회 내에 현존하고 있는 서비스에 관한 최신 자원목록을 만든다.

② 서비스에 대한 접근을 용이하게 하기 위해 다른 기관의 직원들과 관계를 잘 맺어 둔다.

③ 각종 프로그램이나 서비스의 수혜 자격요건을 숙지하여 적절한 의뢰가 용이하도록 준비해 둔다. 클라이언트들이 보다 손쉽게 도움을 받을 수 있도록 다른 기관의 프로그램 신청 서류들도 구비해 둔다. 그러한 양식을 작성하는 데 문제가 없을 정도로 그 양식에 대해 알아둔다.

④ 현재 제공될 수 있는 서비스의 틀 속에서만 판단하기보다는 먼저 클라이언트의 비충족 욕구를 사정해보는 습관을 기른다. 만약 활용 가능한 것이나 현재 알고 있는 것, 기관이 제공할 수 있는 것에만 맞추어 서비스 계획을 세운다면 그 계획은 클라이언트의 진정한 욕구에 의해서 설정된 것이 아니며, 지역사회가 보유하고 있는 자원의 한계 내에서 끌려다니게 될 것이다(Rose, 1992). 현재 자원으로는 충족될 수 없어 반복적으로 제기되는 욕구나 요청 사항은 문서화하여, 새로운 서비스나 재원을 개발할 수 있는 능력을 가진 정책결정자 및 기관의 행정가들에게 자료로 제공한다.

9 훌륭한 사례관리의 결과

이 장에서 논의되었던 주요 사항을 요약하기 위해, 다음과 같이 서비스 관리와 사례옹호가 제대로 수행되었을 때 얻을 수 있는 이점을 제시한다.

① 유능하고 신뢰할 만한 사례관리자는 적절한 서비스의 전달을 촉진시키면서, 클라이언트들이 조직의 권위나 관료적 형식주의, 문서작성 같은 어려움으로 인해 느끼게 되는 좌절감을 근본적으로 감소시킬 수 있다.

② 훌륭한 사회복지사는 향후 어려움을 예측하고, 클라이언트들이 어려움에 대비하여 계획을 세우도록 도움을 줄 수 있어 앞으로 찾아오는 위기의 횟수를 감소시킬 수 있으며, 위기가 발생했을 경우 그로 인한 영향을 감소시켜 줄 수 있다.

③ 사례관리자는 다른 기관의 관계자들과 서비스를 조정하기 때문에, 쓸데없는 서비스 중복을 피할 수 있다.

④ 사례관리자는 용이하게 클라이언트를 복잡한 서비스 네트워크와 연결시키고 접촉시킬 수 있다.

생각해 볼 문제

1. 사회복지실천에서 사례관리는 무엇인지 그 정의에 대하여 생각해 보시오.

2. 사례관리가 출현하게 된 역사적 배경에 대하여 생각해 보시오.

3. 사례관리자가 제공 · 수행하는 활동의 범위에 대하여 생각해 보시오.

4. 사례관리의 지침들에 대하여 생각해 보시오.

5. 사례관리의 기반이 되고 있는 기본요소 및 기능에 대하여 생각해 보시오.

A/P/P/E/N/D/I/X

부 록

1 사회복지사 윤리강령

- 전문 -

사회복지사는 인본주의 · 평등주의 사상에 기초하여, 모든 인간의 존엄성과 가치를 존중하고 천부의 자유권과 생존권의 보장활동에 헌신한다. 특히 사회적 · 경제적 약자들의 편에 서서 사회정의와 평등 · 자유와 민주주의 가치를 실현하는 데 앞장선다. 또한 도움을 필요로 하는 사람들의 사회적 지위와 기능을 향상시키기 위해 저들과 함께 일하며, 사회제도 개선과 관련된 제반 활동에 주도적으로 참여한다. 사회복지사는 개인의 주체성과 자기결정권을 보장하는 데 최선을 다하고, 어떠한 여건에서도 개인이 부당하게 희생되는 일이 없도록 한다. 이러한 사명을 실천하기 위하여 전문적 지식과 기술을 개발하고, 사회적 가치를 실현하는 전문가로서의 능력과 품위를 유지하기 위해 노력한다.

이에 우리는 클라이언트 · 동료 · 기관 그리고, 지역사회 및 전체 사회와 관련된 사회복지사의 행위와 활동을 판단 · 평가하며 인도하는 윤리기준을 다음과 같이 선언하고 이를 준수할 것을 다짐한다.

- 윤리기준 -

*사회복지사의 기본적 윤리기준

1. 전문가로서의 자세

1) 사회복지사는 전문가로서의 품위와 자질을 유지하고, 자신이 맡고 있는 업무에 대해 책임을 진다.

2) 사회복지사는 클라이언트의 종교 · 인종 · 성 · 연령 · 국적 · 결혼상태 · 성 취향 · 경제적 지위 · 정치적 신념 · 정신, 신체적 장애 · 기타 개인적 선호, 특징, 조건, 지위를 이유로 차별 대우를 하지 않는다.
3) 사회복지사는 전문가로서 성실하고 공정하게 업무를 수행하며, 이 과정에서 어떠한 부당한 압력에도 타협하지 않는다.
4) 사회복지사는 사회정의 실현과 클라이언트의 복지 증진에 헌신하며, 이를 위한 환경 조성을 국가와 사회에 요구해야 한다.
5) 사회복지사는 전문적 가치와 판단에 따라 업무를 수행함에 있어, 기관 내외로부터 부당한 간섭이나 압력을 받지 않는다.
6) 사회복지사는 자신의 이익을 위해 사회복지전문직의 가치와 권위를 훼손해서는 안 된다.
7) 사회복지사는 한국사회복지사협회 등 전문가단체 활동에 적극 참여하여, 사회정의 실현과 사회복지사의 권익옹호를 위해 노력해야 한다.

2. 전문성 개발을 위한 노력

1) 사회복지사는 클라이언트에게 최상의 서비스를 제공하기 위해, 지식과 기술을 개발하는데 최선을 다하며 이를 활용하고 전파할 책임이 있다.
2) 클라이언트를 대상으로 연구하는 사회복지사는 저들의 권리를 보장하기 위해, 자발적이고 고지된 동의를 얻어야 한다.
3) 연구과정에서 얻은 정보는 비밀보장의 원칙에서 다루어져야 하고, 이 과정에서 클라이언트는 신체적, 정신적 불편이나 위험 · 위해 등으로부터 보호되어야 한다.
4) 사회복지사는 전문성을 개발하기 위해 노력하되, 이를 이유로 서비스의 제공을 소홀히 해서는 안 된다.
5) 사회복지사는 한국사회복지사협회등이 실시하는 제반교육에 적극 참여하여야 한다.

3. 경제적 이득에 대한 태도

1) 사회복지사는 클라이언트의 지불능력에 상관없이 서비스를 제공해야 하며, 이를 이유로 차별대우를 해서는 안 된다.
2) 사회복지사는 필요한 경우에 제공된 서비스에 대해, 공정하고 합리적으로 이용료를 책정해야 한다.
3) 사회복지사는 업무와 관련하여 정당하지 않은 방법으로 경제적 이득을 취하여서는 안 된다.

*사회복지사의 클라이언트에 대한 윤리기준

1. 클라이언트와의 관계

1) 사회복지사는 클라이언트의 권익옹호를 최우선의 가치로 삼고 행동한다.
2) 사회복지사는 클라이언트에 대하여 인간으로서의 존엄성을 존중해야 하며, 전문적 기술과 능력을 최대한 발휘한다.
3) 사회복지사는 클라이언트가 자기결정권을 최대한 행사할 수 있도록 도와야 하며, 저들의 이익을 최대한 대변해야 한다.
4) 사회복지사는 클라이언트의 사생활을 존중하고 보호하며, 직무 수행과정에서 얻은 정보에 대해 철저하게 비밀을 유지해야 한다.
5) 사회복지사는 클라이언트가 받는 서비스의 범위와 내용에 대해, 정확하고 충분한 정보를 제공함으로써 알 권리를 인정하고 존중해야 한다.
6) 사회복지사는 문서 · 사진 · 컴퓨터 파일 등의 형태로 된 클라이언트의 정보에 대해 비밀보장의 한계 · 정보를 얻어야 하는 목적 및 활용에 대해 구체적으로 알려야 하며, 정보 공개시에는 동의를 얻어야 한다.
7) 사회복지사는 개인적 이익을 위해 클라이언트와의 전문적 관계를 이용하여서는 안 된다.

8) 사회복지사는 어떠한 상황에서도 클라이언트와 부적절한 성적관계를 가져서는 안 된다.
9) 사회복지사는 사회복지 증진을 위한 환경조성에 클라이언트를 동반자로 인정하고 함께 일해야 한다.

2. 동료의 클라이언트와의 관계

1) 사회복지사는 적법하고도 적절한 논의 없이 동료 혹은, 다른 기관의 클라이언트와 전문적 관계를 맺어서는 안 된다.
2) 사회복지사는 긴급한 사정으로 인해 동료의 클라이언트를 맡게 된 경우, 자신의 의뢰인 처럼 관심을 갖고 서비스를 제공한다.

*사회복지사의 동료에 대한 윤리기준

1. 동 료

1) 사회복지사는 존중과 신뢰로서 동료를 대하며, 전문가로서의 지위와 인격을 훼손하는 언행을 하지 않는다.
2) 사회복지사는 사회복지전문직의 이익과 권익을 증진시키기 위해 동료와 협력해야 한다.
3) 사회복지사는 동료의 윤리적이고 전문적인 행위를 촉진시켜야 하며, 이에 반하는 경우에는 제반 법률규정이나 윤리기준에 따라 대처해야 한다.
4) 사회복지사가 전문적인 판단과 실천이 미흡하여 문제를 야기시켰을 때에는, 적절한 조치를 취하여 클라이언트의 이익을 보호해야 한다.
5) 사회복지사는 전문직 내 다른 구성원이 행한 비윤리적 행위에 대해, 제반 법률규정이나 윤리기준에 따라 조치를 취해야 한다.

6) 사회복지사는 동료 및 타 전문직 동료의 직무 가치와 내용을 인정·이해하며, 상호 간에 민주적인 직무관계를 이루도록 노력해야 한다.

2. 슈퍼바이저

1) 슈퍼바이저는 개인적인 이익의 추구를 위해 자신의 지위를 이용해서는 안 된다.
2) 슈퍼바이저는 전문적 기준에 의해 공정하게 책임을 수행하며, 사회복지사·수련생 및 실습생에 대한 평가는 저들과 공유해야 한다.
3) 사회복지사는 슈퍼바이저의 전문적 지도와 조언을 존중해야 하며, 슈퍼바이저는 사회복지사의 전문적 업무수행을 도와야 한다.
4) 슈퍼바이저는 사회복지사·수련생 및 실습생에 대해 인격적·성적으로 수치심을 주는 행위를 해서는 안 된다.

*사회복지사의 사회에 대한 윤리기준

1) 사회복지사는 인권존중과 인간평등을 위해 헌신해야 하며, 사회적 약자를 옹호하고 대변하는 일을 주도해야 한다.
2) 사회복지사는 필요한 사회서비스를 개발하기 위한 사회정책의 수립·발전·입법·집행에 적극적으로 참여하고 지원해야 한다.
3) 사회복지사는 사회환경을 개선하고 사회정의를 증진시키기 위한 사회정책의 수립·발전·입법·집행을 요구하고 옹호해야 한다.
4) 사회복지사는 자신이 일하는 지역사회의 문제를 이해하고, 그것을 해결하는 일에 적극적으로 참여해야 한다.

*사회복지사의 기관에 대한 윤리기준

1) 사회복지사는 기관의 정책과 사업 목표의 달성·서비스의 효율성과 효과성의 증진을 위해 노력함으로써, 클라이언트에게 이익이 되도록 해야 한다.
2) 사회복지사는 기관의 부당한 정책이나 요구에 대하여, 전문직의 가치와 지식을 근거로 이에 대응하고 즉시 사회복지윤리위원회에 보고해야 한다.
3) 사회복지사는 소속기관 활동에 적극 참여함으로써, 기관의 성장발전을 위해 노력해야 한다.

*사회복지윤리위원회의 구성과 운영

1) 한국사회복지사협회는 사회복지윤리위원회를 구성하여, 사회복지윤리실천의 질적인 향상을 도모하여야 한다.
2) 사회복지윤리위원회는 윤리강령을 위배하거나 침해하는 행위를 접수받아, 공식적인 절차를 통해 대처하여야 한다.
3) 사회복지사는 한국사회복사협회의 윤리적 권고와 결정을 존중하여야 한다.

2 사회복지사업법

[시행 2021.6.30.] [법률 제17782호, 2020.12.29. 일부개정]

보건복지부(복지정책과 : 총칙, 사회복지사 자격 등), 044-202-3022
보건복지부(사회서비스자원과: 사회복지법인, 임원, 시설), 044-202-3258

제1장 총칙 〈개정 2011.8.4.〉

제1조(목적) 이 법은 사회복지사업에 관한 기본적 사항을 규정하여 사회복지를 필요로 하는 사람에 대하여 인간의 존엄성과 인간다운 생활을 할 권리를 보장하고 사회복지의 전문성을 높이며, 사회복지사업의 공정ㆍ투명ㆍ적정을 도모하고, 지역사회복지의 체계를 구축하고 사회복지서비스의 질을 높여 사회복지의 증진에 이바지함을 목적으로 한다. 〈개정 2012.1.26., 2017.10.24.〉

[전문개정 2011.8.4.]

제1조의2(기본이념) ① 사회복지를 필요로 하는 사람은 누구든지 자신의 의사에 따라 서비스를 신청하고 제공받을 수 있다.

② 사회복지법인 및 사회복지시설은 공공성을 가지며 사회복지사업을 시행하는 데 있어서 공공성을 확보하여야 한다.

③ 사회복지사업을 시행하는 데 있어서 사회복지를 제공하는 자는 사회복지를 필요로 하는 사람의 인권을 보장하여야 한다.

④ 사회복지서비스를 제공하는 자는 필요한 정보를 제공하는 등 사회복지서비스를 이용하는 사람의 선택권을 보장하여야 한다. 〈신설 2017.10.24.〉

[본조신설 2012.1.26.]

제2조(정의) 이 법에서 사용하는 용어의 뜻은 다음과 같다. 〈개정 2011.8.4., 2012.1.26., 2014.5.20., 2016.2.3., 2016.5.29., 2017.10.24.〉

1. "사회복지사업"이란 다음 각 목의 법률에 따른 보호·선도(善導) 또는 복지에 관한 사업과 사회복지상담, 직업지원, 무료 숙박, 지역사회복지, 의료복지, 재가복지(在家福祉), 사회복지관 운영, 정신질환자 및 한센병력자의 사회복귀에 관한 사업 등 각종 복지사업과 이와 관련된 자원봉사활동 및 복지시설의 운영 또는 지원을 목적으로 하는 사업을 말한다.
   가. 「국민기초생활 보장법」
   나. 「아동복지법」
   다. 「노인복지법」
   라. 「장애인복지법」
   마. 「한부모가족지원법」
   바. 「영유아보육법」
   사. 「성매매방지 및 피해자보호 등에 관한 법률」
   아. 「정신건강증진 및 정신질환자 복지서비스 지원에 관한 법률」
   자. 「성폭력방지 및 피해자보호 등에 관한 법률」
   차. 「입양특례법」
   카. 「일제하 일본군위안부 피해자에 대한 생활안정지원 및 기념사업 등에 관한 법률」
   타. 「사회복지공동모금회법」
   파. 「장애인·노인·임산부 등의 편의증진 보장에 관한 법률」
   하. 「가정폭력방지 및 피해자보호 등에 관한 법률」
   거. 「농어촌주민의 보건복지증진을 위한 특별법」
   너. 「식품등 기부 활성화에 관한 법률」
   더. 「의료급여법」
   러. 「기초연금법」
   머. 「긴급복지지원법」
   버. 「다문화가족지원법」

서. 「장애인연금법」

어. 「장애인활동 지원에 관한 법률」

저. 「노숙인 등의 복지 및 자립지원에 관한 법률」

처. 「보호관찰 등에 관한 법률」

커. 「장애아동 복지지원법」

터. 「발달장애인 권리보장 및 지원에 관한 법률」

퍼. 「청소년복지 지원법」

허. 그 밖에 대통령령으로 정하는 법률

2. "지역사회복지"란 주민의 복지증진과 삶의 질 향상을 위하여 지역사회 차원에서 전개하는 사회복지를 말한다.

3. "사회복지법인"이란 사회복지사업을 할 목적으로 설립된 법인을 말한다.

4. "사회복지시설"이란 사회복지사업을 할 목적으로 설치된 시설을 말한다.

5. "사회복지관"이란 지역사회를 기반으로 일정한 시설과 전문인력을 갖추고 지역주민의 참여와 협력을 통하여 지역사회의 복지문제를 예방하고 해결하기 위하여 종합적인 복지서비스를 제공하는 시설을 말한다.

6. "사회복지서비스"란 국가·지방자치단체 및 민간부문의 도움을 필요로 하는 모든 국민에게 「사회보장기본법」 제3조제4호에 따른 사회서비스 중 사회복지사업을 통한 서비스를 제공하여 삶의 질이 향상되도록 제도적으로 지원하는 것을 말한다.

7. "보건의료서비스"란 국민의 건강을 보호·증진하기 위하여 보건의료인이 하는 모든 활동을 말한다.

[전문개정 2011.8.4.]

제3조(다른 법률과의 관계) ① 사회복지사업의 내용 및 절차 등에 관하여 제2조제1호 각 목의 법률에 특별한 규정이 있는 경우를 제외하고는 이 법에서 정하는 바에 따른다.

② 제2조제1호 각 목의 법률을 개정하는 경우에는 이 법에 부합하도록

하여야 한다.

[전문개정 2011.8.4.]

제4조(복지와 인권증진의 책임) ① 국가와 지방자치단체는 사회복지서비스를 증진하고, 서비스를 이용하는 사람에 대하여 인권침해를 예방하고 차별을 금지하며 인권을 옹호할 책임을 진다. 〈개정 2012.1.26.〉

② 국가와 지방자치단체는 사회복지서비스와 보건의료서비스를 함께 필요로 하는 사람에게 이들 서비스가 연계되어 제공되도록 노력하여야 한다.

③ 국가와 지방자치단체, 그 밖에 사회복지사업을 하는 자는 사회복지를 필요로 하는 사람에 대하여 그 사업과 관련한 상담, 작업치료(作業治療), 직업훈련 등을 실시하고 필요한 경우에는 주민의 복지 욕구를 조사할 수 있다.

④ 국가와 지방자치단체는 도움을 필요로 하는 국민이 본인의 선호와 필요에 따라 적절한 사회복지서비스를 제공받을 수 있도록 사회복지서비스 수요자 등을 고려하여 사회복지시설이 균형 있게 설치되도록 노력하여야 한다.

⑤ 국가와 지방자치단체는 민간부문의 사회복지 증진활동이 활성화되고 국가 및 지방자치단체의 사회복지사업과 민간부문의 사회복지 증진활동이 원활하게 연계될 수 있도록 노력하여야 한다.

⑥ 국가와 지방자치단체는 사회복지를 필요로 하는 사람의 인권이 충분히 존중되는 방식으로 사회복지서비스를 제공하고 사회복지와 관련된 인권교육을 강화하여야 한다. 〈신설 2012.1.26.〉

⑦ 국가와 지방자치단체는 사회복지서비스를 이용하는 사람이 긴급한 인권침해 상황에 놓인 경우 신속히 대응할 체계를 갖추어야 한다. 〈신설 2012.1.26.〉

⑧ 국가와 지방자치단체는 시설 거주자의 희망을 반영하여 지역사회보호체계에서 서비스가 제공될 수 있도록 노력하여야 한다. 〈신설 2012.1.26., 2019.1.15.〉

⑨ 국가와 지방자치단체는 사회복지서비스를 필요로 하는 사람들에게 사회복지서비스의 실시에 대한 정보를 제공하여야 한다. 〈신설 2012.1.26.〉

⑩ 국가와 지방자치단체는 사회복지서비스를 제공하는 자로부터 위법 또는 부당한 처분을 받아 권리나 이익을 침해당한 사람을 위하여 간이하고 신속한 구제조치를 마련하여야 한다. 〈신설 2017.10.24.〉

[전문개정 2011.8.4.]

[제목개정 2012.1.26.]

제5조(인권존중 및 최대 봉사의 원칙) ① 이 법에 따라 복지업무에 종사하는 사람은 그 업무를 수행할 때에 사회복지를 필요로 하는 사람을 위하여 인권을 존중하고 차별 없이 최대로 봉사하여야 한다. 〈개정 2012.1.26., 2017.10.24.〉

② 국가와 지방자치단체는 복지업무에 종사하는 사람이 그 업무를 수행할 때에 사회복지를 필요로 하는 사람의 인권을 침해하는 행위를 한 경우에는 제2조제1호 각 목의 법률이 정하는 바에 따라 처분하고 그 사실을 공표하는 등의 조치를 하여야 한다. 〈신설 2017.10.24.〉

[전문개정 2011.8.4.]

[제목개정 2012.1.26.]

제5조의2(사회복지서비스 제공의 원칙) ① 사회복지서비스를 필요로 하는 사람(이하 "보호대상자"라 한다)에 대한 사회복지서비스 제공(이하 "서비스 제공"이라 한다)은 현물(現物)로 제공하는 것을 원칙으로 한다.

② 시장(「제주특별자치도 설치 및 국제자유도시 조성을 위한 특별법」 제11조제2항에 따른 행정시장을 포함한다. 이하 같다) · 군수 · 구청장(자치구의 구청장을 말한다. 이하 같다)은 국가 또는 지방자치단체 외의 자로 하여금 제1항의 서비스 제공을 실시하게 하는 경우에는 보호대상자에게 사회복지서비스 이용권(이하 "이용권"이라 한다)을 지급하여 국가 또는 지방자치단체 외의 자로부터 그 이용권으로 서비스 제공을 받게 할 수 있다.

③ 국가와 지방자치단체는 사회복지서비스의 품질향상과 원활한 제공을

위하여 필요한 시책을 마련하여야 한다.

④ 국가와 지방자치단체는 사회복지서비스의 품질을 관리하기 위하여 사회복지서비스를 제공하는 기관·법인·시설·단체의 서비스 환경, 서비스 제공 인력의 전문성 등을 평가할 수 있다.

⑤ 보건복지부장관은 제4항에 따른 평가를 위하여 평가기관을 설치·운영하거나, 평가의 전부 또는 일부를 관계 기관 또는 단체에 위탁할 수 있다.

⑥ 보건복지부장관은 제5항에 따라 평가를 위탁한 기관 또는 단체에 대하여 그 운영에 필요한 비용을 지원할 수 있다.

[본조신설 2017.10.24.]

제6조(시설 설치의 방해 금지) ① 누구든지 정당한 이유 없이 사회복지시설의 설치를 방해하여서는 아니 된다.

② 시장·군수·구청장은 정당한 이유 없이 사회복지시설의 설치를 지연시키거나 제한하는 조치를 하여서는 아니 된다. 〈개정 2015.7.24., 2017.10.24.〉

[전문개정 2011.8.4.]

제6조의2(사회복지시설 업무의 전자화) ① 보건복지부장관은 사회복지법인 및 사회복지시설의 종사자, 거주자 및 이용자에 관한 자료 등 운영에 필요한 정보의 효율적 처리와 기록·관리 업무의 전자화를 위하여 정보시스템을 구축·운영할 수 있다.

② 보건복지부장관은 제1항에 따른 정보시스템을 구축·운영하는 데 필요한 자료를 수집·관리·보유할 수 있으며 관련 기관 및 단체에 필요한 자료의 제공을 요청할 수 있다. 이 경우 요청을 받은 기관 및 단체는 정당한 사유가 없으면 그 요청에 따라야 한다.

③ 지방자치단체의 장은 사회복지사업을 수행할 때 관할 복지행정시스템과 제1항에 따른 정보시스템을 전자적으로 연계하여 활용하여야 한다.

④ 사회복지법인의 대표이사와 사회복지시설의 장은 국가와 지방자치단체가 실시하는 사회복지업무의 전자화 시책에 협력하여야 한다.

⑤ 보건복지부장관은 제1항에 따른 정보시스템을 효율적으로 운영하기 위하여 「사회보장기본법」 제37조제7항에 따른 전담기구에 그 운영에 관한 업무를 위탁할 수 있다.

[전문개정 2017.10.24.]

제6조의3 삭제 〈2017.10.24.〉

제7조 삭제 〈2017.10.24.〉

제7조의2 삭제 〈2017.10.24.〉

제8조 삭제 〈2017.10.24.〉

제9조(사회복지 자원봉사활동의 지원 · 육성) ① 국가와 지방자치단체는 사회복지 자원봉사활동을 지원 · 육성하기 위하여 다음 각 호의 사항을 실시하여야 한다.

1. 자원봉사활동의 홍보 및 교육
2. 자원봉사활동 프로그램의 개발 · 보급
3. 자원봉사활동 중의 재해에 대비한 시책의 개발
4. 그 밖에 자원봉사활동의 지원에 필요한 사항

② 국가와 지방자치단체는 제1항 각 호의 사항을 효율적으로 수행하기 위하여 사회복지법인이나 그 밖의 비영리법인 · 단체에 이를 위탁할 수 있다.

[전문개정 2011.8.4.]

제10조(지도 · 훈련) ① 보건복지부장관은 이 법이나 그 밖의 사회복지 관련 법률의 시행에 관한 사무에 종사하는 공무원과 사회복지사업에 종사하는 사람의 자질 향상을 위하여 인권교육 등 필요한 지도와 훈련을 할 수 있다. 〈개정 2012.1.26.〉

② 제1항의 훈련에 필요한 사항은 보건복지부령으로 정한다.

[전문개정 2011.8.4.]

제11조(사회복지사 자격증의 발급 등) ① 보건복지부장관은 사회복지에 관

한 전문지식과 기술을 가진 사람에게 사회복지사 자격증을 발급할 수 있다.

② 제1항에 따른 사회복지사의 등급은 1급·2급으로 하되, 정신건강·의료·학교 영역에 대해서는 영역별로 정신건강사회복지사·의료사회복지사·학교사회복지사의 자격을 부여할 수 있다. 〈개정 2017.10.24., 2018.12.11.〉

③ 사회복지사 1급 자격은 국가시험에 합격한 사람에게 부여하고, 정신건강사회복지사·의료사회복지사·학교사회복지사의 자격은 1급 사회복지사의 자격이 있는 사람 중에서 보건복지부령으로 정하는 수련기관에서 수련을 받은 사람에게 부여한다. 〈개정 2018.12.11.〉

④ 제2항에 따른 사회복지사의 등급별·영역별 자격기준 및 자격증의 발급절차 등은 대통령령으로 정한다. 〈신설 2018.12.11.〉

⑤ 보건복지부장관은 제4항에 따른 사회복지사 자격증을 발급받거나 재발급받으려는 사람에게 보건복지부령으로 정하는 바에 따라 수수료를 내게 할 수 있다. 〈개정 2018.12.11.〉

⑥ 제1항에 따라 사회복지사 자격증을 발급받은 사람은 다른 사람에게 그 자격증을 빌려주어서는 아니 되고, 누구든지 그 자격증을 빌려서는 아니 된다. 〈신설 2020.3.31.〉

⑦ 누구든지 제6항에 따라 금지된 행위를 알선하여서는 아니 된다. 〈신설 2020.3.31.〉

[전문개정 2011.8.4.]

제11조의2(사회복지사의 결격사유) 다음 각 호의 어느 하나에 해당하는 사람은 사회복지사가 될 수 없다. 〈개정 2017.10.24.〉

1. 피성년후견인 또는 피한정후견인
2. 금고 이상의 형을 선고받고 그 집행이 끝나지 아니하였거나 그 집행을 받지 아니하기로 확정되지 아니한 사람
3. 법원의 판결에 따라 자격이 상실되거나 정지된 사람
4. 마약·대마 또는 향정신성의약품의 중독자
5. 「정신건강증진 및 정신질환자 복지서비스 지원에 관한 법률」 제3조제1호에 따른 정신질환자. 다만, 전문의가 사회복지사로서 적합하다고

인정하는 사람은 그러하지 아니하다.

[전문개정 2011.8.4.]

제11조의3(사회복지사의 자격취소 등) ① 보건복지부장관은 사회복지사가 다음 각 호의 어느 하나에 해당하는 경우 그 자격을 취소하거나 1년의 범위에서 정지시킬 수 있다. 다만, 제1호부터 제3호까지에 해당하면 그 자격을 취소하여야 한다.

1. 거짓이나 그 밖의 부정한 방법으로 자격을 취득한 경우
2. 제11조의2 각 호의 어느 하나에 해당하게 된 경우
3. 자격증을 대여 · 양도 또는 위조 · 변조한 경우
4. 사회복지사의 업무수행 중 그 자격과 관련하여 고의나 중대한 과실로 다른 사람에게 손해를 입힌 경우
5. 자격정지 처분을 3회 이상 받았거나, 정지 기간 종료 후 3년 이내에 다시 자격정지 처분에 해당하는 행위를 한 경우
6. 자격정지 처분 기간에 자격증을 사용하여 자격 관련 업무를 수행한 경우

② 보건복지부장관은 제1항제4호에 해당하여 사회복지사의 자격을 취소하거나 정지시키려는 경우에는 제46조에 따른 한국사회복지사협회의 장 등 관계 전문가의 의견을 들을 수 있다. 〈신설 2020.3.31.〉

③ 제1항에 따라 자격이 취소된 사람은 취소된 날부터 15일 내에 자격증을 보건복지부장관에게 반납하여야 한다. 〈개정 2020.3.31.〉

④ 보건복지부장관은 제1항에 따라 자격이 취소된 사람에게는 그 취소된 날부터 2년 이내에 자격증을 재교부하지 못한다. 〈신설 2017.10.24., 2020.3.31.〉

[본조신설 2016.2.3.]

제11조의4(유사명칭의 사용금지) 이 법에 따른 사회복지사가 아니면 사회복지사 또는 이와 유사한 명칭을 사용하지 못한다.

[본조신설 2016.2.3.]

제12조(국가시험) ① 제11조제3항에 따른 국가시험은 보건복지부장관이 시행하되, 시험의 관리는 대통령령으로 정하는 바에 따라 시험관리능력이 있다고 인정되는 관계 전문기관에 위탁할 수 있다.

② 보건복지부장관은 제1항에 따라 국가시험의 관리를 위탁하였을 때에는 그에 드는 비용을 예산의 범위에서 보조할 수 있다.

③ 제1항에 따라 시험의 관리를 위탁받은 기관은 보건복지부장관의 승인을 받아 정한 금액을 응시수수료로 받을 수 있다.

④ 시험 과목, 응시자격 등 시험의 실시에 필요한 사항은 대통령령으로 정한다.

[전문개정 2011.8.4.]

제13조(사회복지사의 채용 및 교육 등) ① 사회복지법인 및 사회복지시설을 설치·운영하는 자는 대통령령으로 정하는 바에 따라 사회복지사를 그 종사자로 채용하고, 보고방법·보고주기 등 보건복지부령으로 정하는 바에 따라 특별시장·광역시장·특별자치시장·도지사·특별자치도지사(이하 "시·도지사"라 한다) 또는 시장·군수·구청장에게 사회복지사의 임면에 관한 사항을 보고하여야 한다. 다만, 대통령령으로 정하는 사회복지시설은 그러하지 아니하다. 〈개정 2016.2.3., 2017.10.24.〉

② 보건복지부장관은 사회복지사의 자질 향상을 위하여 필요하다고 인정하면 사회복지사에게 교육을 받도록 명할 수 있다. 다만, 사회복지법인 또는 사회복지시설에 종사하는 사회복지사는 정기적으로 인권에 관한 내용이 포함된 보수교육(補修敎育)을 받아야 한다. 〈개정 2012.1.26.〉

③ 사회복지법인 또는 사회복지시설을 운영하는 자는 그 법인 또는 시설에 종사하는 사회복지사에 대하여 제2항 단서에 따른 교육을 이유로 불리한 처분을 하여서는 아니 된다.

④ 보건복지부장관은 제2항에 따른 교육을 보건복지부령으로 정하는 기관 또는 단체에 위탁할 수 있다.

⑤ 제2항에 따른 교육의 기간·방법 및 내용과 제4항에 따른 위탁 등에 관하여 필요한 사항은 보건복지부령으로 정한다.

[전문개정 2011.8.4.]

제14조 삭제 〈2017.10.24.〉

제15조 삭제 〈2017.10.24.〉

제15조의2(사회복지의 날) ① 국가는 국민의 사회복지에 대한 이해를 증진하고 사회복지사업 종사자의 활동을 장려하기 위하여 매년 9월 7일을 사회복지의 날로 하고, 사회복지의 날부터 1주간을 사회복지주간으로 한다.

② 국가와 지방자치단체는 사회복지의 날의 취지에 적합한 행사 등 사업을 하도록 노력하여야 한다.

[전문개정 2011.8.4.]

제1장의2 삭제 〈2014.12.30.〉

제15조의3 삭제 〈2014.12.30.〉

제15조의4 삭제 〈2014.12.30.〉

제15조의5 삭제 〈2014.12.30.〉

제15조의6 삭제 〈2014.12.30.〉

제2장 사회복지법인 〈개정 2011.8.4.〉

제16조(법인의 설립허가) ① 사회복지법인(이하 이 장에서 "법인"이라 한다)을 설립하려는 자는 대통령령으로 정하는 바에 따라 시·도지사의 허가를 받아야 한다.

② 제1항에 따라 허가를 받은 자는 법인의 주된 사무소의 소재지에서 설립등기를 하여야 한다. 〈개정 2012.1.26.〉

[전문개정 2011.8.4.]

제17조(정관) ① 법인의 정관에는 다음 각 호의 사항이 포함되어야 한다.

1. 목적
2. 명칭
3. 주된 사무소의 소재지
4. 사업의 종류
5. 자산 및 회계에 관한 사항
6. 임원의 임면(任免) 등에 관한 사항
7. 회의에 관한 사항
8. 수익(收益)을 목적으로 하는 사업이 있는 경우 그에 관한 사항
9. 정관의 변경에 관한 사항
10. 존립시기와 해산 사유를 정한 경우에는 그 시기와 사유 및 남은 재산의 처리방법
11. 공고 및 공고방법에 관한 사항

② 법인이 정관을 변경하려는 경우에는 시·도지사의 인가를 받아야 한다. 다만, 보건복지부령으로 정하는 경미한 사항의 경우에는 그러하지 아니하다.

[전문개정 2011.8.4.]

제18조(임원) ① 법인은 대표이사를 포함한 이사 7명 이상과 감사 2명 이상을 두어야 한다. 〈개정 2012.1.26.〉

② 법인은 제1항에 따른 이사 정수의 3분의 1(소수점 이하는 버린다) 이상을 다음 각 호의 어느 하나에 해당하는 기관이 3배수로 추천한 사람 중에서 선임하여야 한다. 〈개정 2012.1.26., 2017.10.24.〉

1. 「사회보장급여의 이용·제공 및 수급권자 발굴에 관한 법률」 제40조 제1항에 따른 시·도사회보장위원회
2. 「사회보장급여의 이용·제공 및 수급권자 발굴에 관한 법률」 제41조 제1항에 따른 지역사회보장협의체

③ 이사회의 구성에 있어서 대통령령으로 정하는 특별한 관계에 있는 사람이 이사 현원(現員)의 5분의 1을 초과할 수 없다. 〈개정 2012.1.26.〉

④ 이사의 임기는 3년으로 하고 감사의 임기는 2년으로 하며, 각각 연임할 수 있다. 〈개정 2012.1.26.〉

⑤ 외국인인 이사는 이사 현원의 2분의 1 미만이어야 한다. 〈개정 2012.1.26.〉

⑥ 법인은 임원을 임면하는 경우에는 보건복지부령으로 정하는 바에 따라 지체 없이 시·도지사에게 보고하여야 한다. 〈개정 2012.1.26.〉

⑦ 감사는 이사와 제3항에 따른 특별한 관계에 있는 사람이 아니어야 하며, 감사 중 1명은 법률 또는 회계에 관한 지식이 있는 사람 중에서 선임하여야 한다. 다만, 대통령령으로 정하는 일정 규모 이상의 법인은 시·도지사의 추천을 받아 「주식회사의 외부감사에 관한 법률」 제3조제1항에 따른 감사인에 속한 사람을 감사로 선임하여야 한다. 〈신설 2012.1.26.〉

⑧ 제2항 각 호의 기관은 제2항에 따라 이사를 추천하기 위하여 매년 다음 각 호의 어느 하나에 해당하는 사람으로 이사 후보군을 구성하여 공고하여야 한다. 다만, 사회복지법인의 대표자, 사회복지사업을 하는 비영리법인 또는 단체의 대표자, 「사회보장급여의 이용·제공 및 수급권자 발굴에 관한 법률」 제41조에 따른 지역사회보장협의체의 대표자는 제외한다. 〈신설 2017.10.24.〉

1. 사회복지 또는 보건의료에 관한 학식과 경험이 풍부한 사람
2. 사회복지를 필요로 하는 사람의 이익 등을 대표하는 사람
3. 「비영리민간단체 지원법」 제2조에 따른 비영리민간단체에서 추천한 사람
4. 「사회복지공동모금회법」 제14조에 따른 사회복지공동모금지회에서 추천한 사람

[전문개정 2011.8.4.]

제18조의2(임원선임 관련 금품 등 수수 금지) 누구든지 임원의 선임과 관련하여 금품, 향응 또는 그 밖의 재산상 이익을 주고받거나 주고받을 것을 약속하여서는 아니 된다.

[본조신설 2017.10.24.]

제19조(임원의 결격사유) ① 다음 각 호의 어느 하나에 해당하는 사람은 임원이 될 수 없다. 〈개정 2012.1.26., 2017.9.19., 2017.10.24., 2018.12.11., 2020.12.29.〉

1. 미성년자

1의2. 피성년후견인 또는 피한정후견인

1의3. 파산선고를 받고 복권되지 아니한 사람

1의4. 법원의 판결에 따라 자격이 상실되거나 정지된 사람

1의5. 금고 이상의 실형을 선고받고 그 집행이 끝나거나(집행이 끝난 것으로 보는 경우를 포함한다) 집행이 면제된 날부터 3년이 지나지 아니한 사람

1의6. 금고 이상의 형의 집행유예를 선고받고 그 유예기간 중에 있는 사람

1의7. 제1호의5 및 제1호의6에도 불구하고 사회복지사업 또는 그 직무와 관련하여 「아동복지법」 제71조, 「보조금 관리에 관한 법률」 제40조부터 제42조까지 또는 「형법」 제28장 · 제40장(제360조는 제외한다)의 죄를 범하거나 이 법을 위반하여 다음 각 목의 어느 하나에 해당하는 사람

가. 100만원 이상의 벌금형을 선고받고 그 형이 확정된 후 5년이 지나지 아니한 사람

나. 형의 집행유예를 선고받고 그 형이 확정된 후 7년이 지나지 아니한 사람

다. 징역형을 선고받고 그 집행이 끝나거나(집행이 끝난 것으로 보는 경우를 포함한다) 집행이 면제된 날부터 7년이 지나지 아니한 사람

1의8. 제1호의5부터 제1호의7까지의 규정에도 불구하고 「성폭력범죄의 처벌 등에 관한 특례법」 제2조의 성폭력범죄(「성폭력범죄의 처벌 등에 관한 특례법」 제2조제1항제1호는 제외한다) 또는 「아동 · 청소년의 성보호에 관한 법률」 제2조제2호의 아동 · 청소년대상 성범

죄를 저지른 사람으로서 형 또는 치료감호를 선고받고 확정된 후 그 형 또는 치료감호의 전부 또는 일부의 집행이 끝나거나(집행이 끝난 것으로 보는 경우를 포함한다) 집행이 유예·면제된 날부터 10년이 지나지 아니한 사람

2. 제22조에 따른 해임명령에 따라 해임된 날부터 5년이 지나지 아니한 사람
3. 사회복지분야의 6급 이상 공무원으로 재직하다 퇴직한 지 3년이 경과하지 아니한 사람 중에서 퇴직 전 5년 동안 소속하였던 기초자치단체가 관할하는 법인의 임원이 되고자 하는 사람

② 임원이 제1항 각 호의 어느 하나에 해당하게 되었을 때에는 그 자격을 상실한다.

[전문개정 2011.8.4.]

제20조(임원의 보충) 이사 또는 감사 중에 결원이 생겼을 때에는 2개월 이내에 보충하여야 한다.

[전문개정 2012.1.26.]

제21조(임원의 겸직 금지) ① 이사는 법인이 설치한 사회복지시설의 장을 제외한 그 시설의 직원을 겸할 수 없다.

② 감사는 법인의 이사, 법인이 설치한 사회복지시설의 장 또는 그 직원을 겸할 수 없다.

[전문개정 2011.8.4.]

제22조(임원의 해임명령) ① 시·도지사는 임원이 다음 각 호의 어느 하나에 해당할 때에는 법인에 그 임원의 해임을 명할 수 있다. 〈개정 2012.1.26.〉

1. 시·도지사의 명령을 정당한 이유 없이 이행하지 아니하였을 때
2. 회계부정이나 인권침해 등 현저한 불법행위 또는 그 밖의 부당행위 등이 발견되었을 때
3. 법인의 업무에 관하여 시·도지사에게 보고할 사항에 대하여 고의로

보고를 지연하거나 거짓으로 보고를 하였을 때

4. 제18조제2항 · 제3항 또는 제7항을 위반하여 선임된 사람
5. 제21조를 위반한 사람
6. 제22조의2에 따른 직무집행 정지명령을 이행하지 아니한 사람
7. 그 밖에 이 법 또는 이 법에 따른 명령을 위반하였을 때

② 제1항에 따른 해임명령은 시 · 도지사가 해당 법인에게 그 사유를 들어 시정을 요구한 날부터 15일이 경과하여도 이에 응하지 아니한 경우에 한한다. 다만, 시정을 요구하여도 시정할 수 없는 것이 명백하거나 회계부정, 횡령, 뇌물수수 등 비리의 정도가 중대한 경우에는 시정요구 없이 임원의 해임을 명할 수 있으며, 그 세부적 기준은 대통령령으로 정한다 〈개정 2012.1.26.〉

③ 제1항에 따라 해임명령을 받은 법인은 2개월 이내에 임원의 해임에 관한 사항을 의결하기 위한 이사회를 소집하여야 한다. 〈개정 2019.1.15.〉

[전문개정 2011.8.4.]

제22조의2(임원의 직무집행 정지) ① 시 · 도지사는 제22조에 따른 해임명령을 하기 위하여 같은 조 제1항 각 호의 사실 여부에 대한 조사나 감사가 진행 중인 경우 및 해임명령 기간 중인 경우에는 해당 임원의 직무집행을 정지시킬 수 있다. 다만, 제22조제1항제4호에 해당하여 해임명령을 받은 경우에는 해당임원의 직무집행을 정지시켜야 한다. 〈개정 2019.1.15.〉

② 시 · 도지사는 제1항에 따른 임원의 직무집행 정지사유가 소멸되면 즉시 직무집행 정지명령을 해제하여야 한다.

[본조신설 2012.1.26.]

제22조의3(임시이사의 선임) ① 법인이 다음 각 호의 어느 하나에 해당하여 법인의 정상적인 운영이 어렵다고 판단되는 경우 시 · 도지사는 지체 없이 이해관계인의 청구 또는 직권으로 임시이사를 선임하여야 한다. 〈개정 2019.1.15.〉

1. 제20조에 따른 기간 내에 결원된 이사를 보충하지 아니하거나 보충할 수 없는 것이 명백한 경우

2. 제22조제3항에 따른 기간 내에 임원의 해임에 관한 사항을 의결하기 위한 이사회를 소집하지 아니하거나 소집할 수 없는 것이 명백한 경우

② 임시이사는 제1항에 따른 사유가 해소될 때까지 재임한다.

③ 시·도지사는 임시이사가 선임되었음에도 불구하고 해당 법인이 정당한 사유 없이 이사회 소집을 기피할 경우 이사회 소집을 권고할 수 있다.

④ 제1항에 따른 임시이사의 선임 등에 필요한 사항은 보건복지부령으로 정한다.

⑤ 제1항제2호에 따라 임시이사를 선임하는 경우 제22조의2제1항 단서에 따라 직무집행이 정지된 이사는 자신의 해임명령 이행을 위한 이사회와 관련해서는 이사로 보지 않으며, 이 경우 해당 임시이사가 직무집행이 정지된 이사의 지위를 대신한다. 〈개정 2019.1.15.〉

[본조신설 2012.1.26.]

제22조의4(임시이사의 해임) ① 시·도지사는 다음 각 호의 어느 하나에 해당하는 경우 이해관계인의 청구 또는 직권으로 임시이사를 해임할 수 있다. 이 경우 제2호부터 제4호까지의 규정에 따라 임시이사를 해임하는 때에는 지체 없이 그 후임자를 선임하여야 한다. 〈개정 2017.10.24.〉

1. 임시이사 선임사유가 해소된 경우
2. 임시이사가 제19조제1항제1호 및 제1호의2부터 제1호의8까지의 어느 하나에 해당하는 경우
3. 임시이사가 직무를 태만히 하여 법인의 정상화가 어려운 경우
4. 임시이사가 제22조제1항 각 호의 어느 하나에 해당하는 경우

② 법인은 제1항에 따라 해임된 임시이사를 이사로 선임할 수 없다.

[본조신설 2012.1.26.]

제23조(재산 등) ① 법인은 사회복지사업의 운영에 필요한 재산을 소유하여야 한다.

② 법인의 재산은 보건복지부령으로 정하는 바에 따라 기본재산과 보통재산으로 구분하며, 기본재산은 그 목록과 가액(價額)을 정관에 적어야

한다.

③ 법인은 기본재산에 관하여 다음 각 호의 어느 하나에 해당하는 경우에는 시·도지사의 허가를 받아야 한다. 다만, 보건복지부령으로 정하는 사항에 대하여는 그러하지 아니하다.

1. 매도·증여·교환·임대·담보제공 또는 용도변경을 하려는 경우
2. 보건복지부령으로 정하는 금액 이상을 1년 이상 장기차입(長期借入)하려는 경우

④ 제1항에 따른 재산과 그 회계에 관하여 필요한 사항은 보건복지부령으로 정한다.

[전문개정 2011.8.4.]

제24조(재산 취득 보고) 법인이 매수·기부채납(寄附採納), 후원 등의 방법으로 재산을 취득하였을 때에는 지체 없이 이를 법인의 재산으로 편입조치하여야 한다. 이 경우 법인은 그 취득 사유, 취득재산의 종류·수량 및 가액을 매년 시·도지사에게 보고하여야 한다.

[전문개정 2011.8.4.]

제25조(회의록의 작성 및 공개 등) ① 이사회는 다음 각 호의 사항을 기재한 회의록을 작성하여야 한다. 다만, 이사회 개최 당일에 회의록 작성이 어려운 사정이 있는 경우에는 안건별로 심의·의결 결과를 기록한 회의조서를 작성한 후 회의록을 작성할 수 있다.

1. 개의, 회의 중지 및 산회 일시
2. 안건
3. 의사
4. 출석한 임원의 성명
5. 표결수
6. 그 밖에 대표이사가 작성할 필요가 있다고 인정하는 사항

② 회의록 및 회의조서에는 출석임원 전원이 날인하되 그 회의록 또는 회의조서가 2매 이상인 경우에는 간인(間印)하여야 한다.

③ 제1항 단서에 따라 회의조서를 작성한 경우에는 조속한 시일 내에 회

의록을 작성하여야 한다.

④ 법인은 회의록을 공개하여야 한다. 다만, 대통령령으로 정하는 사항에 대하여는 이사회의 의결로 공개하지 아니할 수 있다.

⑤ 회의록의 공개에 관한 기간·절차, 그 밖에 필요한 사항은 대통령령으로 정한다.

[본조신설 2012.1.26.]

제26조(설립허가 취소 등) ① 시·도지사는 법인이 다음 각 호의 어느 하나에 해당할 때에는 기간을 정하여 시정명령을 하거나 설립허가를 취소할 수 있다. 다만, 제1호 또는 제7호에 해당할 때에는 설립허가를 취소하여야 한다. 〈개정 2012.1.26., 2019.1.15.〉

1. 거짓이나 그 밖의 부정한 방법으로 설립허가를 받았을 때
2. 설립허가 조건을 위반하였을 때
3. 목적 달성이 불가능하게 되었을 때
4. 목적사업 외의 사업을 하였을 때
5. 정당한 사유 없이 설립허가를 받은 날부터 6개월 이내에 목적사업을 시작하지 아니하거나 1년 이상 사업실적이 없을 때
6. 법인이 운영하는 시설에서 반복적 또는 집단적 성폭력범죄가 발생한 때
7. 법인 설립 후 기본재산을 출연하지 아니한 때
8. 제18조제1항의 임원정수를 위반한 때
9. 제18조제2항을 위반하여 이사를 선임한 때
10. 제22조에 따른 임원의 해임명령을 이행하지 아니한 때
11. 그 밖에 이 법 또는 이 법에 따른 명령이나 정관을 위반하였을 때

② 법인이 제1항 각 호(제1호 및 제7호는 제외한다)의 어느 하나에 해당하여 설립허가를 취소하는 경우는 다른 방법으로 감독 목적을 달성할 수 없거나 시정을 명한 후 6개월 이내에 법인이 이를 이행하지 아니한 경우로 한정한다. 〈개정 2012.1.26.〉

[전문개정 2011.8.4.]

제27조(남은 재산의 처리) ① 해산한 법인의 남은 재산은 정관으로 정하는 바에 따라 국가 또는 지방자치단체에 귀속된다.

② 제1항에 따라 국가 또는 지방자치단체에 귀속된 재산은 사회복지사업에 사용하거나 유사한 목적을 가진 법인에 무상으로 대여하거나 무상으로 사용·수익하게 할 수 있다. 다만, 해산한 법인의 이사 본인 및 그와 대통령령으로 정하는 특별한 관계에 있는 사람이 이사로 있는 법인에 대하여는 그러하지 아니하다.

[전문개정 2011.8.4.]

제28조(수익사업) ① 법인은 목적사업의 경비에 충당하기 위하여 필요할 때에는 법인의 설립 목적 수행에 지장이 없는 범위에서 수익사업을 할 수 있다.

② 법인은 제1항에 따른 수익사업에서 생긴 수익을 법인 또는 법인이 설치한 사회복지시설의 운영 외의 목적에 사용할 수 없다.

③ 제1항에 따른 수익사업에 관한 회계는 법인의 다른 회계와 구분하여 회계처리 하여야 한다.

[전문개정 2011.8.4.]

제29조 삭제 〈1999.4.30.〉

제30조(합병) ① 법인은 시·도지사의 허가를 받아 이 법에 따른 다른 법인과 합병할 수 있다. 다만, 주된 사무소가 서로 다른 특별시·광역시·특별자치시·도·특별자치도(이하 "시·도"라 한다)에 소재한 법인 간의 합병의 경우에는 보건복지부장관의 허가를 받아야 한다. 〈개정 2017.10.24.〉

② 제1항에 따라 법인이 합병하는 경우 합병 후 존속하는 법인이나 합병으로 설립된 법인은 합병으로 소멸된 법인의 지위를 승계한다.

[전문개정 2011.8.4.]

제31조(동일명칭 사용 금지) 이 법에 따른 사회복지법인이 아닌 자는 사회복지법인이라는 명칭을 사용하지 못한다.

[전문개정 2011.8.4.]

제32조(다른 법률의 준용) 법인에 관하여 이 법에서 규정한 사항을 제외하고는 「민법」과 「공익법인의 설립 · 운영에 관한 법률」을 준용한다.

[전문개정 2011.8.4.]

제33조(사회복지협의회) ① 사회복지에 관한 다음 각 호의 업무를 수행하기 위하여 전국 단위의 한국사회복지협의회(이하 "중앙협의회"라 한다)와 시 · 도 단위의 시 · 도 사회복지협의회(이하 "시 · 도협의회"라 한다)를 두며, 필요한 경우에는 시(「제주특별자치도 설치 및 국제자유도시 조성을 위한 특별법」 제10조제2항에 따른 행정시를 포함한다. 이하 같다) · 군 · 구(자치구를 말한다. 이하 같다) 단위의 시 · 군 · 구 사회복지협의회(이하 "시 · 군 · 구협의회"라 한다)를 둘 수 있다. 〈개정 2012.1.26., 2017.10.24.〉

1. 사회복지에 관한 조사 · 연구 및 정책 건의
2. 사회복지 관련 기관 · 단체 간의 연계 · 협력 · 조정
3. 사회복지 소외계층 발굴 및 민간사회복지자원과의 연계 · 협력
4. 대통령령으로 정하는 사회복지사업의 조성 등

② 중앙협의회, 시 · 도협의회 및 시 · 군 · 구협의회는 이 법에 따른 사회복지법인으로 하되, 제23조제1항은 적용하지 아니한다.

③ 중앙협의회의 설립 및 운영 등에 관한 허가, 인가, 보고 등에 관하여 제16조제1항, 제17조제2항, 제18조제6항 · 제7항, 제22조, 제23조제3항, 제24조, 제26조제1항 및 제30조제1항을 적용할 때에는 "시 · 도지사"는 "보건복지부장관"으로 본다. 〈개정 2012.1.26.〉

④ 중앙협의회, 시 · 도협의회 및 시 · 군 · 구협의회의 조직과 운영 등에 필요한 사항은 대통령령으로 정한다.

[전문개정 2011.8.4.]

제2장의2 삭제 〈2017.10.24.〉

제33조의2 삭제 〈2017.10.24.〉

제33조의3 삭제 〈2017.10.24.〉

제33조의4 삭제 〈2017.10.24.〉

제33조의5 삭제 〈2017.10.24.〉

제33조의6 삭제 〈2017.10.24.〉

제33조의7 삭제 〈2017.10.24.〉

제33조의8 삭제 〈2017.10.24.〉

제3장 사회복지시설 〈개정 2011.8.4.〉

제34조(사회복지시설의 설치) ① 국가나 지방자치단체는 사회복지시설(이하 "시설"이라 한다)을 설치·운영할 수 있다. 〈개정 2011.8.4.〉

② 국가 또는 지방자치단체 외의 자가 시설을 설치·운영하려는 경우에는 보건복지부령으로 정하는 바에 따라 시장·군수·구청장에게 신고하여야 한다. 다만, 다음 각 호의 어느 하나에 해당하는 자는 시설의 설치·운영 신고를 할 수 없다. 〈개정 2011.8.4., 2012.1.26., 2016.2.3., 2017.10.24.〉

1. 제40조에 따라 폐쇄명령을 받고 3년이 지나지 아니한 자
2. 제19조제1항제1호 및 제1호의2부터 제1호의8까지의 어느 하나에 해당하는 개인 또는 그 개인이 임원인 법인

③ 시장·군수·구청장은 제2항에 따른 신고를 받은 경우 그 내용을 검토하여 이 법에 적합하면 신고를 수리하여야 한다. 〈개정 2019.1.15.〉

④ 시설을 설치·운영하는 자는 보건복지부령으로 정하는 재무·회계에 관한 기준에 따라 시설을 투명하게 운영하여야 한다. 〈신설 2011.8.4., 2019.1.15.〉

⑤ 제1항에 따라 국가나 지방자치단체가 설치한 시설은 필요한 경우 사회복지법인이나 비영리법인에 위탁하여 운영하게 할 수 있다. 〈개정 2011.8.4., 2012.1.26., 2019.1.15.〉

⑥ 제5항에 따른 위탁운영의 기준 · 기간 및 방법 등에 관하여 필요한 사항은 보건복지부령으로 정한다. 〈개정 2011.8.4., 2012.1.26., 2019.1.15.〉

[제목개정 2011.8.4.]

제34조의2(시설의 통합 설치 · 운영 등에 관한 특례) ① 이 법 또는 제2조제1호 각 목의 법률에 따른 시설을 설치 · 운영하려는 경우에는 지역특성과 시설분포의 실태를 고려하여 이 법 또는 제2조제1호 각 목의 법률에 따른 시설을 통합하여 하나의 시설로 설치 · 운영하거나 하나의 시설에서 둘 이상의 사회복지사업을 통합하여 수행할 수 있다. 이 경우 국가 또는 지방자치단체 외의 자는 통합하여 설치 · 운영하려는 각각의 시설이나 사회복지사업에 관하여 해당 관계 법령에 따라 신고하거나 허가 등을 받아야 한다.

② 제1항에 따라 둘 이상의 시설을 통합하여 하나의 시설로 설치 · 운영하거나 하나의 시설에서 둘 이상의 사회복지사업을 통합하여 수행하는 경우 해당 시설에서 공동으로 이용하거나 배치할 수 있는 시설 및 인력 기준 등은 보건복지부령으로 정한다.

[본조신설 2011.8.4.]

[종전 제34조의2는 제34조의3으로 이동 〈2011.8.4.〉]

제34조의3(보험가입 의무) ① 시설의 운영자는 다음 각 호의 손해배상책임을 이행하기 위하여 손해보험회사의 책임보험에 가입하거나 「사회복지사 등의 처우 및 지위 향상을 위한 법률」 제4조에 따른 한국사회복지공제회의 책임공제에 가입하여야 한다. 〈개정 2012.1.26., 2012.5.23., 2013.6.4.〉

1. 화재로 인한 손해배상책임
2. 화재 외의 안전사고로 인하여 생명 · 신체에 피해를 입은 보호대상자에 대한 손해배상책임

② 국가나 지방자치단체는 예산의 범위에서 제1항에 따른 책임보험 또는 책임공제의 가입에 드는 비용의 전부 또는 일부를 보조할 수 있다. 〈개정 2012.1.26.〉

③ 제1항에 따라 책임보험이나 책임공제에 가입하여야 할 시설의 범위는 대통령령으로 정한다. 〈개정 2012.1.26.〉

[전문개정 2011.8.4.]

[제34조의2에서 이동, 종전 제34조의3은 제34조의4로 이동 〈2011.8.4.〉]

제34조의4(시설의 안전점검 등) ① 시설의 장은 시설에 대하여 정기 및 수시 안전점검을 실시하여야 한다.

② 시설의 장은 제1항에 따라 정기 또는 수시 안전점검을 한 후 그 결과를 시장 · 군수 · 구청장에게 제출하여야 한다.

③ 시장 · 군수 · 구청장은 제2항에 따른 결과를 받은 후 필요한 경우에는 시설의 운영자에게 시설의 보완 또는 개수(改修) · 보수를 요구할 수 있으며, 이 경우 시설의 운영자는 요구에 따라야 한다.

④ 국가나 지방자치단체는 예산의 범위에서 제1항부터 제3항까지의 규정에 따른 안전점검, 시설의 보완 및 개수 · 보수에 드는 비용의 전부 또는 일부를 보조할 수 있다.

⑤ 제1항부터 제4항까지의 규정에 따른 정기 또는 수시 안전점검을 받아야 하는 시설의 범위, 안전점검 시기, 안전점검기관 및 그 절차는 대통령령으로 정한다.

[전문개정 2011.8.4.]

[제34조의3에서 이동 〈2011.8.4.〉]

제34조의5(사회복지관의 설치 등) ① 제34조제1항과 제2항에 따른 시설 중 사회복지관은 지역사회의 특성과 지역주민의 복지욕구를 고려하여 서비스 제공 등 지역복지증진을 위한 사업을 실시할 수 있다.

② 사회복지관은 모든 지역주민을 대상으로 사회복지서비스를 실시하되, 다음 각 호의 지역주민에게 우선 제공하여야 한다.

1. 「국민기초생활 보장법」에 따른 수급자 및 차상위계층

2. 장애인, 노인, 한부모가족 및 다문화가족
3. 직업 및 취업 알선이 필요한 사람
4. 보호와 교육이 필요한 유아·아동 및 청소년
5. 그 밖에 사회복지관의 사회복지서비스를 우선 제공할 필요가 있다고 인정되는 사람

③ 그 밖에 사회복지관의 설치·운영·사업 등에 필요한 사항은 보건복지부령으로 정한다.

[본조신설 2012.1.26.]

제35조(시설의 장) ① 시설의 장은 상근(常勤)하여야 한다.

② 다음 각 호의 어느 하나에 해당하는 사람은 시설의 장이 될 수 없다. 〈개정 2012.1.26., 2017.9.19., 2017.10.24.〉

1. 제19조제1항제1호, 제1호의2부터 제1호의8까지 및 제2호의2부터 제2호의4까지의 어느 하나에 해당하는 사람
2. 제22조에 따른 해임명령에 따라 해임된 날부터 5년이 지나지 아니한 사람
3. 사회복지분야의 6급 이상 공무원으로 재직하다 퇴직한 지 3년이 경과하지 아니한 사람 중에서 퇴직 전 5년 동안 소속하였던 기초자치단체가 관할하는 시설의 장이 되고자 하는 사람

[전문개정 2011.8.4.]

제35조의2(종사자) ① 사회복지법인과 사회복지시설을 설치·운영하는 자는 시설에 근무할 종사자를 채용할 수 있다.

② 다음 각 호의 어느 하나에 해당하는 사람은 사회복지법인 또는 사회복지시설의 종사자가 될 수 없다. 〈개정 2017.10.24.〉

1. 제19조제1항제1호의7 또는 제1호의8에 해당하는 사람
2. 제1호에도 불구하고 종사자로 재직하는 동안 시설이용자를 대상으로 「성폭력범죄의 처벌 등에 관한 특례법」 제2조에 따른 성폭력범죄 및 「아동·청소년의 성보호에 관한 법률」 제2조제2호에 따른 아동·청소년대상 성범죄를 저질러 금고 이상의 형 또는 치료감호를 선고받고

그 형이 확정된 사람

[본조신설 2012.1.26.]

제35조의3(종사자 채용 시 준수사항) ① 사회복지법인과 사회복지시설을 설치·운영하는 자는 해당 법인 또는 시설의 종사자를 채용할 때 정당한 사유 없이 채용광고의 내용을 종사자가 되려는 사람에게 불리하게 변경하여 채용하여서는 아니 된다.

② 사회복지법인과 사회복지시설을 설치·운영하는 자는 종사자를 채용한 후에 정당한 사유 없이 채용광고에서 제시한 근로조건을 종사자에게 불리하게 변경하여 적용하여서는 아니 된다.

[본조신설 2018.12.11.]

제36조(운영위원회) ① 시설의 장은 시설의 운영에 관한 다음 각 호의 사항을 심의하기 위하여 시설에 운영위원회를 두어야 한다. 다만, 보건복지부령으로 정하는 경우에는 복수의 시설에 공동으로 운영위원회를 둘 수 있다.

〈개정 2012.1.26.〉

1. 시설운영계획의 수립·평가에 관한 사항
2. 사회복지 프로그램의 개발·평가에 관한 사항
3. 시설 종사자의 근무환경 개선에 관한 사항
4. 시설 거주자의 생활환경 개선 및 고충 처리 등에 관한 사항
5. 시설 종사자와 거주자의 인권보호 및 권익증진에 관한 사항
6. 시설과 지역사회의 협력에 관한 사항
7. 그 밖에 시설의 장이 운영위원회의 회의에 부치는 사항

② 운영위원회의 위원은 다음 각 호의 어느 하나에 해당하는 사람 중에서 관할 시장·군수·구청장이 임명하거나 위촉한다. 〈신설 2012.1.26.〉

1. 시설의 장
2. 시설 거주자 대표
3. 시설 거주자의 보호자 대표
4. 시설 종사자의 대표

5. 해당 시 · 군 · 구 소속의 사회복지업무를 담당하는 공무원
6. 후원자 대표 또는 지역주민
7. 공익단체에서 추천한 사람
8. 그 밖에 시설의 운영 또는 사회복지에 관하여 전문적인 지식과 경험이 풍부한 사람

③ 시설의 장은 다음 각 호의 사항을 제1항에 따른 운영위원회에 보고하여야 한다. 〈신설 2012.1.26.〉

1. 시설의 회계 및 예산 · 결산에 관한 사항
2. 후원금 조성 및 집행에 관한 사항
3. 그 밖에 시설운영과 관련된 사건 · 사고에 관한 사항

④ 그 밖에 운영위원회의 조직 및 운영에 관한 사항은 보건복지부령으로 정한다. 〈개정 2012.1.26.〉

[전문개정 2011.8.4.]

제37조(시설의 서류 비치) 시설의 장은 후원금품대장 등 보건복지부령으로 정하는 서류를 시설에 갖추어 두어야 한다.

[전문개정 2011.8.4.]

제38조(시설의 휴지 · 재개 · 폐지 신고 등) ① 제34조제2항에 따른 신고를 한 자는 지체 없이 시설의 운영을 시작하여야 한다.

② 시설의 운영자는 그 운영을 일정 기간 중단하거나 다시 시작하거나 시설을 폐지하려는 경우에는 보건복지부령으로 정하는 바에 따라 시장 · 군수 · 구청장에게 신고하여야 한다.

③ 시장 · 군수 · 구청장은 제2항에 따라 시설 운영이 중단되거나 시설이 폐지되는 경우에는 보건복지부령으로 정하는 바에 따라 시설 거주자의 권익을 보호하기 위하여 다음 각 호의 조치를 하여야 한다. 〈개정 2012.1.26., 2019.1.15.〉

1. 시설 거주자가 다른 시설을 선택할 수 있도록 하고 그 이행을 확인하는 조치
2. 시설 거주자가 다른 시설을 선택할 수 있도록 하고 그 이행을 확인하

는 조치

3. 시설 거주자가 이용료 · 사용료 등의 비용을 부담하는 경우 납부한 비용 중 사용하지 아니한 금액을 반환하게 하고 그 이행을 확인하는 조치
4. 보조금 · 후원금 등의 사용 실태 확인과 이를 재원으로 조성한 재산 중 남은 재산의 회수조치
5. 그 밖에 시설 거주자의 권익 보호를 위하여 필요하다고 인정되는 조치

④ 시설 운영자가 제2항에 따라 시설운영을 재개하려고 할 때에는 보건복지부령으로 정하는 바에 따라 시설 거주자의 권익을 보호하기 위하여 다음 각 호의 조치를 하여야 한다. 〈신설 2012.1.26., 2019.1.15.〉

1. 운영 중단 사유의 해소
2. 향후 안정적 운영계획의 수립
3. 그 밖에 시설 거주자의 권익 보호를 위하여 보건복지부장관이 필요하다고 인정하는 조치

⑤ 제1항과 제2항에 따른 시설 운영의 개시 · 중단 · 재개 및 시설 폐지의 신고 등에 관하여 필요한 사항은 보건복지부령으로 정한다 〈신설 2012.1.26.〉

[전문개정 2011.8.4.]

제39조 삭제 〈1999.4.30.〉

제40조(시설의 개선, 사업의 정지, 시설의 폐쇄 등) ① 보건복지부장관, 시 · 도지사 또는 시장 · 군수 · 구청장은 시설이 다음 각 호의 어느 하나에 해당할 때에는 그 시설의 개선, 사업의 정지, 시설의 장의 교체를 명하거나 시설의 폐쇄를 명할 수 있다. 〈개정 2012.1.26., 2018.12.11., 2019.1.15.〉

1. 시설이 설치기준에 미달하게 되었을 때
2. 사회복지법인 또는 비영리법인이 설치 · 운영하는 시설의 경우 그 사회복지법인 또는 비영리법인의 설립허가가 취소되었을 때
3. 설치 목적이 달성되었거나 그 밖의 사유로 계속하여 운영될 필요가 없다고 인정할 때
4. 회계부정이나 불법행위 또는 그 밖의 부당행위 등이 발견되었을 때

5. 제34조제2항에 따른 신고를 하지 아니하고 시설을 설치·운영하였을 때
6. 제36조제1항에 따른 운영위원회를 설치하지 아니하거나 운영하지 아니하였을 때
7. 정당한 이유 없이 제51조제1항에 따른 보고 또는 자료 제출을 하지 아니하거나 거짓으로 하였을 때
8. 정당한 이유 없이 제51조제1항에 따른 검사·질문을 거부·방해하거나 기피하였을 때
9. 시설에서 다음 각 목의 성폭력범죄 또는 학대관련범죄가 발생한 때
   가. 「성폭력범죄의 처벌 등에 관한 특례법」 제2조제1항제3호부터 제5호까지의 성폭력범죄
   나. 「아동·청소년의 성보호에 관한 법률」 제2조제3호의 아동·청소년대상 성폭력범죄
   다. 「아동복지법」 제3조제7호의2의 아동학대관련범죄
   라. 「노인복지법」 제1조의2제5호의 노인학대관련범죄
   마. 그 밖에 대통령령으로 정하는 성폭력범죄 또는 학대관련범죄
10. 1년 이상 시설이 휴지상태에 있어 시장·군수·구청장이 재개를 권고하였음에도 불구하고 재개하지 아니한 때

② 제1항에 따른 사업의 정지 및 시설의 폐쇄 명령을 받은 경우에는 제38조제3항을 준용한다.

③ 제1항에 따른 행정처분의 세부적인 기준은 그 위반행위의 유형과 위반 정도 등을 고려하여 보건복지부령으로 정한다.

[전문개정 2011.8.4.]

제41조(시설 수용인원의 제한) 각 시설의 수용인원은 300명을 초과할 수 없다. 다만, 대통령령으로 정하는 경우에는 그러하지 아니하다.

[전문개정 2011.8.4.]

제3장의2 재가복지 〈신설 2003.7.30.〉

제41조의2(재가복지서비스) ① 국가나 지방자치단체는 보호대상자가 다음 각 호의 어느 하나에 해당하는 재가복지서비스를 제공받도록 할 수 있다.

1. 가정봉사서비스: 가사 및 개인활동을 지원하거나 정서활동을 지원하는 서비스
2. 주간·단기 보호서비스: 주간·단기 보호시설에서 급식 및 치료 등 일상생활의 편의를 낮 동안 또는 단기간 동안 제공하거나 가족에 대한 교육 및 상담을 지원하는 서비스

② 시장·군수·구청장은 「사회보장급여의 이용·제공 및 수급권자 발굴에 관한 법률」 제15조에 따른 보호대상자별 서비스 제공 계획에 따라 보호대상자에게 사회복지서비스를 제공하는 경우 시설 입소에 우선하여 제1항 각 호의 재가복지서비스를 제공하도록 하여야 한다. 〈개정 2012.1.26., 2017.10.24.〉

[전문개정 2011.8.4.]

제41조의3 삭제 〈2017.10.24.〉

제41조의4(가정봉사원의 양성) 국가나 지방자치단체는 재가복지서비스를 필요로 하는 가정 또는 시설에서 보호대상자가 일상생활을 하기 위하여 필요한 각종 편의를 제공하는 가정봉사원을 양성하도록 노력하여야 한다.

[전문개정 2011.8.4.]

제4장 보칙 〈개정 2011.8.4.〉

제42조(보조금 등) ① 국가나 지방자치단체는 사회복지사업을 하는 자 중 대통령령으로 정하는 자에게 운영비 등 필요한 비용의 전부 또는 일부를 보조할 수 있다. 〈개정 2016.2.3.〉

② 제1항에 따른 보조금은 그 목적 외의 용도에 사용할 수 없다.

③ 국가나 지방자치단체는 제1항에 따라 보조금을 받은 자가 다음 각 호의 어느 하나에 해당할 때에는 이미 지급한 보조금의 전부 또는 일부의 반환을 명할 수 있다. 다만, 제1호 및 제2호의 경우에는 반환을 명하여야 한다. 〈개정 2016.2.3.〉

1. 거짓이나 그 밖의 부정한 방법으로 보조금을 받았을 때
2. 사업 목적 외의 용도에 보조금을 사용하였을 때
3. 이 법 또는 이 법에 따른 명령을 위반하였을 때

④ 제1항에 따른 보조금과 관련하여 이 법에서 규정한 사항 외에는 「보조금 관리에 관한 법률」 및 「지방재정법」을 따른다. 〈신설 2016.2.3.〉

[전문개정 2011.8.4.]

제42조의2(국유·공유 재산의 우선매각) 국가나 지방자치단체는 사회복지사업과 관련한 시설을 설치하거나 사업을 육성하기 위하여 필요하다고 인정하면 「국유재산법」과 「공유재산 및 물품 관리법」에도 불구하고 사회복지법인 또는 사회복지시설에 국유·공유 재산을 우선매각하거나 임대할 수 있다.

[전문개정 2011.8.4.]

제42조의3(지방자치단체에 대한 지원금) ① 보건복지부장관은 시·도지사 및 시장·군수·구청장에게 사회복지사업의 수행에 필요한 비용을 지원할 수 있다. 〈개정 2008.2.29., 2010.1.18.〉

② 보건복지부장관은 「사회보장급여의 이용·제공 및 수급권자 발굴에 관한 법률」 제39조에 따른 평가결과를 반영하여 제1항에 따른 지원을 할 수 있다. 〈개정 2008.2.29., 2010.1.18., 2014.12.30.〉

③ 제1항에 따른 지원금의 지급기준 · 지급방법 등에 관하여 필요한 사항은 보건복지부령으로 정한다. 〈개정 2008.2.29., 2010.1.18.〉

[본조신설 2007.12.14.]

제43조(시설의 서비스 최저기준) ① 보건복지부장관은 시설에서 제공하는 서비스의 최저기준을 마련하여야 한다.

② 시설 운영자는 제1항의 서비스 최저기준 이상으로 서비스 수준을 유지하여야 한다.

③ 제1항의 서비스 기준 대상시설과 서비스 내용 등에 관하여 필요한 사항은 보건복지부령으로 정한다.

[본조신설 2012.1.26.]

[종전 제43조는 제43조의2로 이동 〈2012.1.26.〉]

제43조의2(시설의 평가) ① 보건복지부장관과 시 · 도지사는 보건복지부령으로 정하는 바에 따라 시설을 정기적으로 평가하고, 그 결과를 공표하거나 시설의 감독 · 지원 등에 반영할 수 있으며 시설 거주자를 다른 시설로 보내는 등의 조치를 할 수 있다.

② 보건복지부장관이나 시 · 도지사는 제1항의 평가 결과에 따라 시설 거주자를 다른 시설로 보내는 경우에는 제38조제3항의 조치를 하여야 한다.

[전문개정 2012.1.26.]

[제43조에서 이동 〈2012.1.26.〉]

제44조(비용의 징수) 이 법에 따른 복지조치에 필요한 비용을 부담한 지방자치단체의 장이나 그 밖에 시설을 운영하는 자는 그 혜택을 받은 본인 또는 그 부양의무자로부터 대통령령으로 정하는 바에 따라 그가 부담한 비용의 전부 또는 일부를 징수할 수 있다.

[전문개정 2011.8.4.]

제45조(후원금의 관리) ① 사회복지법인의 대표이사와 시설의 장은 아무런 대가 없이 무상으로 받은 금품이나 그 밖의 자산(이하 "후원금"이라 한

다)의 수입·지출 내용을 공개하여야 하며 그 관리에 명확성이 확보되도록 하여야 한다. 〈개정 2012.1.26.〉

② 후원금에 관한 영수증 발급, 수입 및 사용결과 보고, 그 밖에 후원금 관리 및 공개 절차 등 구체적인 사항은 보건복지부령으로 정한다. 〈개정 2012.1.26.〉

[전문개정 2011.8.4.]

제46조(한국사회복지사협회) ① 사회복지사는 사회복지에 관한 전문지식과 기술을 개발·보급하고, 사회복지사의 자질 향상을 위한 교육훈련을 실시하며, 사회복지사의 복지증진을 도모하기 위하여 한국사회복지사협회(이하 "협회"라 한다)를 설립한다.

② 제1항에 따른 협회는 법인으로 하되, 협회의 조직과 운영 등에 필요한 사항은 대통령령으로 정한다.

③ 협회에 관하여 이 법에서 규정한 사항을 제외하고는 「민법」 중 사단법인에 관한 규정을 준용한다.

[전문개정 2011.8.4.]

제47조(비밀누설의 금지) 사회복지사업 또는 사회복지업무에 종사하였거나 종사하고 있는 사람은 그 업무 수행 과정에서 알게 된 다른 사람의 비밀을 누설하여서는 아니 된다.

[전문개정 2011.8.4.]

제48조(압류 금지) 이 법 및 제2조제1호 각 목의 법률에 따라 지급된 금품과 이를 받을 권리는 압류하지 못한다.

[전문개정 2011.8.4.]

제49조(청문) 보건복지부장관, 시·도지사 또는 시장·군수·구청장은 다음 각 호의 어느 하나에 해당하는 처분을 하려면 청문을 실시하여야 한다. 〈개정 2016.2.3.〉

1. 제11조의3에 따른 사회복지사의 자격취소
2. 제26조에 따른 설립허가 취소

3. 제40조에 따른 시설의 폐쇄

[전문개정 2011.8.4.]

제50조(포상) 정부는 사회복지사업에 관하여 공로가 현저하거나 모범이 되는 자에게 포상(褒賞)을 할 수 있다.

[전문개정 2011.8.4.]

제51조(지도 · 감독 등) ① 보건복지부장관, 시 · 도지사 또는 시장 · 군수 · 구청장은 사회복지사업을 운영하는 자의 소관 업무에 관하여 지도 · 감독을 하며, 필요한 경우 그 업무에 관하여 보고 또는 관계 서류의 제출을 명하거나, 소속 공무원으로 하여금 사회복지법인의 사무소 또는 시설에 출입하여 검사 또는 질문을 하게 할 수 있다.

② 시 · 도지사 또는 시장 · 군수 · 구청장은 사회복지법인과 사회복지시설에 대하여 지방의회의 추천을 받아 「공인회계사법」 제7조에 따라 등록한 공인회계사 또는 「주식회사 등의 외부감사에 관한 법률」 제2조제7호에 따른 감사인을 선임하여 회계감사를 실시할 수 있다. 이 경우 공인회계사 또는 감사인의 추천, 회계감사의 대상 및 그 밖에 필요한 사항은 보건복지부령으로 정하는 기준에 따라 지방자치단체의 조례로 정한다. 〈신설 2018.12.11.〉

③ 사회복지법인의 주된 사무소의 소재지와 시설의 소재지가 같은 시 · 도 또는 시 · 군 · 구에 있지 아니한 경우 그 시설의 업무에 관하여는 시설 소재지의 시 · 도지사 또는 시장 · 군수 · 구청장이 지도 · 감독 · 회계감사 등을 한다. 이 경우 지도 · 감독 · 회계감사 등을 위하여 필요할 때에는 사회복지법인의 업무에 대하여 사회복지법인의 주된 사무소 소재지의 시 · 도지사 또는 시장 · 군수 · 구청장에게 협조를 요청할 수 있다. 〈개정 2018.12.11.〉

④ 제3항에 따른 지도 · 감독 · 회계감사 등에 관하여 따로 지방자치단체 간에 협약을 체결한 경우에는 제2항에도 불구하고 협약에서 정한 시 · 도지사 또는 시장 · 군수 · 구청장이 지도 · 감독 · 회계감사 등의 업무를 수행한다. 〈개정 2018.12.11.〉

⑤ 제1항 및 제2항에 따라 검사 · 질문 또는 회계감사를 하는 관계 공무원 등은 그 권한을 표시하는 증표를 지니고 이를 관계인에게 보여주어야 한다. 〈개정 2018.12.11.〉

⑥ 보건복지부장관, 시 · 도지사 또는 시장 · 군수 · 구청장은 지도 · 감독 · 회계감사를 실시한 후 제26조 및 제40조에 따른 행정처분 등을 한 경우에는 처분 대상인 법인 또는 시설의 명칭, 처분사유, 처분내용 등 처분과 관련된 정보를 대통령령으로 정하는 바에 따라 공표할 수 있다. 〈신설 2012.1.26., 2017.10.24., 2018.12.11.〉

⑦ 지도 · 감독 기관은 사회복지 사업을 운영하는 자의 소관 업무에 대한 지도 · 감독에 있어 필요한 경우 촉탁할 수 있으며 촉탁받은 자의 업무범위와 권한은 대통령령으로 정한다. 〈신설 2012.1.26., 2018.12.11.〉

[전문개정 2011.8.4.]

제52조(권한의 위임 또는 위탁) ① 이 법에 따른 보건복지부장관 또는 시 · 도지사의 권한은 대통령령으로 정하는 바에 따라 그 일부를 시 · 도지사 또는 시장 · 군수 · 구청장에게 위임할 수 있다.

② 보건복지부장관은 이 법에 따른 업무의 일부를 대통령령으로 정하는 바에 따라 제6조의2제5항에 따른 전담기구, 사회복지 관련 기관 또는 단체에 위탁할 수 있다. 〈개정 2017.10.24.〉

[전문개정 2011.8.4.]

제5장 벌칙 〈개정 2011.8.4.〉

제53조(벌칙) 다음 각 호의 어느 하나에 해당하는 자는 5년 이하의 징역 또는 5천만 원 이하의 벌금에 처한다. 〈개정 2016.12.2.〉

1. 제23조제3항을 위반한 자
2. 제42조제2항을 위반한 자

[전문개정 2011.8.4.]

제53조의2 삭제 〈2014.12.30.〉

제53조의3 삭제 〈2014.12.30.〉

제54조(벌칙) 다음 각 호의 어느 하나에 해당하는 자는 1년 이하의 징역 또는 1천만원 이하의 벌금에 처한다. 〈개정 2017.10.24., 2018.12.11., 2020.3.31.〉

1. 제6조제1항을 위반한 자

1의2. 제11조제6항을 위반하여 사회복지사 자격증을 다른 사람에게 빌려주거나 빌린 사람

1의3. 제11조제7항을 위반하여 사회복지사 자격증을 빌려주거나 빌리는 것을 알선한 사람

1의4. 제18조의2를 위반하여 금품, 향응 또는 재산상의 이익을 주고받거나 주고받을 것을 약속한 사람

2. 제28조제2항을 위반한 자
3. 제34조제2항에 따른 신고를 하지 아니하고 시설을 설치·운영한 자
4. 정당한 이유 없이 제38조제3항(제40조제2항에서 준용하는 경우를 포함한다)에 따른 시설 거주자 권익 보호조치를 기피하거나 거부한 자
5. 정당한 이유 없이 제40조제1항에 따른 명령을 이행하지 아니한 자
6. 제47조를 위반한 자
7. 정당한 이유 없이 제51조제1항에 따른 보고를 하지 아니하거나 거짓으로 보고한 자, 자료를 제출하지 아니하거나 거짓 자료를 제출한 자, 검사·질문을 거부·방해 또는 기피한 자

[전문개정 2011.8.4.]

제55조(벌칙) 제13조를 위반한 자는 300만 원 이하의 벌금에 처한다.

[전문개정 2011.8.4.]

제56조(양벌규정) 법인의 대표자나 법인 또는 개인의 대리인·사용인, 그 밖의 종업원이 그 법인 또는 개인의 업무에 관하여 제53조, 제54조 및 제55조의 위반행위를 하면 그 행위자를 벌하는 외에 그 법인 또는 개인

에게도 해당 조문의 벌금형을 과(科)한다. 다만, 법인 또는 개인이 그 위반행위를 방지하기 위하여 해당 업무에 관하여 상당한 주의와 감독을 게을리하지 아니한 경우에는 그러하지 아니하다. 〈개정 2014.12.30.〉

[전문개정 2011.8.4.]

제57조(벌칙 적용 시의 공무원 의제) 제12조제1항 또는 제52조제2항에 따라 위탁받은 업무를 수행하는 제6조의2제5항에 따른 전담기구, 사회복지 관련 기관 또는 단체 임직원은 「형법」 제129조부터 제132조까지의 규정을 적용할 때에는 공무원으로 본다. 〈개정 2017.10.24.〉

[전문개정 2011.8.4.]

제58조(과태료) ① 다음 각 호의 어느 하나에 해당하는 자에게는 500만 원 이하의 과태료를 부과한다. 〈신설 2018.12.11.〉

1. 제35조의3제1항을 위반하여 채용한 자
2. 제35조의3제2항을 위반하여 근로조건을 변경·적용한 자

② 제13조제2항 단서 및 제3항, 제11조의4, 제18조제6항, 제24조, 제31조, 제34조의3, 제34조의4, 제37조, 제38조제1항·제2항 또는 제45조를 위반한 자에게는 300만원 이하의 과태료를 부과한다. 〈개정 2012.1.26., 2016.2.3., 2018.12.11.〉

③ 삭제 〈2017.10.24.〉

④ 제1항 또는 제2항에 따른 과태료는 대통령령으로 정하는 바에 따라 보건복지부장관, 시·도지사 또는 시장·군수·구청장이 부과·징수한다. 〈개정 2017.10.24., 2018.12.11.〉

[전문개정 2011.8.4.]

부칙 〈제17782호, 2020.12.29.〉

제1조(시행일) 이 법은 공포한 날부터 시행한다. 다만, 제45조의2의 개정 규정은 공포 후 6개월이 경과한 날부터 시행한다.

제2조(임원의 결격사유에 관한 적용례) 제19조제1항제1호의7의 개정규정은 이 법 시행 후 취임하는 임원부터 적용한다.

제3조(상속인 없는 재산의 처리에 관한 적용례) 제45조의2의 개정규정은 부칙 제1조 단서에 따른 시행일 이후 사회복지시설에 입소 중인 사람이 사망한 경우부터 적용한다.

고수현(2005). 사회복지실천 윤리와 철학. 경기: 양서원.

고수현 · 김익균(2003). 지역사회복지론. 서울: 대학출판사.

권구영 · 고은숙 · 김용민 · 박봉정 · 진혜경 · 최은정(2008). 사회복지실천론. 서울: 창지사.

권오균 · 김근아 · 김지현 · 김충식 · 김희성 · 나용선 · 남상임 · 박종선 · 박진희 · 방진희 · 양시영 · 이경자 · 이민숙 · 이은영 · 이은회 · 이효춘 · 정인기 · 최정섭(2009). 사회복지개론. 경기: 공동체.

권진숙 · 신혜령 · 김정진 · 김성경 · 박지영(2006). 가족복지론. 경기: 공동체.

김기덕(2002). 사회복지윤리학. 서울: 나눔의 집.

김기태(2004). 사회복지의 이해. 서울: 박영사.

김기태 · 김수환 외(2007). 사회복지실천론. 경기: 공동체.

김기환(1996). 단일체계 연구방법을 이용한 가족치료 : 실천적 실천 모델로의 활용. 연세대학교 사회복지연구. 197-219.

김만두 외(1993). 케이스워크관계론. 서울: 홍익제.

김만두 · 안혜경(1993). 현대 사회복지개론. 서울: 홍익제.

김봉순 · 김향선 · 김현호 · 박영국 · 오정옥 · 이기량 · 이남순 · 이연복 · 이채식(2010). 사회복지실천론. 서울: 창지사.

김융일 외(1995). 사회사업실천론. 서울: 나남출판.

김익균 외(2006). 사회복지실천론. 경기: 교문사.

김혜란 · 홍성미 · 공계순(2006). 사회복지실천기술론(개정2판). 서울: 나남출판.

김혜영 · 석말숙 · 최정숙 · 김성경(2010). 사회복지실천론. 경기: 공동체.

나동석 · 서혜석(2009). 사회복지실천론. 경기: 학현사.

남기민(2004). 현대 사회복지학의 이해. 경기: 양서원.

남세진 · 조흥식(1995). 한국사회복지론. 서울: 나남출판.

남일재 · 박형준 · 손정일 · 신현석 · 양정하 · 오종희 · 오주 · 유용식 · 이상직 · 이선영 · 이양훈 · 조윤득 · 최용(2007). 사회복지개론. 서울: 현학사.

도광조(2008). 사회복지실천론. 경기: 양서원.

류상렬(2006). 사회복지실천론. 서울: 보문각.

류종훈(2004). 쉽게 쓴 사회복지실천론. 서울: 동인.

문인숙 외(1994). 사회사업방법론 : 통합적 접근. 경기: 보진제.

박석돈 외(2004). 사회복지학개론. 서울: 삼우사.

박세정 · 손명희(2008). 사회복지실천론. 서울: 창지사.

박종삼 외(2005). 사회복지개론. 서울: 학지사.

박차상 외(2001). 현대 사회복지. 경기: 양서원.

박차상 · 강세현 · 김옥희 · 전영록 · 유용식 · 남진열 · 이현주(2005). 사회복지학개론. 경기: 학현사.

방미진 · 황영희(2011). 사회복지실천론. 서울: 나눔의 집.

백은령 · 김선아 · 양숙미 · 엄미선 · 윤철수(2009). 사회복지실천론. 서울: 대왕사.

사회복지사 1급 연구회(2004). 사회복지실천론. 서울: 나눔의 집.

사회복지사 수험연구회(2002). 객관식사회복지실천론. 서울: 동인.

성규탁 · 이기영(1991). 사회복지전문직이 지켜야 할 윤리적 원칙. 사회복지. 111, 109-123.

성정현 · 여지영 · 우국희 · 최승희(2004). 가족복지론. 경기: 양서원.

손광훈(2009). 사회복지실천기술론. 경기: 공동체.

신성자 외(2000). 사회복지실천론. 서울: 고헌출판부.

양옥경(2005). 사회복지실천론. 서울: 나남출판.

양옥경 · 김미원 · 김정자 · 김현숙 · 박영희 · 박인선 · 서명선 · 신혜영 · 안혜영 · 윤현숙 · 이은주 · 최인숙 외(1993). 사회복지실천과 윤리. 서울: 한울아카데미.

양옥경 · 김정진 · 서미경 · 김미옥 · 김소희(2006). 사회복지실천론. 서울: 나남출판.

양정남 외(2002). 사회복지실천론. 경기: 양서원.

양정남 · 최선령(2008). 사회복지실천론. 경기: 양서원.

엄명용 · 김성천 · 오혜경 · 윤혜미(2006). 사회복지실천의 이해. 서울: 학지사.

오영근 · 조미숙 · 신석환 · 문상식(2013). 교정복지론. 경기: 양서원.

원석조(2005). 사회복지개론. 경기: 양서원.

윤견수 · 소영진 · 김동환 · 이종범 · 최흥석 · 이문희 · 최영출 · 홍민기 · 안문석 · 안성민 · 송위진(2000). 딜레마와 행정. 서울: 나남출판.

윤찬중(2005). 사회복지의 실천. 서울: 창지사.

이경남 · 김인숙 · 김현주 · 박은주 · 서화정 · 이순영 · 이찬희 · 조윤득 · 허영숙(2008). 사회복지실천론. 서울: 학지사.

이상호 · 최경화 · 김재열 · 안성의 · 유인애 · 황성식 · 석재은(2010). 사회복지실천론. 서울: 신정.

이소희 · 최덕경 · 강기정 · 김 훈(2004). **가족문제와 가족복지**. 서울: 대왕사.
이영분 · 김기환 · 윤현숙 · 이원숙 · 이은주 · 최현미 · 홍금자(2001). **사회복지실천론**. 서울: 동인.
이원숙(2008). **사회복지실천론**. 서울: 학지사.
이윤로(2003). **사회복지조사방법론**. 서울: 학서당.
이윤로 · 조미숙 외(2003). **사회사업실천기술론**. 경기: 현학사.
이윤애(2001). 정신 장애인 사례관리를 위한 지역사회 자원 활용 연구. 전북대학교 석사학위논문.
이정훈(1999). 만성 신부전 환자를 위한 사례관리 모형 연구. 가톨릭대학교 석사학위논문.
이종복 · 전남련 · 김덕일(2009). **사회복지실천론**. 경기: 학현사.
이준상(1999). 재가 지체장애인의 사례관리 실천 모형 개발에 관한 연구. 대구대학교 박사학위논문.
임은희(2005). **사회복지실천론**. 서울: 학지사.
장인협(1989). **사회사업실천 방법론**. 서울: 서울대학교출판부.
장인협(1993). **사회복지개론**. 서울: 서울대학교출판부.
장인협(1993). **사회사업실천방법론(下)**. 서울: 서울대학교출판부.
장인협(2000). **사회복지실천론(上)**. 서울: 서울대학교출판부.
장인협 외(1999). **사회복지학**. 서울: 서울대학교출판부.
장인협 · 우국희(2001). **케어 · 케이스 매니지먼트**. 서울: 서울대학교출판부.
전선영(2004). 사회복지 교육과 사회복지 가치 및 옹호의 관계에 관한 연구. 서울여자대학교대학원 박사학위논문.
전재일(1981). 사회사업실제의 통합적 접근방법에 관한 연구. **사회복지연구. 10호**, 141-237.
전재일(1998). 사회복지실천의 이해. 사회복지개발연구원.
전재일 · 이종복 · 조운희 · 이준상 · 이애재 · 이성희(2003). **사회복지실천론**. 서울: 형설출판사.
전재일 · 이준상(1998). **사례관리의 기초**. 서울: 사회복지개발연구원.
정무성 · 김성철 · 나임순 · 노승현 · 유용식 · 이계윤(2010). **사회복지개론**. 서울: 신정.
정문자(2003). **사티어 경험적 가족치료**. 서울: 학지사.

조미숙 · 이윤로 · 강용규 · 간호옥 · 김나영(2006). **사례관리**. 서울: 창지사.
조휘일(2003). 지역사회 취약계층 클라이언트를 위한 옹호활동 전략. 서울여자대학교 제9회 실습지도자간담회 자료집.
조휘일 · 강정숙 · 권순미 · 권현진 · 김경희 · 양인순 · 윤정혜 · 이시연 · 이효선 · 원미순 · 전선영 · 최희수(2005). **사회복지실천기술론**. 경기: 학현사.
조휘일 외(2000). **사회복지실천론**. 서울: 학지사.
조휘일 · 이윤로(2005). **사회복지실천론**. 서울: 학지사.
최경화 · 김재열 · 유인애 · 석재은 · 황성식 · 안성의 · 이형진(2010). **사회복지실천기술론**. 서울: 신정.
최금해 · 오정아 · 홍기순(2010). **사회복지실천론**. 서울: 파란마음.
최선화(2009). **풀어쓴 사회복지실천기술**. 경기: 공동체.
최옥채(1999). **사회복지실천론**. 서울: 인간과복지.
최옥채(2002). **사회복지실천론**. 경기: 양서원.
최혜경(2010). **사회복지실천론**. 서울: 학지사.
한국 정신 보건 사회사업학회(2002). 정신 보건 전문 요원 수련 교재.
한국버지니아 사티어 연구회 역(2000). **사티어모델**. 서울: 김영애 가족치료연구소.
한국임상사회사업학회(2008). **가족복지론**. 경기: 양서원.
한국전문대학사회복지교육협의회(2005). **사회복지실천론**. 경기: 양서원.
한인영 · 홍순혜 · 김혜란 · 김기환(1997). **학교와 사회복지**. 경기: 학문사.
홍순혜(1998). 사례관리의 본질과 우리 사회에의 적용. 하트하트재단 세미나자료집.
홍순혜 · 한인영 역(1997). **사회사업기록**. 경기: 학문사.

Abramvitz, M.(1998). Social Work and Social Reform: An Arena of Struggle. *Social Work, 43*(6), 512-526.
Ackson, B., Finkler, D., & Robinson, C.(1992). A case management system for infants with chronic illnesses and developmental disabilities. *Children's Health Care, 21*(4), 224-232.
Addams, J.(1910). *Twenty years at Hull House*. New York: New American Library.
Aging with Dignity.(2000). *Five Wishes*. Tallahassee, FL: Author.
Alberti, R., & Emmons, M. L.(1986). *Your perfect right*. San Luis Obispo, CA:

Impact.

Alle-Corliss, L., & Alle-Corliss, R.(1998). *Human service agencies: An orientation to fieldwork*. Pacific Grove, CA: Brooks/Cole.

American Counseling Association(2001). ACA code of ethics and standards of practice. www.counseling.org/resources/codeofethics.htm

American Psychiatric Association.(1994). *Diagnostic and statistical manual of mental disorders*(4th ed.). Washington, DC: Author.

Anderson, D. G.(2000). Coping strategies and burnout among veteran child protection workers. *Child Abuse and Neglect, 24*(6), 839-848.

Anderson, H., & Goolishian, H.(1992). *The client is the expert: A not knowing approach to therapy*. In S. McNamee & K. J. Gergen(ed.). Therapy as Social Construction. London: Stage.

Austin, M. J.(1981). *Supervisory management for the human services*. Englewood Cliffs, N. J: Prentice Hall.

Axinn, J., & Levin, H.(1982). *Social Welfare: A History of the American Response to Need*(2nd ed.). New York: Harper & Row.

Bachrach, L. L.(1989). Case management: Toward a Shared Definition. *Hospital and Community Psychiatry, 40*, 883-884.

Ballew, J. R., & Mink, G.(1986). *Case management in the human services*. Springfield, Illinois: Charles C. Thomans Publisher.

Bartlett, H. M.(1970). *The Common Base of Social Work Practice*. New York: National Association of Social Workers.

Bartlett, Harriet M.(1970). *The Common Base of Social Work Practice*. New Work: Columbia University Press.

Baruth, L., & Manning, M.(1999). *Multi cultural counseling and psychotherapy: A lifespan perspective*. Englewood Cliffs, NJ: Prentice Hall.

Becker, D. G.(1961). The Visitor to the New York City Poor. *Social Service Review*, 35(4), 382-396.

Bernal, G., Martinez, A. C., Santisteban, D., Bernal, M. E., & Olmedo, E. E.(1983). His-panic mental health curriculum for psychology. In J. C. C hunn, P. J.

Dunston, & R. Ross-Sheriff(ed.). Mental health and people of color(pp.65-96). Washington, DC: Howard University Press.

Bertalanffy, L.(1968). *General system theory and human relations.* New York: Braziller.

Biestek, F. P.(1957). *The casework relationship*. Illinois: Royola University Press.

Bogo, M.(2006). *Social Work Practice: Case and principles*. Belmont, CA: Brooks/Cole.

Boland, P.(1993). Evolving managed care organizations and product innovation. In P. Boland(ed.), Making managed care work: A practical guide to strategies and solution(pp.151-192). Gaithersburg, MD: Aspen Press.

Borden, W.(1992). *Narrative perspectives in psycho-social intervention following adverse life events*. Social Work.

Borland, A., McRea, J., and Lycan, C.(1989). Outcomes of Five Years of Continues Intensive Case Management. *Hospital and Community Psychiatry, 40*, 369-376.

Boserup, D. G., & Gouge, G.(1977). *The case management model.* Athens, GA: Regional Institute of Social Welfare.

Brammer, L. M.(1993). *The helping relationship.* Englewood Cliffs, NJ: Prentice Hall.

Briar, S., & Miller, H.(1971). *Problems and Issues in Social Casework.* N.Y.: Columbia University Press.

Brieland, D.(1990). The Hull House tradition and the contemporary social workers: Was jane Addams really a social worker?. *Social Work, 35*(2), 134-138.

Brill, N. I.(1998). *Working with people: The helping process*(6th ed.). White Plains, NY: Longman.

Brook, R. H., & Lohr, K.(1985). Efficacy, effectiveness, variation and quality: Boundary crossing research. *Medical Care, 23*, 710-722.

Brown, D., & Srebalus, D.J.(1996). *Introduction to the counseling profession.* Boston: Allyn & Bacon.

Brown, J. A.(1992). *Handbook of Social Work Practice*. Springfield Ill.: Charles C. Thomas.

Buckley, W.(1967). *System and Entities.* NJ: Prentice-Hall.

Carkhuff, R. R.(1969). *Helping and human relations: A primer for lay and professional helpers. Vol 1: Selection and training.* New York: Holt, Rinhart & Winston.

Cassell, J., & Mulkey, W.(1985). *Rehabilitation caseload management.* Austin, TX: PRO-ED.

Child Welfare League of America.(2000). Managed Care Institute. [On-line]. Available: <http://www.cwla.org/programs/managedcare>

Clubok, M.(2001). The aging of America. In T. McClam & M. Woodside(ed.), Human service challenges in the 21st century(pp.352-358). Birmingham, AL: EBSCO.

Comarow, A.(1998). Behind HMO ranking.[On-line]. Available: <http://www.usnews.com/usnews/nycu/health/hehmobeh.htm>

Combs, A. W.(1969). *Florida studies in the helping professions.* Gainesville: University of Florida Press.

Committee on Mental Health Services Group for the Advancement of Psychiatry (1981). *Interfaces: A communications case book for mental health decision makers.* San Francisco: Jossey-Bass.

Compton, B. R., & Galaway, B.(1984). *Social Work Processes.* Homewood, IL: The Dorsey Press.

Compton, B. R., & Galaway, B.(1994). *Social work processes*(5th ed.). Belmont: Wadsworth.

Compton, B. R., & Galaway, B.(1994). *Social work processes.* Homewood. Ill. The Dorsey Press.

Compton, B. R., & Galaway, B.(1994). *Social work processes*(6th ed.). Pacific Grove, CA: Brooks/Cole Publishing Company.

Congress, Elaine P.(1999). *Social Work Values and Ethics.* Wadsworth/Thomson Learning.

Corcoran, K., & Gingerich, W. J.(1994). Practice evaluation int context of managed care: Case-recording methods for quality assurance reviews. *Research in*

Social Work Practice, 4(3), 326-337.

Corey, G., Corey, M. S., & Calanan, P.(1998). *Issues and ethics in the helping professions*(5th ed.). Pacific Grove, CA: Brooks/Cole.

Costa, L., & Altekruse, M.(1994). Duty to warn guidelines for mental health counselors. *Journal of Counseling and Development, 72*(4), 346-350.

Crabtree, Craig Randall(2000). *Who We Really Are: An Analysis of the Relationship Between Professional Attainment and Social Work Values.* Ph.D. dissertation, The University of Texas at arlington.

Curtiss, F.(1990). Managed care: The second generation. *American Journal of Hospital Pharmacy, 47*(9), 2047-2052.

Dabatos, G., Rondinelle, R. D., & Cook, M.(2000). Functional capacity for impairment rating and disability evaluation. In R. D. Rondinelli & R. T. Katz(ed.), *Impairment rating and disability evaluated*(pp.73-94). Philadelphia: W. B. Saunders.

David P. Moxley 저, 김만두 역(2002). 사례관리실천론. 서울: 홍익재.

David P. Moxley(1989). *The Practice of Case Management*. Sage.

Davis, S. R., & Meier, S. T.(2001). *The elements of managed care: A guide for helping professionals*. Belmont, CA: Ward worth.

Deming, W. E.(1986). *Out of crisis. Cambridge*. MA: MIT Press.

Distasio, C. A.(1994). Violence in health care: Institutional strategies to cope with the phenomenon. *Health Care Supervision, 12*(4), 1-34.

Dolgoff, Ralph, Loewenberg, Frank M., & Harrington, Donna.(2005). *Ethical Decisions for Social Work Practice*(7th ed.). Thomson · Brooks/Cole.

Donabedian, A.(1983). The quality of care in a health maintenance organization: A personal view. *Inquiry, 20*, 218-222.

Downing, R.(1985). *The Elderly and Their Families. In Case Management in Human Service Practice: A systematic Approach to Mobilizing resources for Client, by marie Weil*, James M. Karis and Associates. San Francisco, CA: Jossey-Bass Pub.

Dulles, F.(1950). *The American Red Cross*. New York: Harper.

Dunst, C., & Trivette, C.(1989). An enablement and empowerment perspective of case management. *Topics in Early Childhood Special Education, 8*(4), 87-102.

Dziegielewski, S.(1998). *The changing face of health care social work.* New York: Springer.

Edwards, E. F., Baum, C. M., & Meisel, M.(1999). Home-based multidisciplinary diagnosis and treatment of inner-city elderly with dementia. *The Gerontologist, 39*(4), 483-488.

Egan, G.(1998). *The skilled helper: A problem-management approach to helping.* Pacific Grove, CA: Brooks/Cole.

Eichinger, J., Rizzo, T. L., & Sirotnik, B. W.(1992). Attributes related to attitudes toward people with disabilities. *International Journal of Rehabilitation Research, 15*, 53-56.

Ellis, J. R., & Hartley, C. L.(1999). *Managing and coordinating nursing care*(3rd ed.). Philadelphia: Lippincott.

Enelow, A., & Wexler, M.(1996). *Psychiatry in the practice of medicine.* New York: Oxford Press.

Epstein, L.(1985). *Talking and listening: A guide to the helping interview.* St. Louis: Times Mirror/Mosby.

Evans, D. R., Hearn, M. T., Uhlemann, M. R., & Ivey, A. E.(1998). *Essential interviewing: A programmed approach to effective communication.* Pacific Grove, CA: Brooks/Cole.

Feldman, J. L., & Fitzpatrick, R. J.(ed.).(1992). *Managed mental health care.* Washington, DC: American Psychiatric Press.

Feldman, S.(1973). *Budgeting and behavior.* In S. Feldman(ed.), The administration of mental health services. Springfield, IL: Charles C. Thomas.

Felton, J. S.(1992). Medical terminology. In M. G. Brodwin, F. Tellez, & S. K. Brodwin(ed.), Medical, psycho-social, and vocational aspects of disability (pp.21-33). Athens, GA; Elliott & Fitzpatrick.

Fisk, D., Rowe, M., & Laub, D.(2000). Homeless persons with mental illness and their families: Emerging issues from clinical work. *Families in Society, 81*(4), 351-359.

Flexner, A.(1915). *Is Social Work a Profession?* Proceedings of the National Conferences Charities and Correction, 576-590.

Frankel, A. J., & Gelman S. R.(2004). *Case management*. Lyceum Books, Inc. 54-71.

Franklin, M. B.(2000, November). Caring across the miles. *Kiplinger's Personal Finance Magazine, 54*(11), 86-90.

Fromkin, D.(1999). Backlash builds over managed care. [On-line]. Available: <http://washingtonpost.com/up-srv/health/policy/ managedcare. overview/htm>

Fulero, S. M.(1998). Tarasoff: Ten years later. *Professional Psychology, 19*, 84-90.

Gahtan, A.(1999). Choosing an adult foster home or a nursing home: Residents' perceptions about decision making and control. *Social Work, 44*(6), 571-585.

Gardner, D.(1992). Measures of quality. in M. Johnson(ed.), *The delivery of quality health care*(pp.42-58). Chicago: Mosby.

Garrett, A.(1972). *Interviewing: Its principles and methods*. New York: Family Service Association of America.

Garrett, A.(1982). *Interviewing: Its principles and methods*(3rd ed.).; revised by Mnagold, M. M., & Zaki, E. P. 김연옥 · 최해경 공역(1994). 사회사업 면접의 이론과 사례. 서울: 한울아카데미.

Germain, C. B., & Gitterman, A.(1980). *The life model of social work practice*. New York: Columbia University Press.

Germain, C. B.(1976). An Ecologial Variable in Social Work Practice. *Social Casework, 57*(7).

Gewirth, Alan.(1978). *Reason and Morality*. Chicago: University of Chicago Press.

Gibelman, M.(1999). The Search for Identity: Defining Social Work-Past, Present, Future. *Social Work, 44*(4), 298-310.

Gil, R. M., & Vasquez, C. I.(1996). *The Maria paradox: How Latinas can merge Old World traditions with New World self-esteem*. New York: Putnam.

Gilligan, C.(1982). *In a different voice*. Cambridge, MA: Harvard University Press.

Goldenberg. I., & Goldenberg, H.(1980). *Family therapy: An Overview*. Monterey, CA: Brooks/Cole Publishing Company. 장혁표 · 제석봉 · 김정태 역(1992). 가족치료. 서울: 서울중앙적성출판사.

Goldstein, H.(1973). *Social work practice: A unitary approach.* Columbia: University of South Carolina Press.

Goodman, C. C.(1987). The elderly frail: Who should get case management?. *Journal of Gerontological Social Work, 11*, 99-113.

Gordon, T.(1974). *Teacher effectiveness training*. New York; David McKay.

Gordon, William E.(1965). Knowledge and Value: Their Distinction and Relationship in Clarifying Social Work Practice. *Social Work, 10*(3), 32-39.

Gross, M. J., & Jablonsky, S. F.(1979). *Principles of accounting and financial reporting for nonprofit organizations*. New York: Wiley.

Hagen, J.(1994). JOBS and care management: Developments in 10states. *Social Work, 39*(2), 197-205.

Hamilton, Gordon.(1940). *Theory and Practice of Social Casework.* New York: Columbia University Press.

Hamilton, P.(1992). *Realities of contemporary nursing*. Reading, MA: Addison-Wesley Nursing/Benjamin-Cummings.

Haynes, K. S.(1998). The One Hundred-Year Debate: Social Reform versus Individual Treatment. *Social Work, 43*(6), 501-509.

Hemming, M., & Yellowlees, P.(1997). An evaluation study of clinical case management standards. *Journal of Mental Health, 6*(6), 589-598.

Hepworth, D. H., J. A. Larse, & R. Rooney(1997). *Direct Social Work Practice: Theory and Skills*, Tomson Learning, Inc.

Hepworth, D. H., J. A. Larse, & R. Rooney(2002). *Direct Social Work Practice: Theory and Skills*(6th ed.). Pacific Grove: Brooks/Cole Publishing, Co.

Hepworth, D. H., & J. A. Larsen(1990). *Direct Social Work Practice: Theory and Skills*, Belmont, CA: Wadsworth Publishing Company.

Hepworth, D. H., R. Rooney, G. D., Strom-Gottfried, K., & Larson, J. A.(2006).

Direct Social Work Practice: Theory and Skills(7th ed.). Pacific Grove: CA: Brooks/Cole Publishing, Co.

Hepworth, D. H., & R. Rooney.(1997). *Direct Social Work Practice: Theory and Skills*. Tomson Learning, Inc.

Hepworth, D. H., & R. Rooney.(2002). *Direct Social Work Practice: Theory and Skills*(6th ed.). Pacific Grove: Brooks/Cole Publishing, Co.

Hepworth, D. H., & Larsen, J. A.(1986). *Direct Social Work Practice: Theory and Skills*(4th ed.). Pacific Groce, CA: Brooks/Cole Publishing Company.

Hepworth, D. H., & Larsen, J. A.(1993). *Social Work Practice*(4th ed.). Pacific Groce, CA: Brooks/Cole Publishing Company.

Hicks, L., Stallmeyer, J., & Coleman, J. R.(1993). *Role of the nurse in managed care*. Washington, DC: American, Nurses Publishing.

Hollingsworth, H. L.(1922). *Judging human character*. New York: Appleton-Century-Crofts.

Hurd, C.(1959). *The compact history of the American Red Cross*. New York: Hawthouse.

Hutchins, D. E., & Cole Vaught, C.(1997). *Helping relationships and strategies*(3rd ed.). Pacific Grove, CA: Brooks/Cole.

Imre, R. W.(1982). *Knowing and Caring*. Lantham, MD: University Press of America.

Ivey, A. E., & Ivey, M. B.(1999). *Intentional interviewing and counseling: Facilitating client development in a multicultural society*. Pacific Grove, CA: Brooks/Cole.

Jackson, B., Finkler, D., & Robinson, C.(1992). A case management system for infants with chronic illnesses and developmental disabilities. *Children's Health Care, 21*(4), 224-232.

Johnson, I. C.(1989). *Social Work Practices*(3rd ed.). Massachusetts: Allyn and Bacon.

Johnson, I. C.(1998). *Social Work Practice: A Generalist Approach*(2nd ed.).

Needham Heights, MA: Allyn & Bacon.

Johnson, L. C., & Yanca, S. J(2004). *Social Work Practice: A Generalist Approach*(8th ed.). Boston: Pearson Education, Inc.

Johnson, L. C., & S. J. Yanca.(2001). *Social Work Practice: A Generalist Approach*. Allyn and Baco.

Johnson, L. C.(1995). *Social Work Practice*(3rd ed.). Massachusetts: Allyn and Bacon.

Johnson, P., and Robin, A.(1983). case management in mental health: a social work domain?. *Social Work, 28*(1), 49-55.

Joint Interim Committee on Managed Care(2000). Glossary of HMO terms. [On-line]. Available: <http://www.senate.state.mo.us/mancare/terms.htm>

Julius R. Ballew · George Mink 저, 권진숙 · 전석균 역(2001). 사례관리. 서울: 하나의학사.

K. K. Miley, & others.(1995). *Generalist social work practice*. p.20. pp.252-275.

K. Kirst-Ashman. Understanding Generalist Practice-Chapter1. Chapter6. Chapter7.

Kadushin, A.(1983). *The social work interview*. New York: Columbia University Press. 문인숙 · 김만두 역(1995). 사회사업면접의 기법. 서울: 홍익재.

Kane, R. A.(1993). Uses and abuses of confidentiality. In R. A. Kane & A. L. Caplan(ed.), Ethical conflicts in the management of home care: The case manager's dilemma(pp.147-158). New York: Springer.

Kaplan, R. M., & Saccuzzo, D. P.(1997). *Psychological testing: Principles, applications, issues*. Pacific Grove, CA: Brooks/Cole.

Kirst-Ashman, & Hull, Jr.(1993, 1999). *Understanding Generalist Practice*. Chicago: Nelson-Hall Publishers.

Kirst-Ashman, & Hull, Jr.(2009). *Understanding Generalist Practice*(5th ed.). Belmont, CA: Brooks/Cole Cengage Learning.

Kirst-Ashman, K. K.(1999). *Understanding Generalist Practice*(2nd ed.). Chicago: Nelson-Hall.

Kirst-Ashman, K. K.(1999). *Understanding generalist practice*. Belmont, CA: Wadsworth.

Knesper, D. J., Belcher, B. E., & Cross, J. G.(1987). Preliminary production functions describing change in status. *Medical Care, 25*, 222-237.

Kolanad, G.(1994). *Culture shock! india*. Singapore: Time Books International.

Kongstvedt, P.(1993). *The managed health care handbook*. Gaithersburg, MD: Aspen Press.

Kuno, E., Rothbard, A., & Snads, R.(1999). Service components of case management which reduce inpatient care use for persons with mental illness. *Community Mental Health Journal, 35*(2), 153-167.

Lambert Maguire.(2002). *Clinical Social Work, Brooks/cole*. pp.109-119.

Lauer, M.(1996). *Team building: Training the wheels together*. Unpublished paper, University of Tennessee, Knoxville.

Lee, J.(1994). *The empowerment approach to social work practice*. New York: Columbia University Press.

Lee, S., & Crockett, M. S.(1994). Effect of assertiveness training on levels of stress and assertiveness experienced by nurse n Taiwan, Republic of China. *Mental Health Nursing, 15*(4), 419-432.

Levin, I. S., & Fleming, M.(1984). *Human resource development: Issues in case management*. Baltimore: Center of Rehabilitation and Manpower Services. Univ. of Maryland.

Levinson, H.(1977). Termination of Psychotherapy: Some Salient Issues. *Social Case work 58*, 480-489.

Levy, Charles S.(1973). The Value Base of Social Work. *Journal of Education for Social Work, 9*, 34-42.

Levy, Charles S.(1976). *Social Work Ethics*. New York: Human Sciences Press.

Lewis, J. A., & Packard, S.(2000). *Management of human service programs*(3rd ed.). Pacific Grove, CA: Brooks/Cole.

Lieberman, F.(1990). The immigrants and Mary Richmond. *Child and Adolescent Social Work, 7*(2), 81-84.

Long. L., Paradise, L.V., & Long, T. J.(1981). *Questioning: Skills for the helping process*. Pacific Grove, CA: Brooks/Cole.

Lourie, N.(1978). Case management. In J. Talbott(ed.), *The chronic mental patient* (pp.159-164). Washington, DC: American Psychiatric Association.

Lowenberg F. M., & R. Dolgoff, R.(1988). *Ethical Decisions for Social Work Practice*, IL: F. E. Peacock.

Lowenberg F. M., R. Dolgoff, R., & Harrington.(2000). *Ethical Decisions for Social Work Practice*(6th ed.). Itasca, Illinois: F. E. Peacock.

MacLeod, G.(1993). An overview of managed healthcare. In P. Konstvedt(ed.), *The managed health care handbook*(pp.1-3). Gaithersburg, MD: Aspen Press.

Maguire, Brief Social support intervention with adolescents.(1993). pp.91-108 (Lambert Maguire, Clinical Social Work, Brooks/cole. 2002, pp.104-105 재인용).

Margolin, G.(1982). Ethical and legal considerations in marriage and family therapy. *American Psychologist, 7*, 788-801.

Maslach, C.(1978). Job burnout: How people cope. *Public Welfare, 36*, 56-58.

McClam, T.(1992, September-October). Employer feedback: Input for curriculum development. *Assessment Update, 4*(5), 9-10.

McClam, T., & Woodside, M. R.(1994). The practitioner's voice: Case management for effective service delivery. *Human Service Education, 14*(1), 39-45.

McClam, T., & Woodside, M.(1994). *Problem solving in the helping professions*. Pacigic Grove, CA: Brooks/Cole.

McDermott, F. E.(ed.).(1975). *Self-Determination in Social Work*. London: Routledge and Kegan Paul.

McDonald, M.(2001). A framework for ethical decision-making. www.ethics. ub c.co/mcdonald/decisons.html

McGoldrick, M., Gerson, R., & Shellenberger, S.(1999). *Genograms: Assessment and Intervention*(2nd ed.). New York: W. W. Norton.

McGowan, J. F., & Porter, T. L.(1967). *An introduction to the vocational rehabilitation process*. Washington, DC: U. S. Department of a Health, Education, and Welfare.

McGregor, D.(1985a). *Theory X: The traditional view of direction and control.* In The human side of enterprise(pp.33-43). New York: McGraw-Hill.

Mcgregor, D.(1985b). *Theory Y: The integration of individual and organizational goals.* In The human side of enterprise(pp.45-57). New York: Mcgraw-Hill.

McQuaide, S., & Ehrenreich, J. H.(1997). Assessing client strengths. *Families in Society, 78*(2), 201-212.

Miley, K., O'melia, K., & Dubois, B. L.(1995). *Generalist social work practice: An empowering approach.* Boston: Allyn and Bacon.

Minahan, A.(1981). Introduction to special issues: Purposes and objectives of social work revisited. *Social Work.*

Minuchin, S.(1974). *Family and family therapy.* Cambridge: Havard Univ. Press.

Mitchell, R. W.(1991). *Documentation in counseling records.* Alexandria, VA: American Association for Counseling and Development.

Molly, D. W., Clarnette, R. M., Braun, E. A., Eisemann, M. R., & Sneiderman. B.(1991). Decision making in the incompetent elderly: The "daughter from California" syndrome. *Journal of the American Geriatrics Society, 39*(4), 396-399.

Montalvo, F.(1982). The third dimension in social case work: Mary E. Richmond's contribution to family treatment. *Clinical Social Work Journal, 10*(2), 103-112.

Moore, S. T.(1987). The capacity to care: A family focused approach to social work practice with the disabled elderly. *Journal of Gerontological Social Work, 10*, 79-99.

Moore, S. T.(1990). A Social Work practice model of case management: The case management grid. *Social Work, 35*, 444-448.

Morales, A., & Sheafor, B. W.(2001). *Social work: A profession of many faces.* Boston: Allyn & Bacon.

Morgan, E. E., & Hiltner, J.(1992). *Managing aging and human service agencies.* New York: Springer.

Moseley & Deweaver.(1998). *Empirical approaches to case management.* pp.393-412

(Lambert Maguire, Clinical Social Work, Brooks/cole. 2002, p.117 재인용).

Moxely, D.(1989, 1990). *The practice of case management.* Sage Publications, Inc.

Mullahy, C. M., Wolk, J., & Hartmann, D.(1992). Case management in alcohol and drug treatment: Improving client outcome. *Families in Society: The Journal of Contemporary Human Services, 73*(9), 195-204.

Mullahy, C.(1998). *The Case manager's handbook.* Gaitherburg, MD: aspen.

Munro. J.(1997). Using unconditionally constructive mediation to resolve family system disputes related to persons with disabilities. *Families in Society, 78*(6), 609-616.

NASW(1971, 1980). *Encyclopedia of social work.* New York: Author.

NASW(1973). *Standard for social service manpower.* Washington D.C.: The Association.

National Association of Social Workers.(1982). *NASW Standards for Classification of Social Work Practice.* Silver Spring, Md.: NASW.

National Association of Social Workers.(1996). *Code of Ethics.* Washington, D.C.: author.

Nelson, G. M.(1982). Support for the aged: Public and private responsibility. *Social Work, 27*, 137-143.

Nichols, & Schwartz.(1995). *Family therapy: Concepts and methods*(3rd ed.). Boston: Allyn and Bacon.

Northen, H.(1982). *Clinical Social Work.* New York: Columbia University Press.

Northen, H.(1995). *Clinical social work: Knowledge and skills*(2nd ed.). New York: Columbia University Press.

Nullahy, C. M.(1998). *The case manager's handbook.* Huntington, NY: Aspen.

Okun, B. F.(2002). *Effective helping: Interviewing and counseling techniques*(5th ed.). Pacific Grove, CA: Brooks/Cole.

Orlander, J. D.(1999). Use of advance directives by health care workers and their families. *Southern Medical Journal, 92*(5), 481-484.

Ouchi, W. G.(1981). *Theory Z: How American business can meet the Japanese challenge*. Reading, MA: Addison_Wesley.

Ozarin, L.(1978). The pros and cons of case management. In J. Talbott(ed.), *The chronic mental patient*(pp.165-170). Washington, DC: American Psychiatric Association.

Partnership for Caring.(2001). Advance directives: Living wills, durable power of attorney for health care. www.choices.org/ad.htm

Perlman(1957). *Social Casework: A Problem-Solving Process.* Chicago: The University of Chicago Press.

Perlman, H. H.(1974). *Perspectives on Social Casework.* Philadelphia: Temple Univ. of Chicago Press.

Perlman, H. H.(1979). *Relationship: The heart of helping people.* Chicago: University of Chicago Press.

Perlman.(1978). *Relationship: The heart of helping people.* Chicago University Press.

Perman(1957). *Social Casework: A Problem-Solving Process.* Chicago: The University of Chicago Press.

Persig, R.(2000). *Zen and the art of motorcycle maintenance.* New York: Bantam Books.

Pincus, A., & A. Minahan(1973). *Social work practice: Model and Method.* Itasca, IL: Peacock. 문인숙 외(1988). 사회사업방법론: 통합적 접근. 경기: 보진제.

Pincus, A., & Minahan, A.(1973). *Social Work Practice: Model and Method.* Itasca, IL: Peacock.

Pittman-Munke, P.(1985). Mary E. Richmond: The Philadelphia years. *Social Case Work, 66*(3), 160-166.

Polacheck, H.(1989). *I came a stranger: The story of a Hull-House girl.* Chicago: University of Illinois Press.

Porter-O'Grady, T.(ed.).(1994). *The nurse manager's problem solver.* St. Louis, MO: Mosby.

Prpic, J. K.(2001). Teamwork.cleo.eng.monash.edu.au/teaching/subjects/learning/bridging/teamwork/html

Pumphrey, M. W.(1959). *The Teaching of Values and Ethics in Social Work Education,* 3. Washington, D.C.: GPO.

Reamer, Frederic G.(1990). *Ethical Dilemmas in Social Service*(2nd ed.). New York: Columbia University Press.

Reamer, Frederic G.(1997). Ethical Issues for Social Work Practice. In M. Reisch and E. Gamgrill(ed.). *Social Work in the Twenty-first Century*, Thousand Oaks, Calif.: Pine Forge/Sage.

Reamer, Frederic G.(1999). *Social Work Values and Ethics*. New Work: Columbia University Press.

Reid, P. Nelson.(1992). The Social Function and Social Morality of Social Work: A Utilitarian Perspective. In P. N. Reid and P. R. Popple(ed.). *The Moral Purposes of Social Work.* Chicago: Nelson-Hall.

Rescher, Nicholas.(1969). *Introduction to Value Theory*. Englewood Cliffs, N.J.: Prentice Hall.

Residents of Hull House.(1985). *Hull House maps and papers*. New York: Thomas Y. Crowell.

Richmond, M.(1917). *Social diagnosis*. New York: Russell Sage.

Rohland, B. M.(2000). A survey of burnout among mental health center directors in a rural state. *Administration and Policy in Mental Health, 27*(4), 221-237.

Rothman, J.(1991). A model of case management: toward empirically based practice. *Social Work, 36*(6), Silver spring, MD. NASW.

Rubin, A.(1985). Practice effectiveness: More grounds for optimism. *Social Work, 30*(6), 469-476.

Rubin, S. E., & Roessler, R. T.(2001). *Vocational rehabilitation process*. Austin, TX: PRO-ED.

Russo, J. R.(1993). *Serving and surviving as human service worker*(2nd ed.). Pacific Grove, CA: Brooks/Cole.

Saleebey, D.(1996). The strengths perspective in social work practice: Extensions and cautions. *Social Work, 41*(3), 296-305.

Savitz, S. A.(1992). Measuring quality of care and quality maintenance. In J. L. Feldman & R. J. Fitzpatrick(ed.), *Managed mental health care*(pp.143-158). Washington, DC: American Psychiatric Press.

Schulman, L.(1984). *The Skills of Helping Individuals and Groups*. Itasca. Illinois: F. E. Peacock Publishers.

Schulman, L.(1992). *The skills of helping*: *Individuals, families, and groups*(3rd ed.). Itasca. IL: Peacock Publishers.

Sharfstein, S. S., Krizay, J., & Muszynski, I. L.(1988). Defining and pricing psychiatric care "products". *Hospital Community Psychiatry, 39*, 372-375.

Sheafor, B. W., Horejsi, C. R., & Horejsi, G. A.(1991). *Techniques and Guideliness for social work practice*(2nd ed.). Allyn and Bacon.

Sherman, L., & Adams, M.(1999). *Patients and e-mail: Technology means increased technology concerns*. Wisconsin Medical

Shulman, L.(1992). *The Skills of Helping*: *Individuals, families and Groups*(3rd ed.). Itasca, Illonois: F. E. Peacock Publishers.

Sielski, L. M.(1979). Understanding body language. *Personnel and Guidance, 57*(5), 238-242.

Skidmore, B. W., M. G. Thackeray, & O. W. Farley(1991). *Introduction to Social Work*. New Jersey: Prentice-Hall.

Skidmore, R.(1983). *Social Work Administration*. Englewood Cliffs, NJ: Prentice-Hall.

Smith, S.(1995a). Family theory and multicultural family studies. In B. B. Ingoldsby & S. Smith(ed.), *Families in multicultural perspective*(pp.5-35). New York: Guilford Press.

Smith, S.(1995b). Women and households in the Third World. In B. B. Ingoldsby & S. Smith(ed.), *Families in multicultural perspective*(pp.235-267). New York: Guilford Press.

Specht, H., & Courtney, M. E.(1994). *Unfaithful Angels*: *How Social Worker Has Abandoned Its Mission*. New York: Free Press/Macmillan.

STeffen, G. E.(1988). Quality medical care. *Journal of the American Medical Association, 260*, 56-61.

Steinberg, R. M., & Carter, G W.(1983). *Case management and the elderly*, Lexington, assachusetts, Lexington Books.

Journal. www.wismed.org./wmj/may_june99/mayjne99_sherman.htm

Tallent, N.(1993). *Psychological report writing*(4th ed.). Englewood Cliffs, NJ: Prentice Hall.

Thorndike, E. L.(1920). A constant error in psychological rating. *Journal of Applied Psychology, 4*, 25-29.

Timberlake, E. M., Farber, M. Z., & Sabatino, C. S.(2002). *The general method of social work practice: McMahon's generalist perspective.* Boston, MA: Person Allyn & Bacon.

Timms, Noel.(1983). *Social Work Values: An Enquiry.* London: Routledge and Kegan Paul.

Tischler, G. L.(1990). Utilization management of mental health services by private third parties. *American Journal of Psychiatry, 147*, 967-973.

Toman, W.(1995). *Family Therapy and Sibling Position.* Northvale. NJ: Jason Aronson Inc.

Toseland, R. W., & R. Rivas(1995). *An introduction to group work practice.* Boston: Allyn and Bacon

Trattner, W. I.(1974). *From Poor Law to Welfare State.* New York: Macmillan.

Trattner, W. I.(1994). *From poor law to welfare state: A history of social welfare in America.* New York: Free Press.

Trustees of the Massachusetts School for the Feebleminded(1920). *Seventy-third annual report.* Boston: Wright and Potter.

Tyler, L. E.(1984). What tests don't measure. *Journal of Counseling and Development, 63*, 48-50.

Van Gigch, J. P.(1991). *System Design Modeling and Metamodeling.* New York: Plenum.

Varley, Barbara K.(1968). Social Work Values: Changes in Value Commitments from Admission to MSW Graduation. *Journal of Education for Social Work,* 4, 67-85.

Vigilante, Joseph L.(1974). Between Values and Science: Education for the Profession: or, Is Proof Truth?. *Journal of Education for Social Work, 10*(3), 107-115.

Watson, F. D.(1971). *The Charity Organization Movement in the United States.* New York: Arno.

Webster's New Collegiate Dictionary(1st ed.).(1973). Boston: G. & C. Merriam.

Weil, M., & Karls, J. M.(1985). Historical Origins and Recent Development, in Marie(ed.) *Case Management in Human Service Practice.* Jossey-Bass Publishers, p.19.

Weil, M., & Karls, J.(1985). Key components in providing efficient and effective services. In M. Weil & J. Karls(ed.), *Case management in human service practice*(pp.29-71). San Francisco: Jossey-Bass.

Weil, M., & Karls, J.(1985a). *Case management in human service practice.* San Francisco: Jossey-Bass.

Weil, M., & Karls, J.(1985b). Key conponants in providing efficient and effective services. In M. Weil & J. Karls(ed.), *Case management in human service practice*(pp.29-71). San Francisco: Jossey-Bass.

Weinfeld, R. S., & Donohue, E. M.(1989). *Communicating like a manager.* Baltimore: Williams & Wilkins.

Weinrach, S. G.(1987). The preparation and use of guidelines for the education of clients about the therapeutic process. *Psychotherapy in Private Practice, 54*(4), 71-83.

Welfare & Workforce Development Parterships.(2000). Atlantic and Cape May Counties, New Jersey. [On-line].
Available: <http://www.doleta. gov/wwpartnerships>

Whalen, E. L.(1991). *Responsibility center budgeting.* Bloomington: University of ndiana Press.

Whitley, D. M., White, K. R., Kelley, S. J., & Yorke, B.(1999). Strengths-based case management: The application to grandparents raising grandchildren. *Families in Society, 80*(2), 110-119.

Williams, O. J.(1993). When is being equal unfair? In R. A. Kane & A. L. Caplan(ed.), *Ethical conflicts in the management of home care: The case manager's dilemma*(pp.206-208). New York: Springer.

Williams, R. M., Jr.(1968). The Concept of Values. In *International Encyclopedia of the Social Sciences*. vol. 16. New York: Macmillan/Free Press.

Wilson, S. J.(1980). *Recording: Guidelines for social workers*. New York: Free Press.

Winsor, J.(ed.).(1881). The memorial history of Boston 1630-1880(Vol. IV). Boston: Ticknor.

Woods, R., & Kemmedy, A.(1911). *Handbook of settlements*. New York: Russell Sage.

Woodside, M., & McClam, T.(2002). *An introduction to human services*(4th ed.). Pacific Grove, CA: Brooks/Cole.

Woodside, M., & McClam, T.(2002). *Introduction to human services*. Pacific Grove, CA: Brooks/Cole.

Woody, R. H.(1999). Domestic violations of confidentiality. *Professional Psychology, Research and Practice, 330*(6), 607-610.

Wyszewianski, L., Wheeler, J. R., & Donabedian, A.(1982). Market- oriented cost containment strategies and quality of care. *Health and Society, 60*, 518-550.

Yamatani, Maguire, Rogers, & O'Kennedy.(1996). Social Work intervention in an economic crisis, pp.65-74(Lambert Maguire, Clinical Social Work, Brooks/cole. 2002, p.110 재인용).

Younghusband, Eileen.(1967). *Social Work and Social Values*. London: Allen and Unwin.

Yuker, H. E.(1994). Variables that influence attitudes toward people with disabilities: Conclusions from the data. *Journal of Social Behavior and Personality, 9*, 3-22.

Zastrow, C.(1992). *The Practice of Social Work*(4th ed.). Belmont, Cal.: Wadsworth.

Zastrow, C.(1995). *Introduction to Social Work and Social Welfare*(6th ed.) Belmont, CA: Wadsworth.

Zastrow, C.(1995). *The Practice of Social Work*(5th ed.). Pacific Grove: Brooks/Cole publishing.

谷口泰史, 松本英孝, 高間滿, 相澤讓治(2005). 社會福祉援助技術論. 京都: kumi.

山手 茂(2003). 社會福祉專門職と社會サ-ビス. 東京: 相川書房.

小田兼三, 宮川數君(2005). 社會福祉援助技術論. 東京: 勁草書房.

찾/아/보/기

ㅇ

저자소개

조미숙

서울여자대학교 대학원 사회복지학 박사
미국 University of Washington 교환교수
독일 Friedensau대학 교환교수
독일 VoithSchule & OstSchule 학교사회사업담당관
현 삼육대학교 사회복지학과 교수
 한국임상사회사업학회 수석부회장
 글로컬사회공헌연구소 소장

유용식

숭실대학교 대학원 사회복지학 박사
California State university Hayward Training School of social welfare
충청북도사회복지협의회 복지부장
현 세명대학교 사회복지학과 교수
 제천시지역사회보장협의체 대표
 제천시사회복지실천연구소 소장

윤춘모

가천대학교 대학원 행정학 박사(복지행정 전공)
성남시의회 의원(사회복지위원회)
성남시사회복지종합정보센터장
의정부시다문화가족지원센터장
경민대학교 평생교육원장
현 경민대학교 사회복지과 교수
 윤춘모행복드림연구소 소장

현영렬

연세대학교 사회사업학과 학사
동경도립대학교 대학원 사회복지학 석사
서울시립대학교 대학원 사회복지학 박사
현 서정대학교 사회복지과 교수
 서정대학교 부총장

사회복지실천론 개정판

초 판 1쇄 발행 / 2018년 7월 30일
초 판 3쇄 발행 / 2020년 8월 30일
개정판 1쇄 발행 / 2021년 11월 10일
개정판 2쇄 발행 / 2025년 8월 5일

•

공저자 / 조미숙 · 유용식 · 윤춘모 · 현영렬
발행인 / 이 중 수
발행처 / 동 문 사

•

서울특별시 서대문구 홍제원 1길 12
(홍제동 137-8)
Tel : 02)736-3718(대), 736-3710, 3720
Fax : 02)736-3719
등록번호 : 제9-17호
가격 : 22,000원

•

ISBN : 979-11-6328-358-4 (93330)
E-mail : dong736@naver.com
www.dongmunsa.com